고난의 시기를 지나면서 나는 하박국처럼 씩씩거리면서 물었고, 욥처럼 대거리하며 따졌고, 예레미야처럼 분통을 터뜨렸고, 요나처럼 거칠게 대들었다. 내게 고난을 허락하시는 하나님을, 내게 악을 행하는 이들에게 폭력으로 답하지 말고 용서하라고 말씀하시는 하나님을 도무지 납득할 수 없었기 때문이다. 그 물음의 끝에서 나는 악과 고통, 폭력에 대한 최종 해결책이 되는 십자가를 만났고, 이 모든 것이 종말의 때에—해결(solution)이 아니라—해소(dissolution)될 신비임을 깨달았다. 내가 이 책을 좀더 일찍 만났더라면 그 여정을 지금보다 훨씬 더 잘 통과했을 것이다. 이 책이 나처럼, 아니 나보다 더 아프고 외로운 이들에게 벗이 되어 많이 읽히기를, 그래서 그들이 덜 울게 하는 선물이 되기를 바란다. _김기현

로고스교회 담임목사, 로고스서원 대표, 『그런 하나님을 어떻게 믿어요?』 저자

깨어지고 일그러진 세상에 살면서 그리스도인들은 늘 "왜"라는 질문을 되뇐다. 그들이 믿고 있는 하나님이 정말로 이 세상을 통치하고 계신지에 대한 물음이다. 크리스토퍼 라이트는 악, 가나안 정복, 십자가, 종말이라는 주제를 중심으로 "창조주이시며 구속자이신 하나님에 대한 질문"을 던진다. 지은이는 신앙적 질문이 언제나 이해 가능한 정답을 추구하는 것이 아니라고, 종종 우리의 이해 너머에 계시는 하나님을 신뢰하고 경외하게 한다고 가르친다. 정독을 요구하는 귀중한 신학적 저술이다. _류호준

백석대학교 신학대학원장, 구약학 박사

이 책은 '악의 문제'를 비롯한, 기독교 신앙의 난제로 간주되어 종종 주변부로 밀려났던 네 가지 주제를 선택해서, 어떻게 역설적으로 이 네 가지 주제가 복음 이해의 핵심을 이루는지 논쟁하는 숨 막히는 한판 대결을 펼쳐 보인다. 그 덕분에 우리는 이 주제들을, '말의 길을 끊어놓는' 질문이 아니라, 기독교 신앙을 향해 억눌린 갈망을 터져 나오게 하는 매개로 적극적으로 환영하게 되었다. 우리 시대를 위한 기독교 변증의 한 정점을 여기서 만난다. _양희송

청어람아카데미 대표기획자

우리 모두가 때때로 체험하듯이, 성경은 모든 사람이 이해할 만한 내용만 담고 있지 않다. 성경을 읽다 보면, 성경을 하나님의 말씀으로 받아들이지 못하는 무신론자나 타종교인뿐만 아니라, 하나님을 믿는 사람도 여전히 온전하게 이해할 수 없는 하나님을 직면해야 할 때가 있다. 크리스토퍼 라이트는 구약과 신약을 포괄하는 하나의 성경이 일관되게 말하는 동일한 하나님과 그분의 백성을 통전적으로 바라보는 성경학자로서, 반(反)기독교적 무신론자뿐만 아니라 성경을 진지하게 대하는 그리스도인이 함께 제기하는 성경의 '문제들'을 결코 가볍게 여겨 간과하지 않고 진지하고 치밀하고 정직하게 다룬다. 독자들은 이 책을 통해 그리스도인이 하나님과 성경에 어떻게 질문을 던져야 할지, 이해할 수 없는 부분들은 어떻게 접근해야 할지, 그리고 하나님과 성경에 관한 모든 의문들을 묶어주는 하나의 원대한 소망은 과연 무엇인지를 파악하게 될 것이다. 하나님을 더 알고 더 사랑하기 원하는 모든 그리스도인에게 이 책을 권한다.

_이찬수

분당우리교회 담임목사

크리스토퍼 라이트는 그리스도인들이 보통 직면하는 가장 어려운 네 개의 주제—악의 문제, 여호수아의 대량학살, 현대 문화의 십자가 이해, 세상의 종말에 관한 예언들—를 대담하게 다룬다. 각각의 질문에 대해 라이트는 신학자와 교사로서의 오랜 경험을 능숙하고 매력적으로 발휘해서, 우리가 흔히 막다른 골목에 다다른 해결책이라고 생각하는 것들을 통과해내도록 돕고 유익하고 긍정적인 방향으로 나아가도록 한다. 이 책은 이런 문제를 다룰 때 빈번하게 나타나는 일반적인 경건이나 변증적인 군소리로 가득 채워져 있지 않다. 신앙의 심오한 문제들과 겨루는 이 책의 결연하고 용감한 씨름은 존 스토트를 연상시킨다. 우리 중 이런 작업을 감당할 만한 사람이 거의 없는데, 라이트는 이 일을 단지 잘 해내기만 한 것이 아니라 최고로 잘 해냈다.

_게리 버지 Gary M. Burge

휘튼 대학 및 대학원 신약학 교수, *The Anointed Community: The Holy Spirit in the Johannine Tradition* 저자

우리가 하나님에 대해 이해하지 못하고 이해할 수 없는 것들이 많이 있다는 점을 인정하며 시작하면서도, 그 문제들과의 씨름에서 결코 물러나지 않는 책을 읽는 것은 신선한 일이다. 크리스토퍼 라이트는 하나님에 관한 주제들 중에서도 우리 모두를 당혹스럽고 불편하게 하는 것들로 독자들을 인도하면서, 우리의 까다로운 질문들이 실제로는 하나님에 대한 더 깊은 신앙으로 가는 오솔길임을 보여준다.

_캐롤린 커스티스 제임스 Carolyn Custis James

The Gospel of Ruth 저자

이 희망차고 도전적인 책은 하나님에 관해 우리가 던지는 가장 어려운 질문들로 시작해서 우리를 향한 하나님의 가장 위대한 약속들로 끝마친다. 이 책은 우리가 가진 신앙에 대해 질문을 던질 만큼 관심이 많은 우리 모두를 위한 선물이다.

_앤디 크라우치 Andy Crouch

『컬처 메이킹』 저자

The God I Don't Understand

Reflections on tough questions of faith

Christopher J. H. Wright

크리스토퍼 라이트, 성경의 핵심 난제들에 답하다

하나님을 더 깊이 알게 하는 성경 속 네 가지 수수께끼

크리스토퍼 라이트 지음 | 전성민 옮김

Holy WavePlus

고든과 앤에게

바칩니다.

/ **차례** /

서문

제가 크리스토퍼 라이트를 처음 본 것은 그가 기독교윤리학회(Christian Ethics Conference)에서 발표할 때였습니다. 그는 다소 논란이 많은 주제에 대해 발표하면서도 용기와 균형을 잃지 않았습니다. 그 발표 후에 저는 그에게 다가가서 감사를 표했습니다.

그 이후로 저는 라이트의 저술을 많이 읽었고, 그가 행한 강의와 설교도 들었습니다. 그때마다 저는 용기와 균형이라는 변함 없는 특징을 그가 가졌다는 것에 강한 인상을 받았습니다. 그는 성경이 가진 최고의 권위에 전적으로 헌신하면서, 동시에 성경 해석에 있어서의 문제들을 진정성을 가지고 직면합니다.

신적 계시를 얼마나 강하게 믿든지 간에, 우리는 하나님이 모든 것을 계시하신 것은 아니라는 것, 그리고 그분이 계시하신 것 중 많은 부분이 단순하지 않다는 것 둘 다를 인정해야만 합니다. 라이트 박사는 성경의 문제들을 정직과 겸손으로 대합니다. 그렇기 때문에 저는 이 책을 진심으로 추천하는 바입니다.

2008년 8월

존 스토트

머리말

"내가 이해하지 못하는 하나님"(*The God I Don't Understand*: 이 책의 원제—옮긴이)이라는 제목의 책을 쓰고 있다고 내가 몇몇 친구들에게 말했을 때, 그들은 눈썹을 치켜올리며 의아한 표정을 지었다. 아마도 내가 "하나님을 아는 지식"(Knowing God)으로 시작하는 제목을 가진 책을 세 권이나 썼다는 사실과 관계가 있을지 모른다.[1] 그랬던 내가 이런 제목의 책을 쓰는 것이 갑작스런 배교나 타락일까? 나는 친구들에게 이것이 건강한 균형의 징후라고 말했다.

이 책 전체를 통해 분명해지겠지만, 나는 매일매일 하나님을 알고 신뢰하는 감사의 기쁨으로 산다. 그러나 앎(knowing)과 신뢰(trusting)가 반드시 이해(understanding)로 귀결되는 것은 아니다. 아주 행복하게 결혼 생활을 하고 있는 부부라면 언제라도 증언하겠듯이, 누군가를 아주 잘 안다고 해서 그를 완전히 이해하는 것은 아니다. 그리고 매일의 삶에서 우리는 종종 사람들이 어떻게 일하는지 잘 이해하지 못하면서도 그들을 신뢰해야만 한다. 매년 국세청에 연말정산 보고를 할 때마다 그렇듯이 말이다. 마찬가지로, 하나님을 아는 것, 즉 마음과 뜻과 힘을 다해 그분을 사랑하고 신뢰하는 것은 하나님의 모든 길을 이해하는 것과 같은 게 아니다. 하나님 자신이 다음과 같이 우리에게 상기시키셨던 것처럼 말이다.

> "이는 내 생각이 너희의 생각과 다르며
> 내 길은 너희의 길과 다름이니라."
> 여호와의 말씀이니라.
> "이는 하늘이 땅보다 높음 같이
> 내 길은 너희의 길보다 높으며
> 내 생각은 너희의 생각보다 높음이니라."
> _이사야 55:8-9

이 책은 내가 쓴 대부분의 책보다 더 개인적인 책이다. 내 자신의 씨름이 때때로 드러나기에 그렇다. 나는 이 책은 신학 책이 아니라고 말하려고 했지만, 아마도 그렇지는 않을 것이다. 이 책은 조직신학적 구조로 된 책이 아니다. 그러나 이 책은 성경의 가르침, 개인적 신앙, 긴급한 질문들, 삶의 경험을 다 함께 엮어보려는 책이다. 그리고 그것이 바로 신학이 해야만 하는 일이다. 내가 소망하는 바는 (내가 이해하지 못하는 부분에서) 정직함과 (내 생각에 우리가 이해할 수 있고 이해해야만 하는 부분에서) 명료함이, 즉 성경적 진리와 그리스도인의 겸손이 이 책에서 건강한 균형을 이루는 것이다. 최소한 그것이 내가 기도한 바다.

책을 쓰는 일에는 많은 사람들이 참여한다. 이 책에 관해 나눈 첫 대화에 대해 랭햄 문서 재단의 디렉터이자 내 문서 사역 대리인인 피터 콴트(Pieter Kwant)와 존더반 출판사의 스탠 건드리(Stan Gundry)에게 감사한다. 그 대화는 내 머릿속에서 정돈되지 않은 채 뒤범벅이 되어 있던 몇몇 주제들을 묶어서 한 권의 책으로 만들 용기를 주었다. 카탸 코브렛(Katya Covrett)은 내가 함께 일했던 편집자들 중에서 격려하고 귀를 기울이는 데 최고였던 사람들에 속한다. 그녀에게 진심으로 고마움을 전한다. 나는 또한 런던의 랭햄 플레이스에 있는 올소울즈(All Souls) 교회의 주임사제 휴 팔머(Hugh Palmer)에게도 감사한다. 그의 허락으로 나는 2007년 9월에 이 책과 같은 제목으로 시리즈 설교를 하면서, 내 성찰들의 일부를 미리 공개할 수 있었다. 내 아내와 가족은 내 이해를 뛰어넘는 하나님의 은혜에 대한 살아 있는 개인적 증거들이다. 하나님께 받은 복인 그들로 인해 내가 하나님께 매일 감사를 드린다는 것을 그들은 알고 있다.

우리 가족은 수년간 맥베인 가족과 삶을 풍성하게 하는 우정을 나누어 왔다. 이제 이 작은 책을 통해 종착역에 도달한 생각의 열차를 처음 출발하게 했던 고든과의 대화에 감사하며, 이 책을 고든과 앤 맥베인(Gordon and Ann McBain) 부부에게 바친다.

---

1) *Knowing Jesus through the Old Testament*, *Knowing the Holy Spirit through the Old Testament*, *Knowing God the Father through the Old Testament*가 그 책들이다(영국에서는 Monarch Press를 통해, 미국에서는 InterVarsity Press를 통해 출판되었다). 『구약의 빛 아래서 그리스도를 아는 지식』, 『구약의 빛 아래서 성령님을 아는 지식』, 『구약의 빛 아래서 하나님을 아는 지식』(이상 성서유니온선교회 역간).

서론

이 책은 저녁을 먹는 자리에서 시작되었다. 아내와 나는 우리의 오랜 친구인 고든과 함께 커피를 마시면서 친구와 친척들에 대한 이야기를 나누고 있었다. 그들 중에 어떤 이들은 정말 스트레스가 심한 상황에 있거나, 가족과 관련된 이런저런 종류의 슬픈 일들과 맞서고 있었다. 그들은 훌륭한 그리스도인들이었다. 그렇기 때문에 우리는 하나님이 일하시는 이상한 방식들에 대해, 그리고 왜 하나님은 그분의 자녀 중에서 어떤 이들에게는 큰 고통을 겪게 하시면서 다른 이들에게는 사실상 아무런 고통도 없어 보이는 삶을 살도록 허락하시는지에 대해 궁금해했다.

나는 곰곰이 생각했다. 사람들이 자신이나 자신과 가까운 사람들이 전혀 당할 이유가 없어 보이는 고통을 겪을 때 금방 "불공평해"라고 종종 말하는 것에 대해서 말이다. 그렇지만 나는 때때로 이렇게도 느낀다. 가족 중에는 온갖 종류의 스트레스, 질병, 사별, 그리고 다른 별별 괴로움을 겪어야 했던 형제자매들이 있는데도 나 자신은 살면서 그토록 **적게** 고통받은 것도 불공평하다고 말이다. 우리 모두가 신자일 때, 각자의 경험이 그렇게 다르다는 것을 설명할 수 있는 이유가 없어 보인다. 우리 중 아무도 더 나은 성자도, 더 나쁜 죄인도 아니다. 그런데 하나님은 어떤 사람들에게는 큰 고통을 허락하셨고, 어떤 사람들에게는 그것을 면하게 하셨다.

"나는 도무지 하나님이 왜 그러시는지 이해할 수가 없어요." 내가 말했다.

그러자 고든은 놀람과 안도가 섞여 있는 반응을 보였다.

"성경학자이고 신학자인 당신이라면 이런 문제들 정도는 다 해결했다고 생각했는데, 당신도 우리처럼 어려운 문제들을 갖고 있다고 생각하니 뭔가 위안이 되는군요."

"문제들을 해결하다니요." 나는 대답했다. "나이가 들수록 내가 정말 하나님을 이해하고 있다는 생각이 점점 사라져요. 내가 하나님을 사랑하지 않는다거나 신뢰하지 않는다는 말이 아닙니다. 그 반대로, 인생을 살아가면서 내 사랑과 신뢰는 점점 깊어져요. 그러나 하나님이 하시거나 허락하시는 일로 고민하고 그것과 씨름하는 것도 점점 더 깊어지는군요."

이 생각의 열차는 그 후에 고통의 문제에 대한 것과 함께 시작됐다. 이것은 물론 예민한 신자들이 성경 시대 이래로 긴 세월 동안 많이 숙고해온 문제다. 그러나 그 대화는 내가 정직하다면 직면하게 되는 사실, 즉 하나님을 이해하지 못하게 하는 몇몇 방식들이 있다는 사실을 성찰하는 데까지 나를 이끌었다. 그것들 중에 어떤 것도 나로 하여금 하나님의 존재를 의심하게 하지도 않고, 불신이나 반역에 빠뜨리지도 않는다. 그것들 중에 어떤 것도 어린 시절부터 내 삶을 형성해온 것, 곧 주님과 그분의 말씀을 향해 일생 동안 지속된 깊은 사랑을 위협하지 못한다. 그러나 나는 많은 사람들에게 이 문제 영역들이 진짜로 걸림돌이 될 수 있다는 것을 알고 있다. 그것들은 신앙 자체가 분투가 될 만큼 많은 질문과 불확실성을 야기하고, 그래서 하나님의 인격과 성품에 대해 의심하게 하거나 혹은 더 심각해지게 하기도 한다.

이것들이 다소 새로운 문제라거나, 내가 최근에야 그것들을 인식하게 되었다는 것은 아니다. 나는 이 책에서 다루는 몇몇 문제들 때문에 40여 년 전에 학교와 대학에서 친구들과 논쟁했던 것을 잘 기억한다. 아마도 당신은 어렸을 때 이 질문들을 "나중에 해결할 것"이라고 표시한 생각의 책꽂이에 보관했을 것이다. 좀더 책을 읽고 공부를 하면, 혹은 좀더 연륜과 학식이 있는 기독교 지도자들의 말을 들으면 분명 답이 있을 것이라고 반쯤 기대하면서 말이다. 분명 어디엔가 있는 누군가가 이 문제들을 풀었을 것이라고 기대했을 것이다. 그러나 계속 삶을 살다 보면, 아무도 설득력 있게 문제들을 해결한 것 같지 않다는 것을 알게 된다. **정말로** 누군가 이 문제들에 대한 답을 가지고 있는가? 그런 것 같지 않다. 어쩌면 우리는 답을 얻지 못할 수도 있다.

게다가 살아가면서 고통과 죽음 같은 문제들이 자신의 삶이나 가족과 친구들 주위를 침입하기 시작하면, 문제들 자체가 더욱더 무시하기 힘들어진다. 따라서 내가 앞에서 표현했던 대로, 주님을 향한 나의 사랑과 감사와 신앙은 그분의 풍성한 복으로 날마다 견고해지는 가운데에도, 질문들은 여전히 남아 이해의 결핍이 더 분명하게 떠오른다. "주님, 이유가 무엇이죠?"와 "주님, 언제까지지요?"라는 질문이 하나님과의 일상적인 대화에 좀더 자주 나오는 것 같다.

고든이 (아마 많은 다른 사람들처럼) 신학자와 성서학자들은 이 모든 것을 이해한다고 생각하기 때문에, 나는 우리 중에서 하나님이 그 특정한 사역으로 부르시고 은사를 주신 사람들이 **먼저** 실제로는 전혀 그렇지 않다는 것을 인정하는 게 좋다고 생각한다. 물론 성서학과 신학의 연구는 하나님과 그분의 말씀, 그리고 그분이 행하시는 방식을 온갖 종류의 풍성한 차원에서 더 많이 이해할 수 있게 해준다. 나는 하나님이 그 위대한 유산의 작은 부분이나마 내게 허락해주셨다는 사실에 감사한다. 나는 하나님의 말씀을 연구해 다른 사람들에게 가르치면서, 설명될 수 있는 것을 설명해서 다른 사람들이 더 잘 이해할 수 있도록 도울 수 있다는 것에 깊은 개인적인 성취감을 느낀다. 내게 이런 시간과 기회가 오랜 시간 동안 주어졌다는 것은 기쁜 일이며 헤아릴 수 없는 특권이다. 그러나 우리의 기독교 신앙에는 가장 명민한 학문이나 심지어 가장 심오한 영적 훈련 너머에 있는 신비의 영역들이 있다.

누구보다 더 열심히 인생과 하나님의 신비를 면밀히 살피려고 노력하면서 가르치던 한 성경 저자는 다음과 같은 결론에 이르렀다.

> 내가 마음을 다하여 지혜를 알고자 하며 세상에서 행해지는 일을 보았는데 밤낮으로 자지 못하는 자도 있도다. 또 내가 하나님의 모든 행사를 살펴보니 해 아래에서 행해지는 일을 사람이 능히 알아낼 수 없도다. 사람이 아무리 애써 알아보려고 할지라도 능히 알지 못하나니 **비록 지혜자가 아노라 할지라도 능히 알아내지 못하리로다.**
>
> _전도서 8:16-17 (라이트의 강조)

하나님이 창조하신 땅 위에 있는 삶의 깊은 문제들에 대해 최종적인 답을 가지고 있다고 주장하는 사람들조차, 어느 정도는 착각 가운데 살아가고 있다. 그들은 자신이 안다고 주장하는 것에 대해 사실 모르고 있다. 내가 바라는 것은, 이 책이 전도서의 저자가 살던 시대에는 알려지지 않았던 하나님의 행위와 계시의 더 넓은 차원들을 확언할 수 있으면서도, 전도서의 정직함과 현실성을 어느 정도 공유하는 것이다.

그러므로 나는 하나님에 대해 이해하지 못하는 것들이 내게 많이 있다고 말하는 것이 전혀 부끄럽지 않다.

이해하지 못하는 것에도 여러 가지가 있다

그러나 나의 "이해하지 못함"은 여러 가지 형태를 지니며, 다양한 내적 반응들을 일으킨다.

내가 하나님에 대해 이해하지 못하는 것들 중에는 나를 **화나고 슬프게** 하는 것이 있다. 과거에도 지금도 끔찍하며 설명할 수 없는 것들이기 때문이다. 우리 모두는 하나님의 선하신 창조 가운데 있는 악의 존재를 이치에 맞게 이해하려고 씨름한다[비록 우리가 악을 "이치에 맞게"(make sense) 이해하도록 만들어지지 않았고, 결코 그렇게 할 수 없음에도 말이다. 악의 본질은 모든 좋고 선한 것의 부정인데, "이치"(sense)는 좋은 것이기 때문이다. 결국 악은 "이치"에 맞지 않을 뿐만 아니라, 또 맞을 수도 없다].

그러나 악의 철학적이고 신학적인 문제는 실제 가슴 아픈 고통의 현실과는 별개다. 실제 고통을 더 많이 볼수록, 그것과 관련해 하나님을 이해하는 것이 더 어려워진다. 세상에서 벌어지는 고통의 당혹스럽고 오싹한 규모에 대해 어떻게 반응해야 하는가? 성경에서 찾을 수 있는 하나의 반응은 애통(lament)이다. 성경의 애통을 더 현대적으로 표현한 말은 저항(protest)이다. 우리가 이해하지 못하는 일들을 맞닥뜨렸을 때 하나님 앞에서 애곡하고 저항한다는 것은 어떤 의미인가? 왜 우리는 그렇게 하는 것이 뭔가 잘못이라고 생각하는가?

내가 하나님에 대해 이해하지 못하는 것들 중에는 나를 **도덕적으로 혼란스럽게** 하는 것이 있다. 이런 것들 가운데 얼마는 성경 자체, 특히 구약성경 안에서 벌어진다. 엄청난 폭력, 즉 폭력적인 행동들, 폭력적인 말들, 폭력적인 상징들이 있다. 모든 사람이 생각하는 가장 두드러진 예는 구약성경의 이스라엘 사람들이 하나님이 그들에게 약속하셨던 땅을 차지할 때 가나안 사람들을 괴멸한 것이다. 그런 것들을 성경의 나머지 부분이 우리에게 말해주는 하나님의 성품과 일치하게 해석할 수 있는 방법이 있는가?

너무나 **헷갈리기** 때문에 내가 하나님에 대해 이해하지 못하는 것들이 있다. 왜 하나님은 이후 세대들이 크게 오해할 것들을 성경에서 말씀하시고 행하셨는가? 아마도 이것은 하나님 자신의 문제라기보다, 많은 그리스도인들이 성경을 해석하는 방식이 너무 지나친 것처럼 보일 때, 그렇게 해석하는 이유를 이해하려고 하면서 내가 겪는 문제일 것이다. 그러나 우리가 난해한 천 년에 관한 몇 구절을 어떻게 다루었는지, 휴거와 그 이후의 과정들에 대해 어떻게 공상하고 소설을 쓰는지, 그렇게 하지 말라는 예수님의 경고를 놀랄 정도로 무시하면서 "세상의 마지막"에 관한 시간표에 얼마나 집착하는지를 하나님이 보시면 하나님 자신도 머리를 긁적이며 난처해 하지 않으실까 궁금하다.

내가 하나님에 대해 이해하지 못하는 것들이 있지만, 그럼에도 그것들은 나를 **감사**로 가득 차고 넘치게 한다. 믿음으로 받아들이게 된 것들의 실재가 없었다면 내가 살 수 없었을 것이기 때문이다. 최고의 예는 당연히, 십자가 그 자체다. 십자가가 우리의 가장 깊은 필요들을 **어떻게** 다루었는지 정확하게 **이해**한다고 말할 만큼 대담한 사람이 누가 있겠는가? 그럼에도 우리는 하나님의 은혜로, 그리고 하나님 말씀의 권위에 기초해서, 십자가가 우리의 가장 깊은 필요들을 다루었다는 사실을 고수한다. 예수님이 제자들에게 속죄(atonement)에 대해 설명하려고 하셨을 때, 이론이 아니라 음식을 주셨다는 사실에 사람들이 주목해온 것은 현명한 일이었다. 물론 이것이 사람들이 이론화하는 것을 멈추게 하지는 않았다. 이 이론화는 실제로 초기의 제자들과, 오래지 않아 그들에게 합류한 사도 바울에게서 이미 시작된 것이다. 그리고 십자가의 의미를 둘러싼 논쟁은 여전히 격렬하다. 십자가를 완전히 이해했다고 주장하지 않으면서도, 최악의 오해들 중 얼마라도 풀 수 있을까?

내가 하나님에 대해 이해하지 못하는 것들이 있지만, 그럼에도 그것들은 나를 소망으로 채운다. 지구와 그 위에서 사는 존재들의 파괴가 나를 우울하게 하는 가운데서도 말이다. 성경은, 앞에서 언급했던 문제들을 포함해서, 현재 지구 위에 사는 생명에 관한 가장 암울한 진실들을 직시한다. 그러나 그러면서도, 앞에 있는 더 나은 세상에 대해 점점 더 강한 기대를 내비친다. 구약성경과 신약성경 모두에서 우리는 하나님의 새 창조에 대한 비전에 매혹된다. 여기서 다시 나는 새 창조가 어떤 모습일지, 또는 그것이 어떻게 성취될지 설명하는 것은 내 능력 밖의 일이라는 사실을 금세 깨닫는다. 그러나 나는 새 창조에 대한 진정으로 성경적인 묘사가 그토록 많은 대중적인 신화와 "천국"(heaven)에 대한 묘사보다 더 찬란하며, 훨씬 더 고대할 만한 가치가 있음을 안다. 비록 내가 온전히 이해하지 못하지만, (바울과 함께 그럴 때가 올 것이라고 믿으면서) 기쁨 속에 확신을 가지고 하나님의 새 창조를 고대하는 것으로 만족한다.

이것들이 결국 내가 하나님에 대해 정말 이해하지 못한다고 생각한 것들이다. 모두가 같은 종류도 아니고, 같은 정도의 정서적 혹은 영적 부담을 주는 것도 아니다. 그러나 우리가 성경의 도움을 받으며 이 문제들과 씨름한다면, 잘못되었거나 부적절하거나 오해를 불러일으키는 대답들은 적어도 정리할 수 있을 것이다. 그래서 나는 난처한 질문들에 주어진 일련의 대답들이 왜 전혀 도움이 되지 못하는지도 가능하면 이 책 어디서든지 보여주려고 한다.

비록 우리의 질문 모두를 최종적으로 만족시키지는 못하면서도 도움과 교훈이 되는 관점들도 있다. 그래서 그런 고려 사항들이 있는 곳에서는 어디서든지 그것들을 함께 나누어서, 논의 중인 어려운 문제들에 대해 그것들이 줄 수 있는 어떤 통찰이라도 얻도록 하려고 한다. 그렇게 해서, 말해질 수 있는 양면을 모두 살피는 과정을 통해, 하나님이 성경에서 분명하게 드러내셨기에 우리가 이해**하는** 것, 혹은 우리가 이해**해야만 하는** 것이 더욱 분명해지는 것이 가능함을 보여줄 수 있기를 바란다. 물론 그러면서도 하나님이 우리에게 설명하지 않기로 하신 다른 많은 것들은 우리가 이해하지 못한다는 것을 (그리고 심지어 그것들에 대한 우리의 혼란과 고통을) 인정하되, 겸손히 그리고 감사함과 안도감으로 그렇게 할 수 있기를 바란다. 우리는 이해할 수 있고 이해해야만 하는 것들의 확실성에 대한 우리의 핵심 신앙을 위협받지 않으면서도, 우리가 이해하지 못하는 것들에 대해 온전히 정직할 수 있다.

좋은 벗들과 함께

이런 분야의 일부에 대해 내 이해가 부족하다는 것을 계속 생각하다가, 나를 안심시키는 좋은 벗들이 나와 함께하고 있다는 것을 깨달았다.

성경은 혼란, 슬픔, 초조함, 두려움 중에도 하나님 앞에 서서 자기들의 질문을 했던 많은 사람의 예를 보여준다. 우리가 성경에서 발견하는 모든 질문들은 종합적으로 개괄해볼 가치가 충분히 있다. 물론 많은 질문들은 수사적이다. 즉 단지 강한 확신을 표현하는 방법일 뿐이다. 그러나 성경에 있는 질문들 중 상당수가 하나님의 방식을 이해하고자 하는 깊은 갈망에서 제기되는 것으로 보인다. 특히 하나님이 우리의 이해를 초월하는 방식으로 말씀하시거나 행동하실 때, 또는 그분이 그렇게 하시겠다고 자신의 의도를 선언하실 때 말이다.

아브라함의 대담함은 그가 하나님께 질문함으로 그분과 대화를 시작한 사람으로 성경에 등장하는 첫 번째 사람인 것에서 드러난다. 그의 질문은 소돔과 고모라에 대한 하나님의 의도가 정의로운지에 대한 질문이었다. 그는 "세상을 심판하시는 이가 정의를 행하실 것이 아니니이까"라고 묻는다(창 18:25).

불임의 현실에 갇혀 씁쓸한 웃음으로 투덜대던 사라의 질문은 간접적으로 하나님을 향했다. 역설적이게도 하나님이 장막 문 반대편에서 듣고 계시다는 것은 그녀가 알지 못했지만 말이다(창 18:12).

하갈이 절망 가운데 "아이가 죽는 것을 차마 보지 못하겠다"라고 하며 돌이켰을 때, 그녀는 자신을 방금 쫓아낸 가족의 하나님께 말한 것이었을 수도 있고 아닐 수도 있다(창 21:16). 그러나 그녀를 돕기 위해 예전처럼 개입하신 분은 하나님이었다. 하갈이 성경에서 하나님께 이름을 지어드린 첫 번째 사람이 되었을 때—그 이름은 눈에 띄게 통찰력 있고 위로가 되는 것이었다—그러셨듯이 말이다(창 16:13).

모세는 몇 번이고 하나님께 질문하는데, 때로는 이스라엘 사람들에 대한 하나님의 계획들에 관한 것이었고, 때로는 모세 자신이 약속의 땅에서 배제되는 것에 대해서였다. 모세가 약속의 땅에 들어가지 못하리라는 하나님의 결정을 이해하지 못한 것은 모세 자신만이 아니다. 하나님의 그 결정에 대해 수세기 동안 성찰한 사람들도 그것을 이해하지 못하기는 마찬가지였던 것 같다(신 3:23-28).

나오미는 자신의 남편과 (자녀 없이 죽은) 두 아들을 땅에 묻은 후에 (마치 삼중 과부처럼) 깊은 슬픔 가운데 상반되는 감정으로 끓어올라서, 하나님을 신뢰하고 그분께 기도하면서도 또한 자신을 대적과 같이 취급하시는 것에 대해 하나님을 비난한다(룻 1:13b). 그녀는 자기 삶에 닥친 모든 쓰라림, 공허함, 고뇌를 전적으로 주님의 책임으로 여긴다(1:20-21).

다윗은 자신과 자기 가족과 관련된 하나님의 관대하심의 깊이를 헤아릴 수 없어 그저 "나는 누구이오며"라고 물을 수밖에 없다(삼하 7:18).

엘리야는 어떻게 하나님이 생명을 살리시고 곧 다시 멸하실 수 있는지 이해하지 못하고, 그런 비일관성에 대해 (성공적으로) 항의한다(왕상 17:20-21). 후에 그는 자기 자신에게 닥친 유사한 경우에 대해 애곡한다(왕상 19:4, 10).

욥기 전체는 욥이 겪은 상실과 고난의 물결 속에서 하나님께 퍼부어진 질문이다. 하나님은 욥에게 대답하신다. 그러나 하나님이 욥의 질문에 대답하시는가?

예레미야는, 다른 예언자들의 말과 외적 상황 모두가 반대 방향을 가리킬 때, 하나님이 자신을 통해 말씀하시는 것을 이해하려고 애쓴다. 그의 번민은 종종 애도하는 질문, 때로는 분노에 찬 질문들의 형태를 취한다(렘 12:1-3; 15:15-18; 20:7-18).

하박국은 국제적인 사건들과 관련해서 하나님의 주권적 정의를 이해하지 못한다(합 1:12-17). 그것이 그로 하여금 이를 악문 기쁨으로 하나님을 신뢰하는 것을 멈추게 하지는 않는다(합 3:16-19).

시편은 "왜", "언제", "어느 때까지"와 같이 번민하는 질문들로 가득 차 있다. 아마도 시편만 세밀하고 창조적으로 주해해도 이 책에 있는 대부분의 질문들과 씨름할 수 있을 것이다. 시편은 무엇보다 믿음, 신뢰, 기쁨, 찬양, 소망의 책인데, 그것들은 만연해 있는 고통스러운 이해 결핍과 공존한다.

바로 이런 이유로, 시편에서 나온 말이 역사상 가장 결정적인 순간에 제기된 가장 심오한 질문을 형성한 것이다. 십자가 위에서 깊은 고통 속으로 들어가실 때 예수님의 입술에서 나온 "내 하나님이여 내 하나님이여 어찌 나를 버리셨나이까?" 하는 유기의 부르짖음 말이다(시 22:1; 마 27:46을 보라). 우리는 예수님의 질문을 들어야 하고, 그 대답을 나머지 시편 전체의 빛 아래에서 분별해야 한다. 예수님이 분명하게 하셨던 것처럼 말이다. 그러나 그것은 여전히 구속 자체가 가진 신비의 핵심을 우리에게 드러내는 질문으로 남는다. 십자가는 온 창조 세계가 제기하는 질문에 대한 하나님의 대답이었는데, 예수님이 바로 그 십자가 위에서 우리를 가장 괴롭히는 질문들을 시작하는 첫 단어인 "왜…?"를 말씀하셨다. 이것을 생각할 때 나는 깊은 감동을 받는다.

그러자 또 다른 것이 내 의식에 부딪히기 시작했다. 얼마나 많은 그리스도인의 찬송과 노래들이 우리 신앙의 가장 심오한 측면들을 (우리가 결코 적합한 답을 제시하지 못할) 질문을 통해 표현하는지, 또는 우리가 이해할 수 없지만 그럼에도 불구하고 기쁨과 감사로 받아들이는 것들이 있음을 공개적으로 인정하며 표현하는지 알아차린 적이 있었는가?

주 보혈로 날 사심은
그 뜻이 깊고 크셔라
상하심과 죽음심이
어찌 날 위함인지
놀라워라 주 사랑이
날 위해 죽으신 사랑
_찰스 웨슬리 (Charles Wesley)

신비로다! 영원하신 분이 죽으셨네
누가 그의 기묘한 계획을 알 수 있으랴
처음 난 천사도 헛되이 헤아리네
하나님의 사랑의 깊이를
_찰스 웨슬리

왜 내가 그의 보상에서 이익을 얻어야만 하는지
나는 답할 수 없네
그러나 나는 아네 온 마음으로
그의 상처가 내 죗값을 치렀다는 것을[1)]
_스튜어트 타운엔드 (Stuart Townend, 라이트의 강조)

나는 말할 수 없네, 왜 천사들이 경배하는 그가
사람의 아들들에게 자기 사랑을 쏟아야만 했는지
왜 그가 목자처럼 방황하는 자들을 찾아야만 했는지
언제 어떻게 그들을 돌이키는지 그들은 알지 못하네
그러나 나는 아네, 베들레헴의 구유가 그의 유일한 집이었을 때
그가 마리아에게 태어났다는 것을
그리고 그가 나사렛에서 살며 일했다는 것을
그리고 그렇게 구주가, 세상의 구주가 오셨다는 것을
_윌리엄 풀러튼 (William Fullerton, 라이트의 강조)

아 하나님의 은혜로 이 쓸데 없는 자
왜 구속하여 주는지 **난 알 수 없도다**
내가 믿고 또 의지함은 내 모든 형편 아시는 주님
늘 보호해주실 것을 **나는 확실히 아네**
_다니엘 W. 위틀 (Daniel W. Whittle, 라이트의 강조)

이렇게 질문과 확언을 통한 표현은 아마도 시의 특징이자 시가 주는 특별한 선물일 것이다. 그러나 그것은 또한 신앙이 이해를 **추구**한다는 것, 이해할 수 있도록 주어진 곳에서는 신앙이 이해 위에 **세워**진다는 것, 그러나 신앙이 최종적으로 이해에 **의존**하지는 않는다는 심오한 인식을 보여준다. 물론 이것은 신앙이 본래적으로 비이성적이라는 것이 아니라(오히려 그 반대가 맞다), 신앙이 우리를—현재로서는—설명되지 않는 영역으로 데리고 간다는 것이다.

이해의 결여, 예배하는 신앙에 닻을 내리다

우리의 질문 목록에 뛰어들기 전에 언급할 마지막 생각이 하나 있다.

시편 73편은 내가 이 책에서 하려는 것에 대해 강력한 성경적 선례를 제공한다. 이 시편은 "하나님이 참으로 선을 행하신다"는 이스라엘의 본질적인 신앙을 단언하면서 시작한다. 그러나 이어서 기자가 (우리와 같이) 주변에서 분명히 볼 수 있는 도덕적이고 영적인 반전—악이 계속해서 선을 이기는 것, 악한 자의 성공, 경건하고 바른 삶을 살려는 노력이 명백히 헛되다는 것—에 대해 가지는 깊은 번뇌를 표현한다(1-14절). 여기에 자신이 이해하지 못하는 하나님에 대해 말하는 사람이 있다. 하나님이 상황을 아무런 도전도 없이 바로잡지 않고 그냥 내버려두시는 듯 보이는 한, 그는 하나님을 이해하지 못한다.

이 시편의 중간에서 그는 두 가지를 한다. 첫째, 15절에서 그는 하나님의 백성을 실망시킬지 모른다는 두려움 때문에, 이 문제에 대한 자신의 씨름을 널리 알리는 길을 너무 많이 내려가지 말라고 자기 스스로에게 경고한다. 다시 말해, 예배 인도자가 의심과 질문을 과시해대며 하나님의 자녀를 위험스럽게 동요시키지 않아도 그들에게 이미 충분히 많은 어려움이 있다는 것을 그는 안다. 하나님이 언젠가 예레미야에게 상기시키셨던 것처럼(렘 15:19), 그리고 이사야가 자신의 청중에게 경고했던 것처럼(사 45:9-13), 저항의 목소리를 발하는 데는 적절한 목회적 **한계**가 있다. 나는 이 책을 집필하면서 그 한계를 넘지 않도록 계속 기도해왔다. 성경이 스스로 씨름하는 질문들을 탐구하면서 내가 원하는 것은 하나님의 백성을 세우는 것이지, 그들의 신앙을 팔아버리려는 것이 아니다.

둘째, 시편 73:16-17에서 시편 기자는 하나님의 집에서 하나님의 백성과 함께 드리는 예배에 간다. 바로 거기 예배의 맥락 속에서 그의 관점은 변화되고, 그는 하나님의 궁극적인 뜻과 도덕적 통치의 빛으로 상황을 본다. 이것이 현재의 현실을 바꾸지는 않는다. 그러나 그것은 정신을 깨우는 동시에 위안을 주는 미래로부터의 변혁적 기대를 그 현실 상황에 주입한다. 그러나 결정적으로 시편의 마지막에서 신뢰와 자족의 장소에 이르렀음에도 ("하나님께 가까이 함이 내게 복이라"), 시편 기자는 앞으로 돌아가 이미 적었던 모든 것을 지우지 **않는다**. 그는 이해의 부족으로 인한 그의 분투**와** 회복되어 예배하는 신앙 두 가지 **모두**를 우리가 듣게 한다.

나는 이 책이 이 모든 점에서 시편 73편의 기자가 보여준 예를 따르기를 기도한다. 나는 정직하고 현실적이기를 추구하면서도, 이미 혼란 속에 있는 사람들의 신앙을 더 뒤흔들기는 바라지 않는다. 오히려 나는 우리가 이해의 한계들을 직시하고, 그로써 종종 야기되는 고통과 슬픔을 인정하기를 원한다. 그러나 동시에 나는 우리가 이 시편 기자와 함께 이렇게 말할 수 있기를 바란다(73:28). "하지만 괜찮습니다. 하나님이 궁극적으로 주관하시기 때문에, 나는 하나님이 그것들을 바로잡으실 것을 신뢰할 수 있습니다. 그때까지 나는 하나님 가까이에 있으면서 그분을 나의 피난처로 삼고 그분의 행하신 일을 계속 전할 것입니다."

---

1) 스튜어트 타운엔드의 찬송 "How Deep the Father's Love for Us" 중에서 허락을 받고 인용.

제1부

악과 고통을 어떻게 이해할 것인가?

왜?

실질적으로 모든 사람에게 악과 고통의 문제가 있다. 모든 인간은 이 세상 에서 살아가는 동안 삶의 현실을 그 모든 고통, 잔인함, 질병, 폭력, 사고, 사별, 고문, 정서적이고 육체적인 고난, 죽음 등과 함께 경험한다. 이것들은 세상에서 그저 살기만 해도 겪는 문제들로, 매일의 삶에 있는 모든 전환점에서 우리를 맹렬히 공격한다. 이 문제들 중 어떤 것들은 우리 스스로가 경험하며 고통당하고, 때로는 다른 이들이 이 문제들로 고통당하는 것을 지켜보며 고통을 겪기도 한다. 다른 이들의 고통이 우리가 스스로 겪는 아픔보다 더 심한 경우는 또 얼마나 많은가! 그렇다. 고통과 악은 모든 사람에게 **실질적인** 문제다.

그러나 **이론적인** 측면에서 악과 고통은 독특하게 기독교적인 문제가 된다. 그리스도인들은 **정신적으로** 악의 문제와 씨름하는데, 다른 사람이 하는 것과 다른 방식으로 그렇게 한다. 내 말은 비그리스도인들이 고통과 악이라는 이 무시무시한 수수께끼 때문에 정신적으로 아픔을 겪지 않는다거나 씨름하지 않는다는 것이 아니다. 당연히 그들도 그렇게 한다. 가장 위대한 인간의 예술, 문학, 음악 중 어떤 것들은 고통과 악이라는 현실과 정신적이고 정서적으로 씨름하는 가운데 나왔다. 내가 말하고자 하는 것은, **악의**

존재 그 자체가 기독교적 세계관과 심각한 모순을 일으키는 도전이 되는 만큼 다른 세계관들에는 그렇지는 않다는 것이다. 우리 그리스도인들이 하나님과 세상에 관해서 무엇을 믿는지 생각한다면, 악의 존재는 정말로 문제인 것이다.

악을 도대체 어떻게 설명할 수 있겠는가?

악은 왜 존재하는가?

악은 어디에서 왔는가?

악은 (여러 신들의 존재를 믿는) **다신론적**(polytheistic) 세계관과 종교들에서는 (이론적으로) 문제가 아니다. 많은 신들 자체가 선과 악의 혼합이어서 서로가 동기, 관계, 행위들이 된다. 인간과 물질 세상의 삶이 신들의 세상에서 벌어지는 일들과 밀접하게 얽혀 있기 때문에 악과 고통은 "정상"이다. 다시 말해, 신적인 세계 자체가 악의 차원들을 가지고 있다고 믿는다면, 악과 고통은 자연스럽게 예상할 수 있는 것들이다. 만일 신들이, 혹은 신들 중 일부라도 나쁘게 행동하는 사람들과 같다면, 왜 인간이 행동하는 세상이 조금이라도 달라야 하겠는가? 특히 이 세상이 그런 악한 의지의 영향으로 다스림을 받는다면 말이다. 다신론은 참으로 악의 문제에 대한 그럴 듯한 해결책으로 이해될 수 있다. 문제의 기원을 신들의 세상에 놓으면 된다. 왜 악이 세상에 존재하는가? 신들 중의 일부는 항상 악하고 대부분의 신들은 때때로 악하기 때문이다. 이러한 신들이 영향을 주는 세상에서 어떤 다른 경우를 기대할 수 있겠는가?

악은 **일원론적**(monistic) 세계관과 종교들에게는 문제가 아니다. 일원론은 궁극적으로 모든 실재가 하나이고 나눌 수 없다는 견해다. 예를 들어, 힌두교나 불교 같은 동양 종교 가운데 찾아볼 수 있는 영적 혹은 초월적 일원론은 모든 것이 전적으로 초월적인 한 존재(브라만)의 부분이며, 이 세상에서 우리가 보는 모든 구별들은, 우리가 별개의 개인들처럼 **보이는** 것을 포함해서, 환영에 불과할 뿐이라고 단언한다. 당신과 나 사이에, 나와 "그것" 사이에, 보이는 세상과 보이지 않는 세상 사이에, 즉 물질적인 세상과 영적인 세상 사이에 궁극적으로 차이가 없다. 모든 것은 하나다. (성경적 세계관에는 분명한) 창조자와 피조물 사이의 구별도 없다.

사물들이 어떻게 지금 존재하는 것처럼 보이는지를 설명하는 것도 역시 순전히 착각이거나 신화일 뿐이다(힌두교에는 낮은 수준의 사람들을 만족시키기 위한 신화들이 있다). 깨달음의 궁극적인 목표는 차별 없이 모든 것의 전적인 하나됨을 실현하는 것이다. 결국 이 초월적인 혼합에 모든 도덕적인 구별도 포함된다. 위대한 "그 너머"에는 선과 악의 구별이 없다. 선과 악의 구별이 **있다**는 생각 자체가 우리가 깨달음에 이르는 여정 중에 극복해야만 하는 지속적인 착각이다. 모든 것은 하나다. 그러므로 악과 관련된 진정한 '문제'도 역시 없다. 악은 궁극적으로 착각일 뿐이다. 깨닫지 못한 상태의 물질적 세계에 있는 다른 모든 것들처럼 말이다.

유물론적 일원론도 역시 오직 한 실재, 즉 우주의 물리적·물질적 실재만 있다는 견해를 취한다. "물질이 존재하는 모든 것이다"라는 것이 이 견해를 요약한다. 이 견해의 좀더 흔한 형태는 보통 **무신론**(atheism)이라고 불린다. 초월적인 영역은 전혀 없다. 실재는 우주의 질량과 에너지의 총합일 뿐이며, 우리 인간들에게 실재는 유전자 변형이 이루어진 긴 진화 역사의 최종 산물일 뿐이다.

악은 무신론자들에게 **이론적인** 문제가 아니다. 악은 그저 세상이 진화의 현재 상태 우주에서 존재하는 방식과 관련된 문제일 뿐이다. 다른 방식이 가능하지 않은데, 왜 불평하겠는가? 실제로, **선함**(goodness)의 실재가 무신론에게는 더 큰 이론적인 문제다(즉 설명하기 더 어렵다). 이타주의, 선함, 사랑, 그리고 그 외 이기적이지 않은 인간들의 태도와 행동을 순전히 진화론적인 용어로만 설명하는 것은 결코 쉽거나 자명하지 않다.

그러나 그리스도인들에게 악은 정말로 모든 관점에서 문제다.

우리가 성경적 유신론을 전적으로 받아들이기 때문이다. 우리 그리스도인들은 성경이 모호하지 않게 반복적으로 가르치는 것에 기초해서 살아 계신 한 분 하나님을 믿는다. 온 우주의 창조자이신 그분은 인격적이시고 선하시고 사랑하시고 전능하시며, 일어나는 모든 일들에 대해 주권적이시다.

살아 계신 하나님에 대한 이러한 위대한 성경적인 진리들에 대해 확신하게 된 사람은 악의 존재라는 엄청난 문제를 피해갈 수 없다. 다른 식으로 표현하자면, 많은 사람들이 기독교 신앙을 비난하거나 거부할 때 말하는 것처럼, 악과 고통으로 가득한 세상에 사랑하면서 **또한** 전능한 신이 존재한다는 것을 어떻게 믿을 수 있는가? 이 두 가지는 양립할 수 없으며 서로 배타적이지 않은가? 기독교 신앙에 반대하는 고발은 여기서 진부한 딜레마의 형태로 제시된다. 신은 전능해서 모든 악과 고통을 막을 수 **있었지만** 분명히 그렇게 하지 않았으므로 **사랑하는 존재일 수 없다**. 아니면 신은 사랑하는 존재이기에 가능하면 모든 악과 고통을 막기 바라지만, 그럴 수 없기 때문에 **전능한 존재일 수 없다**.

우리는 정말 이 딜레마의 뿔 중 하나에 찔릴 수밖에 없는가? 우리는 하나님이 모든 능력에 충만하시지만 악을 해결할 만큼 충분히 우리를 사랑하시지 않는다고 말하거나, 아니면 하나님이 우리를 사랑하시지만 악을 해결할 능력이 없으시다고 말해야만 하는가? 내가 바라는 것은, 비록 우리가 마침내 다 이해하지 못하는 무엇이 있다고 고백해야만 할지라도, 이 책의 제 1부가 끝날 때면 그런 끔찍한 대안들만 우리에게 남아 있지 않음을 우리가 아는 것이다.

성경을 보자.

의심할 바 없이, 성경은 하나님이 완전히 사랑하는 분이고 **또한** 완전히 능력 있는 분이라고 단언한다. 그러나 성경은 또한 무시무시한 악의 현실을 묘사한다. 우리가 이러한 삐걱거리는 모순을 함께 우리 마음속에 붙들게 하기 위해 성경은 어떤 도움을 주는가? 비록 성경이 우리가 모든 것을 이해할 수 있는 답을 주지는 않으면서도, 어떻게 우리가 온전히 신뢰할 수 있는 희망을 붙들도록 하는가?

다른 식으로 말하자면, 우리가 종종 "왜?"라고 물을 때 성경 속의 사람들은 더 자주 "언제까지?"라고 물었다. 그들은 악의 **기원**을 설명해달라고 요구하기보다는, 악을 **끝내기** 위해 무엇인가를 해달라고 하나님께 간청했다. 앞으로 보겠지만, 그것이 바로 하나님께서 하시기로 약속하신 것이다.

1장
악이라는 불가사의

"성경을 보자"라고 말하는 것은 아주 좋은 일이다. 그러나 악의 궁극적 기원에 대한 간단명료한 답을 찾기 위해 성경을 처음부터 끝까지 읽고 또 읽을 수는 있겠지만, 그래도 원하는 답은 얻지 못할 것이다. 나는 지금 창세기 3장이 말하는 것, 즉 악이 인간의 삶과 경험에 들어오게 된 것에 관해 말하고 있지 않다(이 주제에 관해서는 곧 생각해볼 것이다). 인간으로 하여금 죄를 짓고 반역하도록 유혹한 악한 힘이 어떻게 처음에 거기 존재하게 되었는지에 관해 나는 말하고 있다. 그러한 궁극적 기원은 설명되지 않았다.

그러나 이러한 사실이 지금까지 많은 사람들이 자신의 이론을 지지할 거라고 생각되는 성경의 어떠한 조각이든 끌어 모아 답을 찾아내려고 시도하는 것을 막지는 못했다. 그러나 우리가 "악이 어디에서 왔나요? 악이 맨 처음에 어떻게 시작되었나요?"라고 하나님께 물으며 성경을 읽을 때, 정작 하나님은 "그건 내가 말하고자 하는 것이 아닌데"라고 대답하시는 것 같다. 다른 말로 하자면, 성경은 악이라는 불가사의(mystery)를 억지로라도 받아들이게 한다. 내가 "악을 억지로라도 받아들이게 한다"고 말하지는 않았다는 것을 주목하라. 성경은 결코 악을 받아들이지 않으며, 우리에게도 그렇게 하라고 요구하지 않는다. 오히려 우리가 악을 거부하고 악에 저항해야 한다고 강력하게 말한다. 내가 말하고자 하는 것은, 성경은 악이 (특히 그 기원에 관해서) 불가사의라는 것을 받아들이도록 우리를 인도한다는 것이다. 우리 인간들이 끝내 완전히 이해하거나 설명하지 못하기 때문에 그것은 불가사의다. 그리고 이것이 왜 그런지에 대해 적절한 이유가 있다는 것은 잠시 후에 살펴볼 것이다.

도덕적 악

그러나 어떤 의미에서는, 우리가 사는 세상에 있는 엄청난 양의 고통과 악의 기원(실제적 영향을 미치는 **원인**이라는 의미에서)과 관련해서 불가사의한 것은 없다. 어마어마한 양의 고통은—그리고 내 생각에는 대부분의 고통은—인간의 죄와 사악함의 결과다. 문제에 도덕적 차원이 있는 것이다. 대부분의 상황에서 인간이 겪는 고통은 인간이 죄로 가득하기 때문에 생긴다.

"도덕적"(moral) 악과 "자연적"(natural) 악이라고 부를 수 있는 것들을 어느 정도 구별하는 것이 비록 너무 단순화한 것일지라도 도움이 될 것 같다. 이것이 꼭 가장 적절한 언어라는 것은 아니다. 사실 그것들은 여러 가지 방식으로 중복되며 연결된다. 그러나 이것은 적어도 우리가 상식의 문제로 여기고 관찰하는 구별을 잘 표현한다.

"도덕적" 악이라는 것은 직간접적으로 인간의 사악함과 어느 정도 관계되어 세상에 있는 고난과 고통을 의미한다. 이것은 말하고 행하는 것들, 즉 인간 삶과 역사의 영역에서 인간의 행위(혹은 무행위)가 저지르고 야기하고 이용하는 것들 속에서 볼 수 있다. 우리는 영적인 악을 이것과 연결해서 성경이 "악한 존재", 즉 인간의 사악함에 침투하고 이용하고 증폭시키는 사탄적이고 영적으로 악한 세력의 실재에 관해 무엇이라고 말하는지 살펴봐야 한다.

“자연적” 악이라는 것은 지구 위에서 살아가는 삶의 일부로 보이는 고통을 의미한다. 여기에는 포식 관계에 의해 야기되는 동물들의 고통이나 자연 세계에서 일어나는, (일반적으로) 인간의 도덕적인 원인과는 관련이 없어 보이는 사건들에 의해 야기되는 인간의 고통이 포함된다. 지진, 화산, 쓰나미, 토네이도, 허리케인, 홍수 등 이른바 자연재해라고 불리는 것들 말이다.

도덕적 악의 경우, 죄와 고통 사이에 때때로 **직접적인** 연결이 있다. 예를 들어, 어떤 사람들은 폭력, 학대, 잔인함, 혹은 단순한 냉담함과 무시를 통해 다른 사람들에게 고통을 직접적으로 야기한다. 혹은, 때때로 사람들은 자기 자신의 잘못된 행동들의 직접적인 영향으로 고통을 받는다. 자기 자신의 과속 운전이나 과음 때문에 길에서 사고로 죽는 사람들은 자기 자신의 죄나 어리석음의 직접적인 결과로 고통받는 것이다. 잘못한 일에 대한 사회의 법적 처벌 때문에 고통을 겪는 경우도 있다. 감옥에 갇히는 것은 고통의 한 형태이며, 그런 점에서 악한 것이다. 그러나 우리는 잘못된 행위에 대한 어느 정도의 처벌이 필요악이라는 것을 인정한다. 더 나아가, 사람들이 잘못된 행위에 대해 처벌받지 **않으면**, 우리는 그것이 또 다른 그리고 심지어 더 큰 악이라고 본능적으로 강하게 느낀다. 처벌이 정의를 위해 합의한 과정의 부분으로 요구된다면, 그것은 또한 선한 것이기도 하다.

그러나 인간의 사악함이 **간접적으로** 야기하는 고통도 엄청나게 많다. 음주음전을 한 당사자는 살아나고, 다른 무고한 사람들을 죽거나 다치게 하기도 한다. 전쟁은 이른바 부차적인 피해를 야기한다. 갱단의 싸움이나 강도가 은행을 털 때 잘못 나간 총알이 옆에 있던 무고한 사람을 죽인다. 철로 점검요원이 일찍 퇴근해서 철로를 다 점검하지 못했다가, 기차가 궤도를 이탈해 사람들이 죽거나 다친다. 부주의한 산업 오염으로 인해 전체 인구가 몇 세대 동안 고통당한다. 예들은 우리가 듣고 보는 거의 모든 뉴스 기사에서 얼마든지 더 추가할 수 있다. 이것들이 모두 **도덕적** 악의 모습이다. 이것들은 말할 수 없는 고통을 야기하며, 모두 이런저런 형태의 인간 허물이나 실패에서 그 원인을 찾을 수 있다.

우리는 어떻게든 이러한 사실들을 견디며 그럭저럭 살아간다. 단지 그것들이 매우 일반적이고 보편적이어서 "정상"으로 여기게 됐기 때문이다. 설령 우리가 그것들을 안타까워하거나 분개한다 하더라도, 또 설령 대부분의 경우에 바로 인간에게 책임이 있다는 것을 마지못해 인정한다 하더라도 말이다. 그러나 2004년의 쓰나미나 2008년에 미얀마를 덮쳤던 폭풍, 아니면 파키스탄, 페루, 중국에서 있었던 지진들처럼 뭔가 엄청난 규모의 끔찍한 일이 터지면, "어떻게 **하나님**이 이런 일을 허락하실 수 있단 말인가? 어떻게 **하나님**이 이런 고통을 허락하실 수 있단 말인가?" 하는 부르짖음은 커진다. 이 부르짖음은 내 자신의 마음속에서도 울려서 내가 천국 문 앞에서 벌어지는 항의집회에 참여하게 한다. 아무런 경고나 이유 없이 사람들에게 순식간에 닥치는 그토록 큰 규모의 몸서리나는 고통은 하나님이 돌보신다고 여기는 우리의 모든 정서와 전제를 거스른다. 하나님을 알고 사랑하고 신뢰하기에 그분을 믿는 우리는 이런 사건들이 주는 정서적이고 영적인 충격으로 마음이 무너진다.

"하나님이 어떻게 이런 일들을 허락하실 수 있는가?"라고 우리는 부르짖는다. 이 부르짖음에는 만일 하나님이 정말 선하고 사랑하는 분이라면 그러한 것들을 허락하지 **않으실** 것이라는 비난이 내재해 있다. 우리의 직감적인 반응은 하나님의 냉혹함 혹은 무관심함을 **비난**하고, 그러한 일들을 멈추기 위해 뭔가를 하시라고 **요구**한다.

그러나 사람들이 그렇게 비난하는 목소리를 들으면—특히 하나님을 믿지 않으면서도, 만일 그분이 존재한다면 해야만 하는 일을 하지 못했다고 자신들이 믿지도 않는 그 하나님을 비난하기를 좋아하는 사람들의 비난을

들을 때면—하늘에서 이런 소리가 들리는 듯하다.

"음, 미안하네. 그러나 누가 무엇을 허락했는지 지금 따지고 있는 것이라면, 자네들의 세상에서 수천 명의 어린이들이 **예방할 수 있는** 질병으로 시시각각 죽어가고 있다는 사실을 지적하고 싶네. 자네들에게 그 질병을 멈추게 할 수 있는 방법이 있는데도 말이야(그러나 분명히 그럴 의지는 없겠지). 어떻게 **자네들**은 그것을 허락하나?"

"자네들 세상에는 수백만 명의 사람들이 서서히 굶어 죽어가네. 자네들 중 어떤 이들은 폭식으로 죽어가는데 말이야. **자네들**은 어떻게 그런 고통이 계속되도록 허락할 수 있나?"

"자네들은 같은 인간들 가운데 수백만 명이, 어떤 사람이 한 잔의 커피를 위해 쓰는 돈보다 적은 돈으로 하루를 살아간다는 것을 알면서도 편안해 보이는군. 자네들 중 일부는 어떤 나라 전체보다 더 부유한 개인 재산을 가지고 있으면서도 말이야. **자네들**은 어떻게 그러한 역겨운 악을 허락하고 그것을 경제 체제라고 부를 수 있나?"

"노예무역 폐지 이전의 가장 열악했던 시대보다 지금 더 많은 사람들이 노예 상태에 있는데, **자네들**은 어떻게 그것을 그냥 놔둘 수 있나?"

"수백 수천의 사람들이 백척간두 같은 위기 속에 난민으로 살고 있네. 자네들이 이기심, 탐욕, 야망, 거짓된 위선 때문에 탐닉하고 있는 끝없는 전쟁 때문이지. 자네들은 전쟁을 **용인**할 뿐 아니라 모의하고, 불을 지피고, 그것으로부터 이익을 취하고 있지(자네들 중에 나를 믿는다고 가장 큰 소리로 주장하는 사람들을 포함해서 말이야)."

"자네들 중 한 가수가 이렇게 노래하지 않았는가? '나를 비난하기 전에 당신 자신을 살펴보세요'라고 말이야."[1]

그러므로 우리가 사는 세상의 고통과 아픔 중 상당한 부분은—비록 이 문제에 대해 정확한 수치를 제시하지 못한다고 하더라도—의심할 바 없이 인간의 사악함에 의한 직간접적 결과로 여겨진다. 인간의 죄가 고통을 직접적으로 야기하지 않은 곳에서도 인간의 죄는 그 고통을 더 크게 증가시키기도 한다. 허리케인 카트리나는 뉴올리언스의 상황을 이미 충분히 나쁘게 만들었다. 그러나 약탈자들로부터 관료들의 무능력에까지 이르는 여러 문제들이 얼마나 더 많은 추가적인 고통을 야기했는가? 에이즈 자체도 충분히 나쁘다. 그런데 기업과 정치의 탐욕과 냉담함이 서구에서는 감당할 만하고 구입 가능한 약들을 구할 수 없게 만든 것 때문에, 얼마나 많은 사람들이 예방 가능한 질병과 때 이른 죽음으로 고통당하는가? 폭풍이 미얀마에 준 타격은 끔찍하다. 그러나 그 피해는 정부가 수 주 동안 국제 구호 기구들의 입국을 전형적으로 무자비하게 거부하면서 몇 갑절이 되었다. 의심할 바 없이, 인간의 냉담함이 수천 명을 죽음으로 몰아넣고 생존자들의 비참함을 연장시켰다.

성경의 진단

그렇다면 어떤 의미에서는 불가사의란 없다. 우리는 우리가 죄를 짓기 때문에 고통당한다. 내가 바로 덧붙이고 싶은 것은, 그렇다고 해서 이것이 각 사람이 자신의 죄 때문에 직접적으로 혹은 자신의 죄에 상응하게 고통을 당한다는 의미는 아니라는 것이다(성경은 이것을 부정한다). 단지, 인류 전체가 겪는 고통은 상당 부분 인류 전체가 저지르는 죄 때문이라는 것을 말하려는 것이다.

성경은 이것을 처음부터 분명하게 한다. 창세기 3장은 매우 간결한 이야기를 통해 죄가 인간의 삶과 경험에 들어오게 된 것을 묘사한다. 그것은 하나님의 권위에 대한 우리의 의지적인 거부와 하나님의 선하심에 대한 불신, 그리고 하나님의 명령들에 대한 불순종 때문에 일어났다. 그 결과, 하나님이 그토록 능력 있는 선함으로 창조하신 모든 관계들이 깨졌다.

창세기 1-2장에서 묘사되는 세계는 하나님, 땅, 인류로 이루어진 거대한 삼각형과 같다.

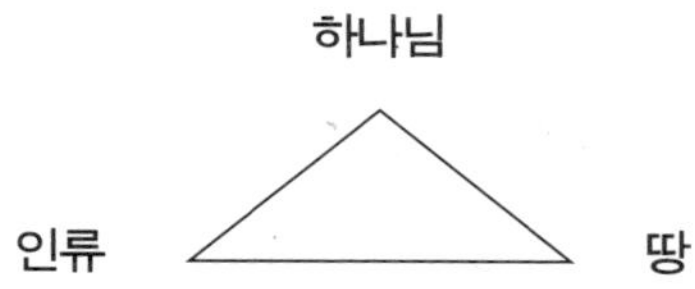

죄와 악이 침범해 들어와서 이 삼각형이 그리는 모든 관계—우리와 하나님, 우리와 땅, 땅과 하나님의 관계—를 망쳤다.

창세기 3장 자체가 죄의 점증을 보여준다. 이 간결한 이야기에서조차 우리는 죄가 마음(욕구)에서 머리(합리화)로, 그리고 손(금지된 행동)으로, 그리고 관계(아담과 하와의 공모)로 옮겨가는 것을 볼 수 있다. 그런 다음에, 창세기 4-11장에서, 죄에 대한 묘사는 결혼 관계에서 형제 사이의 질투와 폭력으로, 가족 내에서의 잔인한 보복으로, 더 넓은 사회 속에서의 부패와 폭력으로, 그리고 인간 문화 전체에 편만해지는 것으로 옮겨간다. 점점 증가하기만 하는 독성이 계속되는 각 세대를 오염시키면서 말이다.

성경의 진단은 근본적이고 포괄적이다.

- 죄는 각 사람에게 침투했다(모든 사람이 죄인이다).
- 죄는 인격의 모든 차원을 왜곡시킨다(영적·육체적·정신적·정서적·사회적).
- 죄는 인간 사회와 문화의 구조와 관습에 스며들어 고루 영향을 미친다.
- 죄는 인간 역사 안에서 세대가 지나갈수록 점점 증가한다.
- 죄는 심지어 창조 세계 자체에도 영향을 미친다.

욥기 24장과 같은 본문을 읽으면, 우리는 이 본문이 인간의 착취, 가난, 억압, 무자비함, 잔인함이라는 섬뜩한 혼란 상태에 대한 진실을 말하고 있음을 안다. 그리고, 욥과 마찬가지로, 왜 하나님이 아무것도 하지 않으시고, 아무에게도 책임을 묻지 않으시고, 아무도 즉결 심판으로 회부하지 않으시는 것처럼 **보이는지** 의문을 품게 된다.

> 어찌하여 전능자는 때를 정해 놓지 아니하셨는고?
> 　그를 아는 자들이 그의 날을 보지 못하는고?
> 어떤 사람은 땅의 경계표를 옮기며
> 　양 떼를 빼앗아 기르며
> 고아의 나귀를 몰아 가며
> 　과부의 소를 볼모 잡으며
> 가난한 자를 길에서 몰아내나니,
> 　세상에서 학대 받는 자가 다 스스로 숨는구나!
> 그들은 거친 광야의 들나귀 같아서
> 　나가서 일하며 먹을 것을 부지런히 구하니,
> 　빈 들이 그들의 자식을 위하여 그에게 음식을 내는구나!
> 밭에서 남의 꼴을 베며
> 　악인이 남겨 둔 포도를 따며
> 의복이 없어 벗은 몸으로 밤을 지내며
> 　추워도 덮을 것이 없으며
> 산중에서 만난 소나기에 젖으며
> 　가릴 것이 없어 바위를 안고 있느니라.
> 어떤 사람은 고아를 어머니의 품에서 빼앗으며
> 　가난한 자의 옷을 볼모 잡으므로,

그들이 옷이 없어 벌거벗고 다니며
곡식 이삭을 나르나 굶주리고,
그 사람들의 담 사이에서 기름을 짜며
목말라 하면서 술 틀을 밟느니라.
성 중에서 죽어가는 사람들이 신음하며
상한 자가 부르짖으나,
하나님이 그들의 참상을 보지 아니하시느니라
_욥기 24:1-12 (라이트의 강조)

그런 다음에 우리는 두려움에 몸을 떠는데, 만일 하나님이 그런 것들을 바로 행하시고 즉결 심판을 하신다면 우리 중 아무도 빠져나갈 수 없다는 것을 알기 때문이다. 일반적으로 사람들 속에 있는 악의 등급과 수준이 어떠하든지 간에, 그 악이 우리 자신의 가슴속에도 숨어 있다는 것을 우리는 안다. 우리는 하나님이 다른 이들 속에 있는 악을 막으시거나 벌하시기를 바라지만, 그 악이 바로 우리 안에 있는 것이다. 우리의 가장 악한 욕망들과 (그 상황에 처한다면) 우리 중에 누구라도 취할 수 있는 악한 행동의 더 어두운 깊이를 드러내기 위해서라면, 우리 내면을 그리 깊이 파헤칠 필요도 없다. 우리가 하나님을 판단하는 재판정에 서고자 할 때, 사실 우리에게는 그 자리에 서 있을 한쪽 다리조차 없는 것이다.

여호와여, 주께서 죄악을 지켜보실진대
주여, 누가 서리이까?
_시편 130:3

답: 우리 중에 아무도 없다.

그리고 심지어 우리 자신 안에 있는 그러한 잠재하거나 드러난 악과는 별개로, 세상에 있는 악에 어느 정도 공모하지 않고 어디에선가 벌어진 악으로부터 어느 정도 이익을 얻지 않으면서 이 세상에서 사는 것은 실질적으로 불가능하다는 것 또한 사실이다. 우리는 계속해서 살아가야 하며, 그러는 가운데 우리의 삶은 지구 곳곳에 있는 다른 수백 명의 삶과 좋든 나쁘든 접촉한다. 인간 경험의 광활한 그물망에 전 세계적으로 연결되어 있는 것이다. 우리가 다른 사람들의 고통에 대해 직접적으로 비난받지는 않겠지만, 그것들과 연관되어 있다는 것은 무시할 수 없다.

내가 입고 있는 셔츠는 아시아의 한 나라에서 만들어졌다. 나는 그것을 바느질한 손이 햇빛을 거의 보지 못하고, 제대로 된 식사도 한번 하지 못하고, 사랑받는 것과 노는 것이 무엇인지 거의 알지 못하는 어린아이의 손인지 알 길이 없다. 그리고 그 아이가 혹시 이제는 기형이 되었거나 그런 잔인한 상황 속에서 사망했는지도 알 수 없다. 그러나 이러한 악함이 내 셔츠보다 더 방대한 영역에 얽혀 있다는 것도 분명하다. 내가 이 글을 쓰고 있는 이 주간에 영국에 있는 여러 대형 국제 상사들이 다수세계(the majority world, 제3세계를 달리 부르는 말—옮긴이)에서 (한 시간에 몇 십 원밖에 주지 않는) 사실상의 노예 노동을 통해 이익을 얻었는지 조사받고 있다. 의심할 것 없이, 난 그들 중 몇몇 회사의 재화를 구매했다. 불의와 고통은 세계의 식량 산업을 병들게 해서, 내가 오늘 먹거나 마신 것들 중 어떤 것들은 그 사슬 어딘가에 있었던 착취와 억압을 통해 내 식탁에 올랐을 것이다. 내가 매일 먹는 빵을 만드는 데 기여한 손들 중에는 의심할 바 없이 잔혹함, 불의, 억압의 피로 얼룩진 손들이 있다. 가해자든지 피해자든지 말이다.

악은 그 촉수를 세계화된 현실의 일부인 다층화된 구조들을 통해 뻗고 있다. 물론 우리는 가능한 한 윤리적으로 살기 위한 단계들을 밟을 수 있고, 또 그래야만 한다. 공정무역 음식이나 의류를 사는 것, 이런 문제들과 관련해 부끄러운 기록을 가지고 있는 회사나 상품들을 피하는 것도 마찬가지다. 그러나 우리가 세상에 있는 악, 억압, 고통이 얽혀 있는 공범 관계에서 완전히 벗어날 수 있을지는 의심스럽다. 우리가 삶 속에서 누리는 모든 것을 우울한 죄의식으로 바꾸자고 이렇게 말하는 것이 아니다. 오히려, 우리가 하나님이 창조하신 선한 선물들을 누리면서도, 동시에 얼마나 근본적이고 만연하고 뿌리 깊게 죄가 모든 인간의 삶과 관계들에 자리하고 있는지에 대한 성경의 진단을 받아들여야만 한다는 것이다.

오직 하나님만이 자신의 전지함으로 그토록 서로 얽혀 있는 악을 해결하실 수 있지만, 성경이 지적하는 것은 고통과 악에 대한 책임이 **주로** 우리 인류 자신에게 있다는 것이다. 동시에 성경은 한 사람이 고난당하는 것과 그 사람 자신의 죄악됨을 단순한 상관관계로 볼 수 없다는 것도 분명히 한다. 그렇게 하는 것은 흔히 끔찍한 잘못이다(그리고, 욥이 깨달았던 것처럼, 고통을 더욱 악화시킨다). 그러나 전체적이고 집단적인 인류의 차원에서 볼 때, 인간이 겪는 고통의 대부분은 인간이 저지르는 죄의 압도적인 양과 복잡함이 낳은 결과다. 내가 보기에, 이러한 성경의 진단에는 불가사의란 없다. 그리고 우리 자신의 경험과 관찰은 이것을 매우 실제적으로 확증해준다.

악은 어디에서 왔는가?

이 질문을 할 때 바로 우리의 문제들이 시작된다.

창세기 3장이 악의 **근원**(origin) 자체에 관해 말하지 않는다는 것을 이해하는 것이 중요하다. 오히려 여기서는 인간의 삶과 경험에 악이 **등장**(entry)한 것을 묘사한다. 알려지지 않았지만 이미 형성된 악이, 아무런 설명이나 합리화 없이, 성경의 내러티브 안으로 폭발하듯 들어오는 듯하다. 예를 들어, 어떻게 혹은 왜 "뱀은 여호와 하나님이 지으신 들짐승 중에 가장 간교"

한지에 대해 우리는 전혀 듣지 못한다(창 3:1). 왜 본문이 그런 식으로 말했는지 그 이유를 우리는 듣지 못한다. 비록 본문이 그렇게 말했다는 사실이 하나님의 선한 창조에 뭔가 문제가 있다는 의심을 우리에게 불러일으킴에도 말이다. 왜 그러한 "옳지 않음"(not-right-ness)이 있었는지, 혹은 그것이 어디로부터 왔는지 묻는 질문들에 대해 본문은 대답하지 않는다.

그렇다면 하와와 아담이 불순종을 선택하도록 이끈 이 유혹의 불가사의한 근원에 관해 무슨 말을 할 수 있는가? **그것은 하나님이 아니었다**. 즉 악은 하나님의 존재의 일부가 아니다. **그것은 또 다른 인간이 아니었다**. 즉 악은 인간됨이 의미하는 것의 본질적인 부분도 아니다. 우리는 죄 없는 인간이었으며, 그러므로 우리는 다시 그렇게 될 수 있다. **그것은 창조 세계 내부로부터 온 무엇이었다**. 그러나 그것이 "말했다"는 사실에서 볼 때, 그것은 "보통" 동물은 아니었다. 어떻게 그런 악한 생각과 말들이 창세기 1-2장에서 일곱 번이나 "좋다"고 선언된 창조 세계로부터 나올 수 있었는가? 그렇다면 이 내러티브에서 뱀이 무엇이든지, 혹은 그것이 무엇을 대표하든지, 그것은 지금까지의 이야기에 반대되고 어울리지 않는 침입자요, 환영받지 못하는 모순된 존재다.

그렇다면, 만일 악이 (창세기 3장 이야기의 상징에 따라) 어떤 의미에서 창조 세계 안에서 온 것이지만 인간으로부터 온 것이 아니라면, 그러한 생각과 말을 할 수 있는 유일한 다른 피조물은 천사들밖에 없다.[2)] 그래서, 창세기 3장은 분명하게 연관 짓지 않지만, 성경 다른 곳에서는 뱀이 상징적으로 악한 존재인 사탄(devil)과 연결되어 있다(예를 들어, 계 12:9; 20:2). 그리고 다른 곳에서 사탄은 그와 함께 하나님을 대적해 반역한 다른 무리의 천사들과 더불어 천사로 묘사되어 있다(벧후 2:4; 유 6절; 계 12:7-9).

그렇다면 악마 혹은 사탄은 무엇인가?

우선, 그는 (혹은 그것은) **하나님이 아니다**. 어떤 다른 신도 아니다. 성경은 우리가 어떤 종류의 이원론에도 빠지지 말아야 함을 분명히 한다. (세상을 아주 친근하고 좋게 만든) 선한 신과 (그 세상을 망쳐버린) 악한 신이 있다는 식의 이원론 말이다. 어떤 대중적인 기독교는 이런 이해로 기울어서 성경이 허락하는 것보다 훨씬 큰 능력을 사탄에게 부여하고 필요 이상의 관심을 보인다. 그리고 그러한 이원론은 많은 유사 종교 소설의 주요 재료가 되는데, 안타깝게도 많은 그리스도인들이 성경보다 이런 것들을 더 자주 읽고, 더 많이 신뢰한다.

그러나 사탄은 하나님이 **아니다**. 그리고 그랬던 적도 없고, 앞으로도 결코 그렇지 않을 것이다. 이것은, 성경이 분명히 사탄을 능력 있는 존재로 묘사하지만, 그가 **전능하지 않다**는 것을 의미한다. 마찬가지로 사탄이 자신의 추잡한 일들을 행하는 다른 타락한 천사(악령, demons)의 무리를 명령한다고 성경은 말하지만, 그는 **편재하지 않는다**. 사탄은 (오직 하나님만이 그러신 것처럼) 모든 곳에 동시에 있을 수 없다. 또한 성경이 매우 영리하고 예리하고 기만적인 사탄의 모습을 보여주지만, 그는 **전지하지 않다**. 그는 모든 것을 알지 못할 뿐만 아니라—하나님이 창조와 역사에 대해 갖고 계신 자신의 계획을 추진하는 데 사용하시는 도구인—미래에 대한 주권적 지식도 가지고 있지 않다.

다른 타락한 천사들 가운데 하나로서 악마는 창조된 존재다. 비록 그들의 왕자이기는 하지만 말이다. 이것은 그가 하나님의 권위와 궁극적인 통제 아래에 종속되어 있다는 것을 의미한다. 창조 세계에 있는 다른 모든 것들처럼, 사탄은 한계가 있고 의존적이고 부수적이다. 그리고 궁극적으로 파괴될 수 있다. 우리가 사탄을 진지하게 다루어야 하겠지만, 창조된 것에 어울리는 실재와 능력 이상으로 사탄을 중요하게 여겨서는 안 된다.

그러나 악마는 **인격적**(personal)인가? 사탄은 우리처럼 인격체인가? 그는 하나님처럼 인격체인가?

이 질문에 대한 답을 구할 때는 조심스러워야 한다. 내가 보기에는 단순한 긍정이나 부정은 위험한 것 같다. 한편으로, 성경은 분명히 우리가 보통 인격체들에게 사용하는 다양한 방식으로 사탄에 대해 말한다. 그는 지능, 의도, 의사소통의 능력을 가진 능동적인 행위자다. 다시 말해, 성경은 사탄을 우리가 하는 것과 같은 방식으로 그리고 분명히 다른 보통 동물들이 하는 것보다는 더 나은 방식으로 행동하고 사고하고 말하는 존재로 묘사한다. 사탄이 성경 여기저기에 나올 때, 성경이 그것을 단순히 어떤 추상적으로 악한 분위기나 경향, 혹은 개인적이든 집단적이든 우리 안에 있는 악한 욕망에 대해 단순히 은유적으로 의인화하는 것 이상으로 말하는 것은 분명하다. 성경은 우리가 사탄 안에서 가차 없는 악한 의도를 가진 객관적인 지적 실체를 직면한다고 경고한다. 예수님이 사역하시는 동안 사탄과 벌이셨던 전투를 복음서들이 묘사한 것은 이러한 평가를 확고하게 한다. 사탄은, 성경에 따르면, 매우 실제적이고 능력 있고 우리가 아는 다른 사람들과 똑같이 다양한 방식으로 행동한다.

그러나 다른 한편으로, 성경이 우리 인간에 대해서는 말하면서 악마나 일반적인 천사들에 관해서는 전혀 말하지 않는 것이 있다. **하나님이 우리 인간을 하나님 자신의 형상으로 만드셨다**는 것이다. 정말 이것이야말로 우리 인간의 본질을 구성한다. 인간을 인간이 아닌 다른 동물 세계와 구별하는 독특한 인격체로 만드는 것은, 혼(soul)을 소유했는지의 여부가 아니라,[3] 인간이 하나님의 형상으로 창조되었다는 사실이다. 인간은 이것이 사실로 적용되는 유일한 종(species)이다. 우리는 하나님과 같이 되도록, 하나님과 그분의 성품을 반영하도록, 하나님의 권위를 창조 세계 안에서 행사하도록 창조되었다.

심지어 죄인이라도, 인간은 여전히 하나님의 형상으로 창조되었다. 비록 부패하고 훼손되었어도, 그 형상은 완전히 없어질 수 없다. 인간됨은 하나님의 형상됨이기 때문이다. 그래서 심지어 거듭나지 않은 죄인들 가운데에도 하나님을 닮은 속성이 있는 것이다. 사랑하는 관계, 선함과 아름다움에 대한 감흥, 정의에 대한 근본적인 인식, 생명에 대한 존중, 긍휼과 친절함과 같은 감정들 말이다. 이 모든 것은 인간의 인격체를 이루는 차원들이다. 이 모든 것이 하나님의 초월적인 인격을 반영하기 때문이다.

성경은 하나님이 천사들을 **하나님 자신의 형상**으로 창조하셨다고 말하지 않는다. 천사는 창조된 영들이다. 그들은 하나님의 명령을 그대로 행하는 하나님의 종들로 묘사된다. 그들은 하나님을 경배하고 하나님의 심부름을 한다. 천사를 지칭하는 일반적인 말(구약성경의 *mal'ak*, 신약성경의 *angelos*)은 우리의 일상용어로 단순히 "배달부"(messenger)를 의미한다. 오해가 없기 바란다. 이것은 성경에서 천사가 가지고 있는 높은 지위나 기능을 깎아내리려는 것이 아니다. 단지 천사와 인간이 다르다는 것에 주목하기 위함이다. 그리고 궁극적으로 인간이신 그리스도 예수 안에서 또 그분을 통해 구속받은 창조 질서에서 가장 뛰어난 자리를 차지할 존재는 인간이다(히 2장). **인격적** 속성들은 인간의 독특한 소유다. 왜냐하면 하나님의 형상으로서 우리 인간만이 창조 세계에서 하나님 자신의 신적 인격성(divine personhood)을 반영하기 위해 독특하게 창조된 존재들이기 때문이다.

그러므로 타락한 천사들에게는, 특히 악마 자신에게는, 심지어 죄 많은 인간에게도 여전히 분명한 하나님의 형상이 흔적조차 없다. 그리고 처음부터 그것이 전혀 없었다고 가정하면 그 이유는 가장 쉽게 이해된다. 사탄에게는 사랑의 관계가 남긴 잔재도, 선함이나 아름다움에 대한 감흥도, 자비도, 영예도, "더 나은 면"도, "결점을 만회하는 장점들"도 없다. 그리고 무엇보다도, 아무리 악하거나 타락한 사람이라도 그들이 사는 동안 우리가 쏟는 애정 어린 긍휼이나 그들이 회개하고 구원받게 해달라고 우리가 기도하는 것이 전혀 소용없지 않다. 하지만 사탄이 **인격체**라서 사랑받거나, 동정 받거나, 위해서 기도를 해야 하거나, 구원받아야 한다는 암시는 성경에 전혀 없다. 반대로 사탄은 전적으로 악의적이며, 하나님의 존재와 그분이 하시는 모든 일에 대해 여지없이 적대적이며, 거짓말쟁이고, 처음부터 끝까지 살인자이며, 누그러뜨릴 수 없게 폭력적이고, 무자비하게 잔인하며, 끊임없이 기만적이고, 왜곡하고, 파괴적이고, 치명적이라고, 그리고 저주받았다고 묘사된다.

"그래서, 사탄을 믿는다는 거요?"

이 질문에 직면해서 나는 조건적으로 "그렇기도 하고 그렇지 않기도 하다"고 답해야 할 필요를 느낀다. 그렇다. 객관적이고 지적이고 "유사-인격적" 능력이면서, 하나님과 창조 세계, 우리 자신, 그리고 생명 자체에 완전히 반대하는 사탄의 존재를 나는 믿는다. 그러나 아니다. 나는 하나님이 정하신 한계를 넘어서는 능력과 권위를 사탄에게 인정해주는 그 어떤 방식으로 "사탄에 대한 **신앙**"을 갖고 있지는 않다. 성경은 사탄에 대한 신앙을 **사탄에 대적하는 신앙**만큼 많이 가져서는 안 된다고 한다. 우리는 우리의 모든 믿음을 그리스도를 통해 하나님께 드려야 하며, 그 믿음을 사탄의 존재와 그가 하는 것을 **대적하는 데** 사용해야 한다. 사탄이 무엇이건 말이다. 나이젤 라이트(Nigel Wright)는 이 점을 잘 설명한다.

> 누구를 혹은 무엇을 믿는다는 것은 그것의 존재를 믿는다는 것을 의미한다. 그러나 그 말은 또한 신앙이나 신뢰를 준다는 것을 함축한다.… 예수님을 믿는다는 것은 그분의 존재를 믿는다는 것 이상을 의미하며, 또 그래야만 한다. 그것은 그리스도의 능력이 신자의 삶에서 인격적인 신뢰와 신앙의 힘으로 높여지는 것을 수반한다. 그리스도가 개인의 삶에 개입하시는 것, 그분의 능력과 영향력이 그들 안에 있는 것은 그들의 믿음에 비례한다. 같은 언어 사용이 더 넓은 세계에

> 서도 적용된다. 어떤 정치 지도자를 믿는다는 것은 그의 존재를 믿는 것 이상을 의미한다. 그것은 그 지도자들이 대변하는 가치 체계를 믿는 것, 그리고 그 가치 체계를 현실화할 수 있는 능력이 그들에게 있다고 확신하는 것을 의미한다.
>
> 그러므로 그리스도인들이 사탄을 믿어야 하느냐는 질문에 대한 답은 철저한 "아니요!"가 되어야 한다. 우리가 무엇인가를 믿을 때 우리는 우리가 믿는 것과 긍정적인 관계를 가진다. 그러나 그리스도인들에게 사탄이나 악령들과의 긍정적인 관계는 가능하지 않다. 우리는 하나님을 믿고, 이 믿음에 기초해서 악마를 믿지 않는다.…사탄은 그리스도인에게 믿음의 대상이 아니라 믿지 말아야 할 대상이다. **우리는 사탄에 대적하는 믿음을 가지고 있다**. 우리는 사탄에게 어떤 자리라도 내주기를 굳건히 거부한다.
>
> …우리가 대적하는 믿음을 가진 어두움의 능력에는 그 자체의 실재가 있다. 그러나 비록 그것이 실재를 가지고 있더라도 정당성은 결여하고 있다. 모든 존재에 모순되기 때문에 그것은 존재하지 말아야 하는 것이다. 그 존재를 부인할 수는 없지만, 고려할 가치도 없다. 그것은 존재하지만, 그리스도인에게는 거부하거나 부정해야 하는 것으로 존재한다.[4]

이것이 바울이 우리에게 "마귀의 간계를 능히 **대적하기 위하여** 하나님의 전신 갑주를 입으라"고 명령하는 이유다(엡 6:11, 라이트의 강조). 이것이 베드로가, 그의 독자들에게 악마가 약탈하기 위해 어슬렁거리는 것에 대해 경고하자마자, 어떤 형태의 "믿음"으로도 악마에게 경의를 표하지 말고 다만 그를 **대적**하라고 강권한 이유다. "너희 대적 마귀가 우는 사자 같이 두루 다니며 삼킬 자를 찾나니 너희는 믿음을 굳건하게 하여 그를 대적하라"(벧전 5:8-9).

이것이 교회에서 가장 오래된 고대 신조들 중 하나가 세례식에서 세례를 받는 그리스도인들에게 "악마와 그의 모든 일을 버리라"고 요청하는 이유다. 또한 이것이 아마도 기독교의 교리에 관한 대중적인 시리즈인 호더

앤 스타우톤(Hodder and Stoughton) 출판사의 "믿나이다"(I Believe) 시리즈가 사탄에 대한 교리를 다룰 때, 다른 책들의 단순한 문구(예를 들어, 『역사적 예수를 믿나이다』, 『부활을 믿나이다』)를 따르지 않는 이유일 것이다. 이 시리즈에는 『사탄을 믿나이다』라는 제목의 책은 없는 대신, 오히려 적절하게도 『사탄의 멸망을 믿나이다』라는 책이 있다.

천사들의 타락?

이렇게 성경은 악마와 그의 무리가 반역한 천사들이라고 말한다. 하지만 성경은 이 이른바 천사들의 타락에 대해 무엇을 가르치는가? 사실 성경은 그 무엇도 분명하고 조직적으로 "가르치지는" 않는다. 비록 그런 방향을 가리키는 암시들은 많이 있지만 말이다.

이사야 14:4-21과 에스겔 28:1-17은 각각 바벨론과 두로의 왕들의 몰락을 "경축"하는 시들이다. 이 본문들은 전형적인 조롱의 애가들로서, 거대한 제국의 폭군들이 몰락하고 세상이 안도의 숨을 쉴 때 사용되었던 것들이다. 어떤 그리스도인들은 이 두 노래가 사탄의 몰락을 상징적으로 묘사했다고 본다. 그러나 우리는 이 본문들이 원래 역사 속에 있었던 인간 왕들의 패배와 죽음을 묘사하기 위해 기록되었다는 것을 상기할 필요가 있다. 그렇기에, 이 본문들에 근거해 사탄이나 "지하 세계"에 관한 상세한 교리적 진술들을 세우려고 하는 것은 미심쩍은 작업이다. 그럼에도 불구하고, 이 시들이 묘사하고 있는 것에서 사탄의 지문을 분별할 수 있을지 모른다. 왜냐하면 이 교만한 인간들은 그들의 신성모독적인 교만과 하나님을 대적하는 자랑들 때문에 몰락했기 때문이다. 실제로 이 왕들은 하나님의 보좌를 찬탈하기 원하는 것으로 묘사되었다. 이 시에서 이러한 선언들은 아마도 인간 왕들의 **교만**(hybris)에 대한 은유이겠지만, 이 왕들에게는 명백하게 사탄적인 영적인 상대가 있다.

유다서, 베드로후서, 요한계시록은 사탄과 그의 반역적인 천사들의 몰락에 대해 좀더 분명하게 확언한다.

> 또 자기 지위를 지키지 아니하고 자기 처소를 떠난 천사들을 큰 날의 심판까지 영원한 결박으로 흑암에 가두셨으며.
> _유다서 6절

> 하나님이 범죄한 천사들을 용서하지 아니하시고 지옥에 던져 어두운 구덩이에 두어 심판 때까지 지키게 하셨으며.
> _베드로후서 2:4

> 하늘에 전쟁이 있으니 미가엘과 그의 사자들이 용과 더불어 싸울새 용과 그의 사자들도 싸우나 이기지 못하여 다시 하늘에서 그들이 있을 곳을 얻지 못한지라. 큰 용이 내쫓기니 옛 뱀 곧 마귀라고도 하고 사탄이라고도 하며 온 천하를 꾀는 자라. 그가 땅으로 내쫓기니 그의 사자들도 그와 함께 내쫓기니라.
> _요한계시록 12:7-9

이 문제에 대해 성경에 직접적으로 언급되는 것들은 이 정도인 것 같다. 호기심에서 우리는 다음과 같은 추가 정보들을 요구한다.

- 이 일이 언제 벌어졌는가?
- 왜 창조된 천사들이 반역하게 되었는가?
- 천사들 자체도 악한 무엇에 유혹을 받은 것인가? 뱀이 하와를 유혹했듯이?

- 만일 그렇다면, 그 악은 어떻게 존재하게 되었는가?
- 창조된 천사들을 타락하도록 이끌어서 결국 나중에 그들을 통해 인간들을 타락하도록 이끈 악은 어디로부터 왔는가?

그러나 이런 질문들에 대해 우리는 성경에서 답을 얻지 못한다. 우리는 그저 아무 말도 듣지 못한다. 침묵이 우리의 모든 질문을 맞이한다. 불가사의는 밝혀지지 않은 채 남아 있다.

물론 하나님은 성경에서 엄청난 양의 진리를 우리에게 계시하셨다. 하나님 자신에 관해서, 창조에 대해서, 우리 자신에 대해서, 우리의 죄에 대해서, 하나님의 구원 계획에 대해서, 우리 주 예수 그리스도의 복음에 대해서, 세상의 미래 운명 등에 대해서 말이다. 따라서 이 모든 풍성한 계시의 빛 아래에서 볼 때, 악의 궁극적 기원에 관한 성경의 침묵은 단순한 우연이 아니라 오히려 더욱 의미심장하게 여겨진다. 하나님은 지금 "아차, 그 문제에 관해 말하는 것을 깜빡 잊었군. 그러나 신경 쓰지 말라고. 사람들은 스스로 알아낼 수 있으니까"라고 말씀하시지 않는다. 분명히 아니다. 실상은 창조 세계 안에 있는 악의 궁극적 기원에 관한 우리의 질문들에 대해 답을 주지 **않기로** 하나님이 자신의 지혜로 **결정**하셨다는 것이다. 그것은 그저 우리가 알 바가 아니다. 그리고 그것이 하나님의 주권적 결정이며, 우주의 모든 진리와 계시의 근원이신 분의 특권이다.

나는 하나님이 이런 결정을 내리신 좋은 이유가 있다고 생각한다. 그러나 그에 관한 논의에 앞서, 우리가 다루는 내용을 계속 기억할 수 있도록 지금까지 살핀 것들을 간단하게 정리하도록 하자.

우리는 세상에 있는 엄청난 양의 고통과 악이 인간의 악함과 직간접적으로 관련해서 설명될 수 있다고 주장했다. 악의 핵심에는 도덕적인 문제가 있으며, 그것은 하나님을 대적하는 우리의 도덕적 반란과 관련되어 있다.

그러나 우리는 또한 성경으로부터 다음과 같은 사실을 안다. 악이 인간의 경험과 역사에 들어왔을 때(창세기 3장이 묘사하는 타락), 그것은 이미 존재하고 있던 어떤 악의 실재와 우리 인간이 결탁하는 것을 연루시켰다. 인간의 의식에 심겨진 사악한 현실은 불신과 불순종으로 하나님께 대적하게 했고, 인간의 인격과 관련된 모든 측면—영적·정신적·육체적·관계적—과 땅에서 살아가는 인간 삶의 모든 측면—사회적·문화적·역사적—에 침범했다.

그러나 만일 우리가 "이미 존재하고 있던 그 악의 현실은 어디에서부터 왔는가?"라고 묻는다면, 우리는 아무런 답변도 듣지 못한다. 하나님은 우리에게 성경을 주셨지만, 이 성경은 그 문제에 대해서 우리에게 아무 말도 하지 않는다.

다시 이 장의 제목에 관해 생각해보자. 성경은 악의 불가사의를 받아들이라고 우리에게 강권하는데, 바로 여기에 핵심이 있다. 우리는 이 부정적인 사실을 인지할 수 있다. 우리는 우리가 무엇을 모르는지 안다. **우리는 우리가 이해할 수 없다는 사실을 이해한다**. 그리고 이것은 그 자체로 **긍정적**인 것이다.

왜 그런가?

악은 "말이 안 된다"

무언가를 이해하려는 것은 인간의 근본적인 욕구다. 창조 내러티브는 우리가 창조된 환경을 다스리고 정복하기 위해 그 속에 놓였다는 것을 보여준다. 그리고 다스리고 정복한다는 것은 그 환경을 이해하는 것을 함의한다. 인간이 된다는 것은 창조 세계를 다스리는 책임이 주어졌다는 것이며, 이것은 우리를 둘러싸고 있는 창조된 실재에 대한 이해의 넓이와 깊이가 항상 자랄 것을 요구한다. 최초의 인간이 다른 동물들의 이름을 지어주는 창세기 2장의 간결한 그림은 그가 합리적 인식과 분류를 발휘했다는 것을 보여준다. 우리의 합리성 그 자체는 하나님의 형상으로 만들어졌다는 사실의 한 차원이다. 우리는 생각하도록 창조되었다! 우리는 **반드시** 조사하고 이해하고 설명해야 하는 존재인 것이다. 이것은 우리가 태어난 후 첫 몇 개월 때부터 드러나는, 참으로 인간적인 특성이다.

그렇다면 무언가를 이해한다는 것은 그것이 우주 안에서 적절한 위치에 자리하게 하는 것, 창조 세계 안에 우리가 만나는 모든 것에 정당하고 적법하고 진실한 위치를 제공하는 것을 의미한다. 우리는 본능적으로 질서를 세우고, 말이 되게 하고, 이유와 목적을 찾고, 무언가를 입증하고 설명하기를 추구한다. 인간이 바로 이런 목적을 위해 하나님의 형상으로 만들어졌기 때문에, 세상을 이해하는 과정에서 우리는 세상을 조직하고 정돈하려는 본래적인 욕구, 한없는 욕망, 그리고 이를 위한 거의 무한한 능력을 가진다.

따라서 우리가 이런 악의 현상을 직면할 때, 예상대로 우리는 그것에 모든 이성적—즉 철학적이고, 실제적이며, 문제를 해결하는—기술을 적용하려고 애쓴다. 우리가 다른 모든 문제에 아낌없이 그리고 성공적으로 사용하는 그 기술 말이다. 우리는 악을 이해하고 설명하고자 하는 욕구에 이끌린다. 그러나 성공하지 못한다. 왜 그런가?

하나님은 그분의 무한한 관점으로, 그리고 그분만 아시는 이유 때문에, 우리 유한한 인간에게 악이 "말이 될" 수 없으며 실제로 **그래서도 안 된다**는 것을 알고 계신다. 최종적인 진리에 따르면, **악은 말이 안 된다**. "의미"(sense)는 합리성의 일부인데, 이 합리성 자체가 하나님의 선한 창조와 우리 안에 있는 하나님의 형상의 일부분이다. 그래서 악은 "의미"를 가질 수 없다. 왜냐하면 의미 자체는 선한 것이기 때문이다.

악에게 적합한 자리란 창조 세계 안에 없다. 악에게는 타당성도 없고, 진리도 없고, 온전함도 없다. 악은 하나님이 원래 만드신 대로의 창조 세계에 본질적으로 속하지 않을 뿐만 아니라, 또한 하나님이 궁극적으로 구속하실 창조 세계에도 속하지 않을 것이다. 악은 합리적이고 적법하고 정당한 실재인 우주의 일부와 통합될 수 없고, 또 그래서도 안 된다. 악은 이해하라고 있는 것이 아니라 저항해서 결국 물리치라고 있는 것이다. 악은 과거에도 그랬지만 지금도 여전히 침입자이며, (최종적으로는 아니지만) 거의 몰아낼 수 없을 정도로 "정착한" 생경한 존재다. 악은 우리의 이해 너머에 있다. 왜냐하면 하나님이 그분의 완전한 지혜와 완벽한 신실함으로 우리가 이해하도록 의도하시는 궁극적인 실재에 악이 속해 있지 않기 때문이다. 그래서 하나님은 악의 비밀들에 대해서는 친히 계시하지도, 또 우리가 탐구할 수 있도록 하지도 않으셨다.

개인적으로 나는 이것을 섭리의 측면에서 좋은 일이라고 받아들이게 되었다. 실제로 악에 대한 이러한 생각과 씨름한 후에 나는 어느 정도 마음의 자유를 얻었다. 그리고 이것은 우리가 끔찍한 것, 전적으로 악한 것, 오싹할 만큼 사악한 것, 혹은 단지 비극적인 것과 맞닥뜨릴 때마다 "이것들의 **의미**가 무엇인가?"라는 부르짖음에 함몰되려는 유혹에 저항해야만 함을 함의한다고 나는 생각한다. 우리가 답을 **전혀** 얻지 못한다는 것이 아니다. 우리는 침묵하게 된다. 그리고 그 침묵**이야말로** 우리 질문에 대한 답이다. 의미**라고 할 만한 것은** 없다. 그리고 그것이야말로 좋은 일인 것이다.

그것을 이해할 수 있는가?

아니다.

그것을 이해하고 싶은가?

별로. 만일 하나님이 내가 이해하지 않는 것이 더 낫다고 결정하셨다면 말이다.

그래서 나는 내가 이해하지 못하는 하나님이 악의 근원을 설명하지 않기로 하셨다고, 오히려 악을 물리치고 파괴하기 위해 하나님이 하신 일에 내 관심을 집중하는 것이 그분의 뜻이라고 이해하며 살아가기를 원한다.

이것은 악에 대한 불충분한 답변처럼 보일지 모르겠다. 우리는 우리의 절실한 질문을 그저 묵살하면서 악이 불가사의라고 받아들이고 입을 닫아야 하는가? 진정 그 이상의 것은 할 수 없는가? 아니다. 할 수 있다.

우리는 슬퍼한다.

우리는 운다.

우리는 애통해한다.

우리는 저항한다.

우리는 고통과 분노 속에 소리 지른다.

우리는 "얼마나 오래 이런 일이 계속되어야 하는가?" 하고 부르짖는다.

그리고 이런 것들이 우리를 성경의 두 번째 주된 응답으로 이끈다. 우리가 이런 반응을 보일 때, 성경은 우리에게 이렇게 말한다. "괜찮습니다. 계속하십시오. 그리고 그렇게 느낄 때 사용할 만한 말들이 여기 있습니다." 그러나 이 문제를 다루기 위해서는 다음 장으로 넘어가야 한다.

---

1) *Eric Clapton Unplugged* 음반에 나오는 에릭 클랩튼의 "Before You Accuse Me" 중에서.

2) 성경의 내러티브에서 동물이 말한 다른 유일한 경우로 발람의 나귀가 언급되는데, 흥미롭게도 이때 천사가 또한 관련되었다. 민수기 22장을 보라.

3) 창세기 2:7이 하나님이 아담에게 영혼을 불어넣으신 순간이라고 사람들이 때때로 말한다. 그러나 이런 해석은 불가능하다. "생기"(breath of life)는 (창 1:30과 6:17에서와 같이) 숨을 쉬며 살아가는 모든 동물이 가지고 있는 숨을 의미하며, "생령"(living being)은 모두 "생물"(living creatures)이라고 번역된 것과 같은 단어다(예를 들어, 창 1:24, 28). 이 구절은 하나님과 그분의 창조물인 인간 사이에 있는 관계가 특별히 친밀함을 말하는 것이지, 동물과는 구별되는 "영혼"에 대해 말하지 않는다. 인간을 구별하는 표지는 하나님의 형상으로 만들어졌다는 사실이다.

4) Nigel G. Wright, *A Theology of the Dark Side: Putting the Power of Evil in Its Place* (Carlisle: Paternoster, 2003), 24-25(라이트의 강조).

2장

악의 공격

1장에서 논의한 것처럼, 악의 불가사의를 받아들여야 할 경우도 있다. 그러나 그것은 악 자체에 대한 우리의 반응에 대해 성경이 말하는 모든 것과는 거리가 멀다. 우리 안에는 악에 대해 반응하는 무엇이 있다. 우리 몸이 "외부 개체"에 대해 거부와 저항 반응을 일으키는 것처럼 말이다. 우리는 그 공격하는 개체를 물리치고 싶어한다. 우리 몸의 모든 시스템은 저항하고 맞서 싸우는데, 때때로 발작적인 구토를 통해서라도 그렇게 한다. 악에 대해서도 마찬가지다. 우리는 애통, 슬픔, 분노, 혐오, 저항 등을 통해 악과 맞붙어 싸운다. 그러므로 이 장의 요점은 우리가 그렇게 하는 것이 절대적으로 옳다고 말하는 것이다. 그리고 성경은 그런 것을 허락할 뿐만 아니라, 그렇게 할 수 있는 언어들을 우리에게 제공하기까지 한다.

앞 장에서 우리는, 비록 악의 궁극적 근원 자체를 설명할 수는 없지만, 도덕적이고 영적인 악에 관해 설명 **가능**한 무엇이 있다고, 즉 악의 많은 부분은 (강조했듯이, 직간접적으로) 인간의 악함과 잘못에 어떤 방식으로든 연결되어 있다고 말했다. 그러나 그러한 인식은 우리가 악의 다른 측면을 직면했을 때는 전혀 만족스러운 대답이 될 수 없다. 우리는 이른바 자연적 악

(natural evil)이라고 하는 것 때문에 가장 많이 당혹스러워하고 곤란해하는데, 자연적 악이야말로 도덕적으로나 이성적으로 설명될 수 없는 것으로 보이기 때문이다.

자연재해

우리가 설명할 수 없다고 여기는 이유로 인해 발생하는 지진, 화산, 태풍, 쓰나미, 홍수와 같은 자연 현상들이 인간에게 엄청난 고통을 야기한다. 물론 나도 이제 어떤 괴팍한 일기 현상, 예를 들어 파괴적인 홍수를 일으키는 일기 현상 같은 것이 인간 행동이 가져오거나 악화시킨 지구 온난화 같은 기후 변화의 결과라는 것을 알고 있다. 나는 이 가능성을 부인하지 않는다. 그러나 지금 나는, 우리가 아는 한, 인간의 어떤 행동이나 나태함과 거의 관련이 없는데도 자연 세계에서 벌어져서 수백 수천 명의 사람이 죽고 마을 전체가 황폐하게 될 뿐만 아니라, 때로는 여러 세대에 걸쳐 그 황폐함을 지속되게 하는 일들에 대해 생각해보고자 한다.

지구 지각의 판들이 인도양의 바닥 아래에서 움직이고 그 파도가 해안을 몇 분간 공포스럽게 덮치면, 수천 명의 사람들이 죽어서 바닷가에 가득히 쌓인다. 히말라야와 안데스 산맥이 삐끗하면 파키스탄과 페루에서 또 수천 명이 죽거나 집을 잃는다. 다른 지진 하나는 중국의 한 지방 전체를 박살낸다. 허리케인 카트리나는 뉴올리언스를 수몰시킨다. 엄청난 열대성 폭우로 인한 홍수가 인도와 방글라데시를 뒤덮는다. 파괴적인 폭풍이 미얀마 남부를 호되게 공격해 이라와디 삼각주 지역의 전체 마을들을 흔적도 없이 쓸어가고 수백만 명이 고향을 잃는다. 이러한 일들을 볼 때 우리는 두려움과 공포로 가득 찬다. 이런 일들이 퍼붓는 고통이 너무 엄청나서, 우리는 그것들에 대해 생각하는 것조차 힘들어한다.

아니면 비길 데 없이 끔찍한 에이즈의 유행을 재앙의 목록에 포함시킬 수 있을 것이다. 많은 사람이 겪는 이 고통에 인간의 책임이라는 요소가 있다는 것을 우리는 안다. 그러나 모태에 있는 태아부터 시작해서 죽어가는 친척들을 희생적으로 돌보는 어린아이들에 이르기까지, 허다한 사람이 자신의 잘못이 없음에도 에이즈에 감염되거나 영향을 받는다. 에이즈로 인해 인간이 겪는 고통의 규모는 심지어 다른 모든 고통을 합친 것조차 왜소해 보이도록 한다. 2004년의 쓰나미에 맞먹는 고통을 아프리카에서는 매달 에이즈와 관련된 죽음을 통해 겪는다.

이런 규모의 악을 직면할 때마다 "도대체 왜?"라는 단 한 가지 질문이 밀려온다. 하나님이 책임지신다고 하는 세상에 어떻게 이런 일들이 발생할 수 있는가? 다시금 슬픔과 고통 가운데서나 분노와 당혹 속에서, 우리는 우리의 분별력을 마비시키는 일을 분별하고 설명할 수 없는 것 뒤에 있는 약간의 설명이라도 찾으려고 씨름한다.

저주인가 심판인가

이런 문제들에 대해 제시되는 어떤 "설명들"은 성경으로 거슬러 올라갈 만큼 오래된 것들이다. 성경에서 그 설명들은 의문시되고 거부되지만, 그럼에도 그런 설명들이 다시 튀어나오는 것을 막지는 못한다. 쓰나미와 같은 일들을 "설명하는" 최소한 두 가지 방식을 2004년 12월의 그 참혹한 날이 지난 지 얼마 되지 않아 듣게 되었다. 두 설명 모두가 진리의 요소를 다소 가지고 있지만(이 말은 그 설명들이 성경적으로 인정된 것들을 언급한다는 말이다), 이런 문제들에 대한 완전한 설명으로 강요될 때는 두 설명 모두가 심각할 정도의 오해를 불러일으키는 것 같다.

"그것은 하나님의 저주다"

쓰나미와 같은 자연재해들은 모두 타락의 결과로 하나님이 지구에 내리신 저주의 일부라고 믿는 사람들이 있다. 이러한 견해는 "자연적 악"이라는 범주 자체를 완전히 없애버리는 효과가 있다. 그러한 모든 것을 "도덕적 악"이라는 상자 속으로 다시 넣어버리기 때문이다. 즉 하나님의 저주 때문에 이런 일들이 발생한다면, 그 저주는 인간의 죄와 반역에 대한 반응으로 생겼다는 것이다. 창세기 3장에 따르면 말이다. 따라서 이 논리를 끝까지 따라가면, 쓰나미와 같은 것들이 전적으로 인간적 원인이나 통제 너머의 것이라 하더라도, 뭔가 불가사의한 의미에서 결국 우리의 잘못이 된다. 만일 그렇다면, 단지 운이 없는 사람들이 어쩌다 그 "잘못된" 장소에 살고 있었다는 이유로 이 타락한 세상의 영향이 주는 고통을 겪는 것이다. 우리 온 인류가 전체로서 책임져야 하는 일의 결과로 인한 고통을 말이다. 우리가 죄를 통해 지구에 대한 하나님의 저주를 불러왔고, 이것이 그 결과의 일부라는 것이다.

이런 견해를 취하는 사람들이 많다는 것을 알면서도, 나는 개인적으로 이런 설명이 타당하지 않다고 본다. 창세기 3:17은 하나님이 인간의 죄 때문에 **땅**(ground)을 저주하셨다고 말한다. '아다마'(*'adamah*)라는 단어는, 창조된 행성[planet, 이 경우에는—비록 절대적인 구별은 아니지만—보통 '에레츠'(*'eres*)라는 단어가 좀더 일반적으로 사용된다]보다는, 대부분 땅이나 흙 또는 인간의 거주 장소라는 의미에서의 육지(earth)를 지칭한다. 따라서 하나님의 말씀은 "가시덤불과 엉겅퀴"로 인한 지속적인 좌절과 방해 속에서 인간이 땀을 흘리는 수고를 통해서만 땅에서 식량을 짜내게 되는 고역을 묘사하는 것으로 봄이 가장 자연스러워 보인다. 아마도 이것은 가시덤불과 엉겅퀴 같은 식물들이 타락 이전에는 전혀 존재하지 않았다는 의미가 아니라, 그것들이 이제는 인간 존재의 긴장과 고투를 상징하게 되었다는 것이다. 전에는 인간이 땅을 다스리도록 위임받았다면, 이제는 맞받아 싸우는 듯한 흙 위에서 생존하기 위해 땀을 흘리며 일하게 된 것이다.

따라서 나는 땅에 대한 저주를 **기능적**인 것으로 보고 싶다. 즉, 노동자로 살아가는 우리의 삶에서 인간과 땅의 관계가 깨진 것이 바로 저주라는 것이다. 땅 위에서 사는 인간의 삶은 우리가 땅 자체와 관여하는 데 영향을 미치는 모든 것에서 하나님의 저주 아래 있다. 바로 이 상황으로부터 벗어나기를 초창기 인간이 갈구했다(창 5:29). 이것을 두고 바울은 우리 인간들이 죄의 속박에서 해방될 때까지 창조 세계가 허무한 데 굴복한다고 묘사했는데(롬 8:20-21), 이는 하나님이 다시 새 땅에서 우리와 함께 거하시고 더 이상 어떤 저주도 없는 때, 곧 새 창조에서만 끝이 날 것이다(계 21:1-4; 22:3).

나는 땅에 대한 저주가 자연 질서 전체에 대한 **본래적인**(또는—이런 표현들을 좋아한다면—존재론적인) 저주라거나, 그래서 인류 역사의 한 특정한 순간(타락)에 이 행성이 실제로 "행동하는" 방식을 바꾸게 했다고 생각하지 않는다. 이러한 견해를 가진 사람들은 지진이나 창조 세계 내에 있는 다른 위험하거나 파괴적인 유사한 현상들은 (또는 동물들이 서로 잡아먹는 것처럼 우리 보기에 명백히 비열한 것들은) **단지** 타락의 결과로 **존재하게 된 것**이라고 말해야만 한다. 그리고 그렇다면, 인간의 역사적 타락 이전에는 지진과 같은 것들이 없었을 것이다. 그러나 인류가 등장하고 죄를 짓기 전에 우리 행성이 지질학적으로 지금과 다른 적이 있다거나, 동물들이 포식성이 아니었던 적이 있다거나, 지구 지각의 판구조가 어떤 식으로든 완전히 안정적이었다는 증거는 없다. 오히려 그와는 반대로, 우리가 얻을 수 있는 증거는 인류가 출현하기 오래 전인 행성의 초기 역사에서 재앙적인 사건들이 더욱 많았다는 것을 암시한다. 톰 라이트가 말했듯이 "판구조물은 판구조물이 해야만 하는 일을 해야만 한다."[1)]

물론 "젊은 지구 창조론"과 같은 이론을 받아들이면 아담과 하와가 등장하기까지 우주 전체는 문자적인 지구의 날들로 5일 동안만 존재했을 것이고, 그렇다면 타락 이전에 지진이나 쓰나미가 발생할 시간은 거의 없었을 것이다. 그러나 나는 이 입장이 설득력 없다고 생각한다.

오히려 지구가 지금 방식대로 살아 있고 움직이는 믿을 수 없을 만큼 복잡한 행성으로 있는 것이, 우리가 그 위에서 살 수 있도록 하는 데 필수적인 부분으로 보인다. 하나님은 어떤 한 특정한 은하계에 있는 이 작은 행성 위에서 살아가는 인간 피조물들을 염두에 두고 우주를 만드셨다. 생물학적 생명체가 생명을 유지할 수 있는 자연 역사의 지금 단계에 사는 것을 염두에 두고 만드신 것이다. 나는 **왜** 지구가 지금의 모습으로 지구 지각의 판이 움직여서 바다가 일시적으로 해변을 덮을 수 있게 되어 있는지 이해하는 척하는 것이 아니다. 내 생각에는 다른 방식이었으면 더 좋았을 수 있다. 그러나 나는 창조주에게 "우리의 거처를 만드실 때 뭔가 좀 다른 방식을 생각하셨어야만 했습니다"라고 말할 만큼 건방지지는 못하다.

그러므로 내가 보기에는 자연의 모든 것들, 즉 최선의 경우엔 불쾌하고 최악의 경우엔 격변적 재앙을 일으키는 모든 자연 현상이, 단지 인간의 죄에 대한 반응으로 하나님이 내리신 저주의 결과라고만 여기는 입장은 설득력이 없다.

"그것은 하나님의 심판이다"

어떤 자연재해들이 발생했을 때 그리스도인들 사이에서 반복해서 고개를 드는 또 다른 견해는 그러한 것들이 하나님의 심판이라는 것이다.

다시금, 땅에 대한 하나님의 저주에 관해 생각했을 때와 꼭 마찬가지로, 이 관점에 유효한 성경적 진리가 있다는 일반적인 이해를 우리는 긍정해야 한다. 성경은 하나님의 심판의 실재를 받아들이는 것 외에 다른 선택지를 남기지 않는다. 하나님은 인간 역사 속에서 창조 질서를 통해 행동하신다.

그리고 마찬가지로 성경은, 만일 사람들과 전체 사회들이 하나님이 땅 위에서 살아가는 우리의 삶에 만들어 넣으신 기본적인 도덕 체계들—우리가 지구 자체를 바르게 돌보아야 하는 것을 포함해서 말이다—을 무시한다면, 우리의 의도적인 무시로 인한 결과로 자연 세계가 고통을 겪게 된다고 경고한다. 또한 자연은 때때로 되받아 공격한다. 지구 온난화의 영향과 그 결과로 인한 기후 변화가 인간의 파괴적인 탐욕과 공해와 관련이 있는 한, 자연재해들은 자연 질서 내에 매개된 하나님의 심판을 구체화하는 요소들이라고 신학적으로 설명할 수 있을 것이다.

그러나 여기에 이어서 가정하거나 긍정할 수 없으며, 결코 그래서도 안 되는 것이 있다. (인간 활동과 관련되어 있든지 전혀 그렇지 않든지) 지진, 쓰나미, 화산, 태풍, 홍수 등과 같은 자연 현상들의 영향으로 인해 고통받는 당사자들이 **더 나쁜 죄인들**이라고, 그래서 운이 좋아 재앙이 덮친 장소가 아닌 다른 곳에 살았던 사람들보다 하나님의 심판을 더 많이 받는다고 하는 것 말이다. 자연 질서 안에서 작동하는 하나님의 심판 요소들이 장기간 지속된 인간의 악함이 가져온 결과일 수 있다고는 말할 수 있을지도 모른다. 그러나 자연재해로 인해 생명을 잃거나 삶이 황폐하게 된 사람들이 그 심판을 받아 마땅한 당사자라고 말하는 것은 전혀 다른 것이다.

그러나 2004년 12월의 쓰나미 이후 몇몇 사람들이 실제로 바로 그렇게 말했고, 이것은 나로 하여금 내가 하나님에 대해 충격을 받고 화가 났는지, 아니면 몇몇 그리스도인들이 성급하게 떠들어댄 끔찍한 말에 충격을 받고 화가 났는지 헷갈리게 했다. 모든 교회 건물이 쓸려가 버린 스리랑카에서 애통해하던 목사가 내게 이메일을 보내 이 사건을 하나님의 심판으로 해석할 수 있을지 질문했을 때 나는 매우 슬펐다. 왜 그는 그것이 하나님의 심판이라고 생각하게 되었고, 또는 그들이 인도나 영국이나 미국에 있는 그리스도인들보다 더 그러한 심판을 받기에 마땅하다는 생각을 하게 되었을까?

한 미국 교회의 웹사이트가 1,900명의 스웨덴 사람들이 죽은 것은 **감사**할 문제라고, 성적으로 문란한 스웨덴의 문화와 법이 드러내는 악함에 대한 하나님의 심판이었다고 단언하는 것에 대해서는 무슨 말을 해야 할까? 이런 종류의 냉담한 허튼소리는 영국의 무슬림 성직자가 한 말, 즉 쓰나미가 태국의 매춘관광객들에 대한 알라의 심판이었다는 것과 무엇이 다른가? (해일이 왔을 때 해변에서 가족들과 즐거운 시간을 보내던 사람들이 매춘관광객들이었을 가능성은 거의 없을 것이다.) 이런 반응들의 완벽히 무지한 교만은 상상을 초월한다.

그러나 성경은 다르게 가르친다. 문제는 우리가 너무나 쉽게 성경이 가르치는 어떤 측면들을 떼어낸 후에, 그 논리를 뒤집어서 완전히 그릇되게 적용한다는 것이다. 이게 무슨 뜻인가?

성경과 "자연적인" 재해

성경에는 하나님이 자연이나 자연의 힘을 자신의 심판이나 구원의 대리자로 사용하시는 예들이 있다(예를 들면, 홍수가 일어난 것, 출애굽 때 바다가 갈라지고 다시 모였던 것, 사사기 4-5장에서 강이 범람한 것, 적군을 멸망시키는 우박이 내린 것). 그러나 이러한 내러티브들은 일어난 사건들을 그 당시 사람들과 후대 독자들이 어떻게 이해해야 하는지에 대한 분명하고 권위 있는 해석과 더불어 주어진다. 그 해석들은 본문에 나온다. 그래서 성경은 하나님이 **어떤** (그러나 사실 그렇게 많지는 않았던) 자연재해들은 하나님의 심판 행위로 사용하셨다고 알려준다.

그러나 이러한 논리를 뒤집어서 모든 자연재해가 누군가에 대한 하나님의 심판 행위라고 가정할 수는 없다. 현대의 사건들을 그런 방식으로 설명하는 독단적인 권리를 우리에게 제공하는 권위 있는 성경적 해석은 분명히 우리에게 없다. 반대로, 성경은 재앙을 겪는 사람들이 그들의 특정한 죄들에 대한 하나님의 심판을 받은 희생자들이라고 우리가 성급히 가정하는 것을 사실상 **만류**한다.

예수님은 그러한 왜곡된 "논리"를 거부하는 가장 분명한 예를 제시하신다. 요한복음 9:1-3에서 예수님은 어떤 사람이 시각 장애를 가지고 태어난 것이 그 사람 자신의 죄에 대한 하나님의 심판인지 아니면 그의 부모의 죄에 대한 하나님의 심판인지에 대한 질문을 받으신다. 그리고 그에 대해 예수님은 둘 다 틀렸다고 대답하신다. 그 사람의 시각 장애는 죄에 대한 하나님의 심판 문제가 결코 아니었다.

누가복음 13:1-5에서 예수님은 그 지역에서 벌어진 두 사건에 대해 반응하셨다. 하나는 도덕적 악에 관한 사건—로마 총독이 갈릴리 사람들의 목숨을 앗아간 만행—이었고, 다른 하나는 자연적인 혹은 우연적인 악으로 인한 경우—아마도 건축 현장에서 망대가 무너져 예루살렘에 있던 18명이 죽은 사건—였다. 이 사건이 증명하는 것이 이때 죽은 사람들이 다른 사람들보다 더 중한 죄인이라는 것인지, 즉 그들의 죽음이 그들에 대한 하나님의 구체적인 심판인지 예수님은 물으셨다(혹은 그렇게 예수님이 질문을 받으셨다). 다시금, **예수님은 둘 다 그렇지 않다고 강조해서 말씀하셨다**. 재앙이 일어났을 때 성급하게 그것이 누군가의 죄에 대한 하나님의 심판일 것이라는 식의 쉬운 설명을 예수님은 거부하셨다.

욥기는 이미 이 문제를 깊이 다루었다. 욥의 친구들은 욥에게 닥친 재앙들이 그의 악함에 대한 하나님의 심판이라고 주장했다. 그러나 하나님과 독자들은 친구들이 틀렸다는 것을 안다. 그리고, 비록 독자들이 아는 것을 욥은 몰랐지만, 그는 **자기**에 관한 친구들의 생각이 옳다고 믿기를 거부했다. 그들의 신학이 얼마나 옳았든지 간에 말이다. 욥의 고난은 시험이었지 결코 심판이 아니었다. 친구들은 죄와 심판에 관해 보편적으로는 사실인 신학적 단언들을 많이 제기했지만, 욥이 처한 특정한 고난에 대한 구체적 적용에 있어서는 잘못을 범했다. 욥의 세 친구가 가진 신학은 정통적이고 성경적이었지만, 분석은 완전히 잘못되었고 목회적 적용은 끔찍할 정도로 냉담했다. 슬프게도 많은 그리스도인들이 욥의 친구들이 보인 선례를 따른다. 대규모의 재앙에 대해서나 개인의 질병이나 고통에 대해서 욥의 친구들처럼 반응하는 것이다.

그런데 예수님은 (시각장애인을 고치실 때) 그의 시각 장애가 하나님의 영광을 드러낼 기회를 만들었다고 말씀하셨다. 또한 예수님도 지역에서 일어난 두 재난들을 가지고 사람들이 회개해야 한다고 경고하셨다. 그러나 다시금 우리는 예수님이 이 사건들의 **결과들**에 관해 말씀하신 것을 뒤집어 **인과관계**의 원리로 만들지 않도록 주의해야 한다. 예수님은 하나님이 빌라도로 하여금 사람들을 살육하도록 **만드셨다거나**, 망대가 무너져서 사람들이 죽게 **하셨다고**, 그런 방식으로 다른 사람들에게 경고하려고 하셨다고 말씀하시지 않는다. 예수님은 단지 그 사건들을 정당하게 사용하셔서 삶이 순간이라는 것, 죽음이 갑작스럽게 올 수 있다는 것, 그래서 지금 여기에서 회개해야 한다는 것을 지적하실 뿐이다.

같은 방식으로, 우리는 쓰나미가 끔찍하게 보여준 것, 즉 이 세상에서 우리 모두의 생명은 끊임없이 취약하며 순식간에—가장 한가로운 상황과 전혀 예기치 못한 순간에도—숨이 끊어질 수 있다는 사실에 분명 동의할 수 있다. 만일 이것이 어떤 사람들로 하여금 삶과 죽음에 대해 성찰하게 하고 회개와 믿음 가운데 그리스도께로 오게 했다면 우리는 그에 대해 감사할 수 있을 것이다. 그러나 "하나님이 그런 목적으로 쓰나미를 일으키셨다"라고 주장하는 것은 끔찍한 일이 될 것이다. 25만 명이 몇 시간 만에 휩쓸려 죽었다는 것은 인간의 삶이 얼마나 깨지기 쉬운 것인지를 무시무시하게 보여준다. 하나님이 어떤 방식으로든 "고의로", 단지 나머지 우리들에게 경고하려고 쓰나미를 일으키셨다는 것은 기괴한 말이다.

만일 이것들이 잘못된 설명이라면, 옳은 설명은 무엇인가?

왜 이런 일들이 발생하는지에 대한 "옳은" 설명이라는 것은, 내가 성경에서 보거나 찾을 수 있는 한, 없다. 과학은 현상들의 자연적인 원인들을 알려준다. 그리고 그것으로 충분히 대단하다. 이것은 "정말 일어난 것이 무엇인지"에 대한 과학적 설명이 성취한 것이지만, 또한 한계다. 그러나 **과학이나 신앙 그 어떤 것도** 재앙에 관해 더 깊거나 의미 있는 이유나 목적을 제공하지 못한다. 따라서 우리는 좌절의 슬픔과 저항의 몸부림 가운데 남겨진다. "하나님, 어떻게 당신이 이런 일들을 허락하실 수 있습니까? 왜 그것들을 막지 않으십니까?" 나는 이렇게 부르짖는 것이 잘못이라고 생각하지 않는다. 비록 그 답이 하늘로부터의 음성으로 들려오지 않을 것을 우리가 알더라도 말이다.

우리가 줄 수 있는 설명이 더 이상 없거나 주려고 했던 설명들이 거부될 때 무엇을 해야 할까? 우리는 애곡하고 저항한다. 결코 공정하지 않다고 외친다. 분노 가운데 하나님께 부르짖는다. 하나님이 왜 그것을 막지 않으셨는지 이해하지 못하겠다고 말하며 알게 해달라고 요구한다. 이렇게 하는 것이 잘못된 것일까? "진정한 남자는 울지 않는다"는 말처럼, 진정한 신자라면 이렇게 해서는 안 되는 것일까? 하나님께 화내는 것은 죄악인가? 다시금 나는 성경을 펼쳐서 "그렇지 않다"는 것이 이 질문들에 대한 대답이라는 것을 확인한다. 아니면 최소한, 하나님이 분노의 표현을 상당한 정도로 허락하신다는 것을 확인한다. 비록 (예레미야 15:19-21에 나오는 예레미야의 경우처럼) 분노가 사람을 죄나 반역으로 이끌어갈 위험이 있을 때에는 때때로 교정하시지만 말이다.

애곡하고 저항하는 성경의 목소리

우리가 하나님의 말씀이라고 믿는, 그래서 그 안에 있는 것들은 하나님이 원하셔서 거기 있다고 믿는 성경에는 애곡, 저항, 분노, 당혹스런 질문들이 많다. 우리가 주목해야 할 점은 (아마도 그럴 때 우리를 놀라게 하는 것은) 그것들을 하나님께 퍼부은 사람들이, 하나님의 원수들이 아니라, **하나님을 가장 사랑하고 신뢰하는 사람들**이었다는 사실이다. 책망받을 것에 대한 두려움 없이 최고로 자유롭게 자신들의 고통과 저항을 하나님께 쏟아부었던 사람들은 바로 하나님과 가장 친밀한 관계에 있는 사람들이었던 것으로 보인다. 성경에서 애곡은 허락되었을 뿐 아니라, 또한 우리에게 본보기로 굉장히 많이 주어졌다. 하나님은 감사 쪽지에 쓰기 위한 말만큼이나 많은 양의 말을 항의서류에 쓸 수 있게 제공하기를 원하셨던 것 같다. 세상이 우리로 하여금 토해내게 하는 애곡의 양이 우리에게 얼마나 많게 느껴지든지, 오직 하나님만 파악하실 수 있는 고통의 총량 때문에 하나님 자신의 가슴에 맺히는 슬픔에 비하면 그것은 바다의 물 한 방울과 같기 때문일 것이다.

욥기는 그러한 저항으로 가득한 책이다. 그리고 마지막에 하나님은 욥이 그의 친구들보다 더 옳은 쪽에 있다고 선언하신다. 친구들은 욥의 고난에 대한 자신들의 "설명"(그리고 해결책)을 매우 교조적으로 제시했었다. 욥은 하나님께, 또 하나님에 대해, 기가 찰 만큼 대담하게 불평한다.

> **하나님이** 나를 억울하게 하시고
> 　자기 그물로 나를 에워싸신 줄을 알아야 할지니라.
> 내가 폭행을 당한다고 부르짖으나 응답이 없고
> 　도움을 간구하였으나 정의가 없구나.
> **그가** 내 길을 막아 지나가지 못하게 하시고

내 앞길에 어둠을 두셨으며.

_욥기 19:6-8 (라이트의 강조)

예레미야도 (욥처럼) 차라리 자신이 태어나지 않았다면 하고 바라고, 하나님이 자신을 속이셨다고 비난하고, 자신의 고통을 하나님께 쏟아놓는다 (특히 렘 15:10-21; 17:14-18; 20:7-8을 읽어보라).

나의 고통이 계속하며
상처가 중하여 낫지 아니함은 어찌 됨이니이까?
주께서는 내게 대하여 물이 말라서
속이는 시내 같으시리이까?

_예레미야 15:18

심지어 성경에는 제목 자체가 "애가"(Lamentations)인 책도 있다! 이 책이 하나님의 직접적인 심판이라고 여겨지던 재앙이 지난 후에 기록되었음에 주의하라. 그런데도 저자는 저항과 간구를 섞어서 하나님께 쏟아내는 데 거리낌이 없다. 이 책은 예루살렘에 닥친 끔찍한 참사에 대해 하나님께 끊임없이 부르짖는 고통으로 가득한 책이다.

내 눈이 눈물에 상하며
내 창자가 끓어지며
내 간이 땅에 쏟아졌으니,
이는 딸 내 백성이 패망하여
어린 자녀와 젖 먹는 아이들이
길거리에 기절함이로다.

그들이 성읍 길거리에서

　상한 자처럼 기절하여

그의 어머니들의 품에서

　혼이 떠날 때에

어머니들에게 이르기를

　"곡식과 포도주가 어디 있느냐" 하도다.

_예레미야애가 2:11-12

시편은 꼬리에 꼬리를 물고 하나님께 "오 주여, 언제까지?"라는 질문을 하면서 무고한 자들의 고난과 악한 자들의 명백한 안락함에 대해 이의를 제기한다(예를 들어, 시 10, 12, 13, 28, 30, 38, 56, 69, 88편).

여호와여 오직 내가 주께 부르짖었사오니

　아침에 나의 기도가 주의 앞에 이르리이다.

여호와여 어찌하여 나의 영혼을 버리시며

　어찌하여 주의 얼굴을 내게서 숨기시나이까…

주는 내게서 사랑하는 자와 친구를 멀리 떠나게 하시며

　내가 아는 자를 흑암에 두셨나이다.

_시편 88:13-14, 18

신적으로 영감된 시편에 기쁨과 감사의 시보다 슬픔과 번민의 시가 더 많은 것이 우연일 리가 없다. 이것들은 하나님이 실제로 우리에게 주신 언어들이다. 하나님은 이런 언어들이 자신이 공인하신 찬송가에서 중요한 자리를 차지하게 하셨다. 우리가 사는 세상은 멋지고도 끔찍한 세상이다. 그렇기에 두 가지 형태의 예배가 모두 풍성하게 필요하다.

나는 애통의 언어들이 교회에서 심각할 정도로 무시되고 있다고 느낀다. 우리 모두가 행복감에 젖어 있어야만 하는 공동 예배의 맥락에서 하나님께 불평하는 것은 뭔가 잘못된 것이라고 많은 그리스도인들이 느끼는 듯하다. 감정을 억누르며 경건에 몰두하는 자들이 우리에게 "믿음"을 가져야만 한다고 (마치 신음하던 시편 기자들은 믿음이 없었던 것처럼) 강권하기 때문에, 우리는 진짜 감정을 억눌러야만 하는 듯한 암묵적인 압력을 느낀다. 그래서 우리의 깊은 곳에서 씨름하는 진짜 감정들은 숨기면서, 실제로는 느끼지 않는 꾸며낸 감정들을 겉으로 드러내고 만다. 예배하러 가는 것은 가식과 은폐 행위가 될 수 있는데, 두 가지 모두 하나님을 진정으로 만나는 데는 별로 도움이 되지 않는다. 결국 우리는 끔찍한 재앙이나 비극에 대해 우리의 진정한 감정으로 하나님께 부르짖는 대신, 다른 방식으로 반응하기를 더 좋아한다.

그것은 지구에 대한 하나님의 저주의 일부일 뿐이야.
그것은 하나님의 심판이야.
그것은 경고를 주기 위함이야.
그것은 궁극적으로 우리의 유익을 위한 것이야.
하나님은 주권자이시기에 결국은 모든 것을 좋게 만드실 거야.[2)]

그러나 성경에 있는 우리의 고난받는 친구들은 이 방식을 택하지 않았다. 그들은 그저 고통 속에서 부르짖고 하나님께 저항한다. **바로 그들이 하나님을 알고 있었기 때문이다**. 그들의 저항은 그들이 아는 것과 보는 것 사이의 거슬리는 대조로부터 생겨난다. 그들은 하나님을 안다. **그렇기 때문에** 그들이 그렇게 분노하고 기분이 상하는 것이다. 그들이 알고 그토록 많이 사랑하는 하나님이 어떻게 이런 방식으로 행동하실 수 있는가? 그들은

"여호와께서는…그 지으신 모든 것에 긍휼을 베푸신다"(시 145:9)는 것을 **안다**. 그렇다면 왜 하나님은 그 반대되는 것을 드러내는 듯한 일들이 일어나는 것을 허락하시는가? 그들은 "나는 악인이 죽는 것을 기뻐하지 아니한다"(겔 33:11)라고 말씀하시는 하나님을 **안다**. 그렇다면 우리보다 반드시 더 죄가 많은 것은 아니라고 예수님이 말씀하셨을 수십만 명의 죽음을 하나님은 어떻게 지켜보고 계실 수 있는가? 참새 한 마리가 땅에 떨어질 때조차도 거기 계시다고 예수님이 말씀하신 하나님을 그들은 **안다**(마 10:29-31). 바다가 온 마을들을 (그리고 교회들을) 집어삼킬 때, 그 하나님은 어디에 계시는가?

이렇게 도저히 설명할 수 없는 재앙들에 직면해서, 성경에 충실한 신자들은 하나님의 본성 자체에 대해 필사적이고 열정적인 관심을 갖게 된다. 그래서 그들은 자신들이 아는 하나님과 자신들이 살고 있는 세상을 갈라놓는 듯한 단절에 현기증을 느끼며 부르짖는다. 하나님이 **그런** 분이시라면, 어떻게 세상이 **이럴** 수 있는가?

이것은 이런 신자들의 신앙을 공유하는 우리에게 번민을 일으키는 감정이다. 다름 아니라, 우리 역시 하나님을 사랑하기 때문이다. 그런 번민의 순간에 우리는 하나님을 증오하는 사람들조차 이해할 수 있고, 우리의 분노와 고통은 쉽게 우리가 그들과 함께 주먹을 휘두르도록 만들 수도 있었을 것이다. 그러나 우리는 그렇게 하지 않는다. 하나님을 신뢰하고 사랑해온 우리의 삶 전체와 그리스도 안에서 우리를 향한 하나님의 한없는 선하심과 자비를, 재앙의 날이라고 하루아침에 던져버릴 수 없기 때문이다. 그러나 고통은 남는다. 고통은 뼈아프다.

애통은 그런 고통의 목소리다. 자신을 위한 것이든, 자기 민족을 위한 것이든, 아니면 단순히 인류와 창조 세계 자체에 존재하는 산 같은 고난에 대한 것이든 말이다. 애통은 답이 주어지지 않은 질문들과 설명되지 않은 고난 가운데서도 살고자 씨름하는 신앙의 목소리다.

하나님은 그러한 애통을 이해하고 받아주기만 하시지 않는다. 하나님은 그것을 표현하도록 성경에 있는 표현들을 주시기까지 했다! 성경에는 그러한 말들이 넘친다. 그렇다면 왜 우리는 하나님이 자신의 말씀 안에 허락하신 것을 발설하기를 주저하는가? 이 말씀은 성경 저자들이 스스로의 고난받는 신앙 속에서 우리를 위해 기록했던 것들이지 않은가?

> 그러므로 나는 시편 기자의 애통에 동참한다. 내 고난에 이름을 붙이고 소유하면서 그 고통을 표현한다. 나는 부르짖는다. 구원을 위해 부르짖는다. "오 하나님, 이 고난에서 나를 건져주소서. 나를 회복시키시고 온전하게 만드소서." 나는 설명을 구하며 부르짖는다. 하나님이 소원하신 일들이 왜 틀어졌는지 시편 기자들보다 더 잘 알지 못하기 때문이다. "우리 한 사람 한 사람이 그 연수가 차기까지 땅 위에서 번성하기를 바라는 당신의 소원이 왜 좌절됐습니까? 말이 되지 않습니다." 애통해하는 것은 자기의 가장 깊은 질문이 대답되지 않은 채로 사는 위험을 감수하는 것이다.[3)]

그러므로 나는 쓰나미와 같은 것의 여파 속에서 내 분노와 슬픔을 표현하기를 부끄러워하지 않는다. 나는 그런 끔찍한 비극이 또다시 닥친 후에 뉴스를 보거나 교회에서 예배하면서 눈물을 흘리는 것을 거북해하지 않는다. 나는 내가 알고 사랑하고 신뢰하는, 그러나 항상 이해하지는 못하는 하나님께 말한다. 그런 말할 수 없는 파괴와 죽음을 보는 고통을 외면하고 있을 수만은 없다고 말이다. 나는 이 땅에서 비참하게 된 사람들의 편에 서서 부르짖을 것이다. "주님, 왜 또 이 불쌍한 사람들입니까? 그들은 이미 이 세상의 끔찍한 불의로 인해 충분히 고통당하지 않았습니까?"

나는 대답을 기다리지 않는다. 그러나 하나님께 대한 질문을 거두지는 않을 것이다. 나 또한 하나님의 형상으로 만들어지지 않았는가? 하나님은 내 작고 유한한 가슴 속에 하나님 자신의 무한한 긍휼과 자비의 옅은 반영을 심으시지 않았는가? 만일 회개하는 죄인 하나에 대한 기쁨이 하늘에 있다면, 휩쓸려 죽은 수천 명에 대한 눈물도 하늘에 있지 않겠는가?

그래서 나는 지금 당장은 슬퍼하고 애통해한다. 울고 격렬한 분노를 느낀다. 그리고 하나님께 그에 대해 말하기를 주저하지 않고, 그분의 보좌 앞에 내 질문들을 접수해서 쌓아놓는다. 사랑하는 누군가가 알 수 없는 불치병에 걸렸다는 소식을 들을 때도 마찬가지다. 엄청나게 많은 사람들의 생명이 사라지는 것에 대해서든 개인적으로 알고 깊이 사랑한 누군가의 고난을 가까이에서 강렬하게 경험하든, 반응은 종종 같다. 하나님 앞에서 진실한 감정을 쏟아놓아야 한다. 분노, 불신, 이해할 수 없음, 그리고 너무 많은 모순들로 인한 절절한 고통의 감정 모두를 말이다.

그런 다음에야 비로소 나는 돌아와서 정직하게 하나님을 **찬양**할 수 있다. 찬양은 그러한 감정들을 제거하거나 덮어버리지 않는다. 오히려 찬양은 하나님에 대해 온전한 감사를 고백하고 그분께 전적으로 의지하기 위한 안전한 틀이며, 그 안에서 그런 감정들을 다 드러낼 수 있는 것이다.

그러나 나는 이런 모든 저항을 믿음의 틀 안에서 표현하는데, 이 믿음 안에는 **소망과 미래**가 붙박이로 자리해 있다. 성경에 의하면 현재 상태는 창조의 최종적인 상태가 아니기 때문이다. 그리고 그리스도의 부활 안에서 우리는 새 창조의 첫 열매를 가지고 있는데, 새 창조 안에서 이전 것들은 다 지나가버려서 없을 것이다. 나 또한 이 위대한 성경적 소망을 아주 잘 안다고는 주장할 수 없다. 그러나 창조 세계의 궁극적인 운명에 대한 성경적 전망이 지나치게 현실적이라는 사실로부터 내가 얻는 위안은 엄청나다. (이 현실성의 문제에 대해서는 다음 장에서 다룰 것이다.) 그러므로 현재 벌어지는 재앙들에 대한 나의 부르짖음은 그저 어둠 속에 있는 한 개의 촛불도, 밑 빠진 독에 물 붓기도 아니다. 그것은 "언제까지입니까? 오 주님, 언제까지입니까?"

라는 시편 기자들의 고뇌에 찬 갈망에 훨씬 더 가깝다. 그들은 하나님이 뭔가를 **하실** 것이라고 확신했다. 그러나 그들은 하나님이 좀더 빨리 그것을 **하셔야만** 한다는 갈망에 사로잡혀 있었다.

> [애통의] 부르짖음은 "아직"(yet)의 맥락 속에서 발생하지만, 인내하는 신앙과 계속되는 찬양이 있다. 왜냐하면 하나님이 죽은 자들 가운데서 그리스도를 일으키신 일 속에서, 우리는 하나님이 자신의 소원을 방해하는 모든 것들에 대항한 싸움에서 승리하실 것이라는 하나님의 말씀과 행위를 소유하기 때문이다. 따라서 하나님의 주권은 희생되는 것이 아니라 새롭게 생각된다. 만일 애통이 정말로 그리스도인의 삶을 이루는 정당한 구성 요소라면, 하나님의 주권은 하나님이 원하시는 대로 모든 일이 일어나는 것이라고 이해되어서도, 혹은 하나님 자신이 원하시는 일이 아니라도 그것을 통해 얻을 수 있는 선함과 교환하는 방식으로 일어나는 것이라고 이해되어서도 안 된다. 하나님의 주권은 하나님의 뜻에 어긋난 모든 것에 대한 전투에서 하나님이 승리하시는 것에 있다.[4]

그러나 다음 장으로 넘어가기 전에, 1-2장을 통해 개관한 고통과 악에 대한 성경의 두 가지 반응을 요약하면서 논의의 흐름을 정리하자.

- 성경은 우리가 이해할 수 없는, 악에 관한 불가사의함이 있다는 것을 받아들이도록 우리에게 요구한다(그리고 우리가 그것을 이해할 수 없다는 것이 좋은 일이다).
- 성경은 악의 공격을 받을 때 우리가 애통해하고, 저항하고, 분노하는 것을 허락한다(그리고 우리가 그렇게 하는 것이 옳다).

그러나 이게 전부라면 삶은 지극히 암울하고 우울할 것이고, 믿음이라는 것은 설명되지 않고 계속되는 고난 앞에서 이를 악무는 것 외에 아무것도 아닌 것이 된다. 감사하게도 성경은 우리의 가슴을 소망과 확신으로 벅차게 하는 말들을 훨씬 더 많이 포함하고 있다. 이것이 우리가 3장에서 향하게 되는 방향이다.

---

1) "God, 9/11, the Tsunami, and the New Problem of Evil", 2005년 5월에 Seattle Pacific University에서 한 강연.

2) 니콜라스 월터스토프는, (장성한 아들이 사고로 사망한 후에 자신과 아내의 개인적인 경험으로부터 나온) 애통함에 대한 심오한 성찰에서, 기독교에 존재하는 이런 과묵함의 어떤 부분이 칼뱅의 가르침, 즉 고난이 궁극적으로 우리의 유익을 위해 하나님으로부터 오기 때문에 고난 중에 인내하는 것이 중요하다고 말한 것에 기인한다고 설명한다. 칼뱅의 논점들은 하나님의 섭리라는 성경 전체의 신학 안에서 유효하다. 그러나 그 논점들은 동일하게 유효한 사실, 즉 성경에 애통과 저항이 풍부하다는 것을 고려하지 않는 듯하다. Wolterstorff, "If God Is Good and Sovereign, Why Lament?" *Calvin Theological Journal* 36 (2001): 42-52을 보라.

3) 같은 책, 52.

4) 같은 곳.

3장
악의 패배

칼 마르크스는 이렇게 말했다. "철학자들은 세상을 단지 **해석**해왔다.… 그러나 중요한 것은 세상을 바꾸는 것이다."[1] 성경도 비슷하게 말할 것 같다. 신학자들은 악을 **설명**하려고 노력하지만, 하나님의 계획은 그것을 **멸망**시키는 것이라고 말이다. 하나님은 승리하실 것이다. 하나님은 마침내 자신이 하신 모든 일에서 공정하시고 정당하시다고 인정받으실 것이다. 궁극적으로 하나님의 정의와 정당함은 모든 악한 것을 폭로하시고 멸망시키시는 것을 수반할 것이다.

필수적인 이 세 번째 관점이 지금까지 우리가 악과 고통에 대해 말해온 것에 꼭 덧붙여져야만 한다. 1장에서 우리는 성경이 우리에게 요구하는 것, 즉 고통의 불가사의를 우리의 최종적인 이해를 넘어서는 것으로 (그리고 이것이 감사할 만한 일이라는 것을) **받아들이라는** 것을 살펴보았다. 2장에서 우리는 성경이 우리에게 허락하는 것, 즉 하나님 스스로의 선하심과 목적에 모순되는 것처럼 여겨져서 이해할 수 없는 고난이 공격할 때 **저항**하고 **애통**해해도 된다는 것을 보았다. 그러나 성경은 우리를 멀리, 훨씬 더 멀리 데려가서, 악의 패배와 최종적 멸망을 바라보며 **기뻐하라고** 우리에게 요구한다.

악은 하나님의 창조 세계로부터 근절될 것이다. 이것이 성경이 주는 소망이며 약속이다.

참으로 성경 전체는 악을 무찌르고 자신의 온 창조 세계에서 악을 영원히 없애려는 하나님의 계획과 목적에 관한 장엄한 서사로 읽을 수 있다.[2] 그것이 창세기 3장과 요한계시록 22장 사이에 있는 모든 것을 묘사한다고 주장할 수도 있다. 이 위대한 내러티브를 여기서 다시 들려주거나 요약할 수는 없지만, 분명히 말할 수 있는 것은 나사렛 예수의 십자가와 부활이 그 중심에 서 있다는 사실이다. 여기에 악에 대한 하나님의 승리와 악이 궁극적으로 멸망할 것을 보장하는 중심적이고 결정적인 순간이 있다.

십자가가 여기서 언급되고 있는 문제에 대한 우리의 이해를 도우면서 하나님의 최종적인 답을 제공하는 세 가지 방식에 대해 살펴보자.[3]

십자가와 세 가지 위대한 성경적 진리들

이 주제에 대한 심오한 연구인 『악과 십자가』(*Evil and the Cross*)[4]에서, 앙리 블로쉐(Henri Blocher)는 악의 문제와 씨름할 때 우리가 함께 붙잡아야만 하는 세 가지 근본적인 성경적 확언들이 있다고 주장한다. 그 각각의 확언들은 성경의 가르침에서 본질적인 부분들이다. 하나씩 따로 살펴보면 각 확언들은 명확하며 이해할 수 있는 것들이다. 그러나 우리가 직면하는 가장 중요한 도전은, 이 세상에서 고통과 악에 대해 벌이는 우리의 씨름들이 그 확언들 중 어떤 것들과 모순을 일으키는 것 같을 때, 우리의 마음과 믿음 속에서 그것들을 함께 붙드는 것이다. 악의 전적인 "악함", 하나님의 전적인 선하심, 그리고 하나님의 전적인 주권이 그것들이다.

블로쉐는 이 확언들이 영어 대문자 T, 혹은 십자가의 모양처럼 배열될 수 있다고 제안한다.

악의 문제와 씨름하면서 우리는 이 세 가지 절대적인 성경적 확신들 중에서 이것저것을 타협하고자 하는 유혹에 빠진다. 예를 들어, 악에 대해 성경이 내리는 심각한 진단을 축소할 수도 있을 것이다. 보이는 것만큼 진짜로 심각한 문제가 아니며, 결국은 잘될 것이라고 여기면서 말이다. 또는 하나님을 어떤 방식으로든 악과 공모하는 분으로 만들어서 하나님의 선하심을 양보할 수도 있을 것이다. 또는 하나님의 주권을 제한해서 하나님이 악의 원인이 되시지 않게 하나님을 "보호"하려고 할 수도 있을 것이다. 하나님도 통제할 수 없는 것이 있다는 식으로 말이다. 그러나 이러한 세 가지 시도 모두는 성경의 가르침에 반하는 것이며, 성경의 구원 메시지가 가진 온전한 영향력을 축소시킨다. "이 세 가지 유혹들에 반대해서 성경은 삼중적인 확언을 제시한다. 악은 악하며, 주님은 주권적이시며, 하나님은 선하시다."[5]

악의 전적인 악함

성경은 분명히 악과 거래하지 않는다. 많은 종교적 세계관들은 용납할 수 있는 실재들의 틀 속에 악을 담아낸다. 이것은 예전에도 그랬고 지금도 마찬가지다. 그러나 성경은 그렇게 하지 않는다. 악은 결코 "원래 그런 방식"의 일부가 아니다. 그것은 결코 "결국에는 모든 것이 괜찮아질 것"도 아니다. 또한 "가능한 세상들 가운데 최선의 세상에서" 우리가 소망할 수 있는 최선의 것도 아니다. 악은 본래적으로 (세상에 결코 악이 없던 적이 없었다거나 악이 없을 수 없었다는 의미로) "필수적"이지 않다. 비록 타락한 세상에서 악이 종종 필연적으로 행해져야만 했다는 사실을 성경이 분명히 인정하고 있지만 말이다.

도덕적 자유라는 것이 의미가 있으려면 우리가 선 대신에 악을 선택할 수 있는 실제 가능성이 있어야 한다고 지적하는 것은 옳을지도 모른다. 그럼에도 불구하고, 이것이 우리의 자유의지를 악의 근원에 대한 **원인**(cause)으로 만들지는 않는다. 고등학교 교사였을 때 나는 다음과 같이 설명하곤 했다. 만일 내가 (직장을 잃을 위험을 감수하며) 학생들 모두를 묶고 입에 재갈을 물리면서 내가 나가 있는 동안 교실을 떠나지 말고 시끄럽게도 하지 말라고 지시했다면, 돌아왔을 때 학생들 모두가 내 지시를 따르고 있는 것을 보고 만족할 것이다. 그러나 그때 학생들을 "**착한** 아이들"이라고 칭찬하는 것은 의미가 없을 것이다. 그들은 다른 행동을 할 수 있는 자유로운 선택권이 없었다. 그들의 행동은 전혀 도덕적인 것이 아니었다.

그러나 만일 내가 교실을 나가면서 학생들에게 교실 안에 남아 조용히 있으라고 말했다면, 그 후에 돌아와서 소수만 공부하고 있고 몇몇은 도망갔고 어떤 학생들은 소리나 지르고 있는 것을 볼 것이다. 그렇다면 나는 비난하거나 칭찬하는 도덕적 판단을 할 수 있는, 선한 행동과 악한 행동을 구별할 수 있는 합리적 근거를 가진 것이다. 학생들에게 자유라는 선물을 준 것이 그러한 구별을 가능하게 만들었다. 그러나 그 자유라는 선물이 몇몇 학생들이 내 지시를 어기도록 이끈 잘못된 선택의 **원인**은 아니었다. 그 자유는 나쁜 선택이 실행된 조건(condition)에 불과했다. 원인은 그들 안에 있는 다른 어딘가에 있다.

우리에게 자유의지라는 선물을 허락하기 위해 "하나님이 기꺼이 치르시고자 했던 대가"나 "하나님이 기꺼이 감당하시고자 했던 위험부담"으로 악을 치부하고 쉽게 무시해서는 안 된다. 이것은 악의 기원이나 원인을 설명하지 못하며, 하나님의 도덕적인 우주 안에 인정된 자리를 악에게 제공함으로써 악의 악함을 축소하는 경향이 있다.

이와 반대로, 악은 타협의 여지없이 거부되며 비난받고, 확실히 궁극적인 파멸과 근절의 최후를 맞게 된다. 악은 하나님의 존재와 그분이 원하시는 것에 대한 전적인 부정이며, 하나님이 창조하시는 생명, 복, 선함에 대해 적대적이다. 악의 문제에 대한 어떤 "해답"이건 간에, 성경이 실제로 그렇다고 묘사하는 악보다 덜 악한 것으로 만드는 "해답"은 그리스도인들에게 전혀 해답이 될 수 없다. 따라서 이 문제에 있어 타협이나 혼동이 있어서는 안 된다.

> 악을 선하다 하며
> 선을 악하다 하며
> 흑암으로 광명을 삼으며
> 광명으로 흑암을 삼으며
> 쓴 것으로 단 것을 삼으며
> 단 것으로 쓴 것을 삼는 자들은 화 있을진저!
> _이사야 5:20

하나님의 전적인 선하심

하박국은 악과 하나님의 정의라는 문제로 아주 심각하게 씨름했는데, 그는 하나님이 악과 타협하시기는커녕 악을 지켜보고 계실 수도 없다고 선언한다.

주께서는 눈이 정결하시므로 악을 차마 보지 못하시며
 패역을 차마 보지 못하시거늘.
_하박국 1:13

요한도 "하나님은 빛이시라 그에게는 어둠이 조금도 없으시다"(요일 1:5)라며 동의한다.

성경의 많은 다른 본문들도 하나님에 대해 이 점을 분명히 한다. 하나님 안에 악의 혼합물은 없다. 하나님의 위격이나 성품에 악이 발 디딜 곳은 없다. 오히려 반대로 하나님은 전적으로, 우선적으로, 배타적으로, 영원토록 선하시다. 아프리카의 그리스도인들은 "하나님은 선하시다! 언제나!"라고 반복해서 외치며 기뻐한다.

그는 반석이시니 그가 하신 일이 완전하고
 그의 모든 길이 정의롭고,
진실하고 거짓이 없으신 하나님이시니
 공의로우시고 바르시도다.
_신명기 32:4

따라서 이런 사실을 알 수 있다. 성경이 분명히 보여주는 바에 의하면, 하나님은 창조 세계 안에서 실재하고 활동하는 악에 대해 주권적이시며, 그래서 심지어 존재하는 악의 실재들을 자신의 목적들에 대한 성취 가운데 포함시키실 수 있다. 그럼에도 불구하고 하나님 자신은 악의 근원도 창시자도 원인도 아니시다. 이것은 중요한 구분이다. 악한 존재나 사건, 혹은 사람을 하나님이 주권적으로 **사용**하시거나 **통제**하시는 것이 하나님 자신의 본질적 선하심을 양보하시는 것은 아니다. 앞으로 보게 되겠지만, 하나님이 자신의 압도적인 권세를 그렇게 악을 지배하기 위해 행사하시는 것은 모두 그분의 선하심에 의해 결정된 목적들을 위해서다.

하나님의 전적인 주권

하나님의 뜻은 모든 창조된 실재에 대해 여전히 주권적이시다. 바로 이것을 성경이 반복해서 주장한다. 이는 많은 불가사의와 신학적인 갈등을 불러일으키는데, 특별히 성경이 우리가 자유로운 도덕적 행위자로서 결정하는 것들에 대해 인간의 책임이 있음을 확언하는 것과 관련해서 그렇다. 그럼에도 불구하고 성경은 우주에서 벌어지는 일 가운데 하나님의 주권적 지식 **바깥에서** 일어나는 일은 없다고 단언한다. 그 주권적 지식이 하나님의 작정이든 하나님의 허용이든 말이다. 실제로, 한 분이신 창조자 하나님의 단일한 의지야말로 우리가 혼돈이 아니라 우주(universe, 우주를 의미하는 영어 단어 'universe'는 단일하다는 의미의 uni라는 접두어로 시작한다—옮긴이) 속에 사는 것을 가능하게 한다. 그리고 하나님의 바로 그 주권적 의지는 심지어 악이라는 이질적 힘을 마침내 하나님의 뜻이 승리하는 방식으로 통치하고 지배하면서 아우를 수 있다.

재앙을 비롯해 우리가 악으로 여기는 많은 일들이 벌어질 때조차, 성경은 이 사실을 확인한다. 신학자들은 보통 이 지점에서 하나님의 작정적 의지(decretive will, 그것이 벌어지기를 하나님이 직접적으로 의도하고 원하시는 것)와 하나님의 허용적 의지(permissive will, 비록 우리가 살아가는 타락한 세상에서 그것이 악의 실재를 포함하더라도 하나님이 발생하도록 허용하시는 것)를 구별한다. 궁극적인 논점은 여전히 유효하기 때문에, 여기서는 이 논의의 더 정밀한 논점들로 파고들지 않겠다. 어느 쪽이든지, 하나님은 여전히 역사의 산물과 역사의 최종 목적에 대해 주권적인 책임을 지신다.

성읍에서 나팔이 울리는데
　백성이 어찌 두려워하지 아니하겠으며,
여호와의 행하심이 없는데[6]
　재앙이 어찌 성읍에 임하겠느냐?
_아모스 3:6

나는 빛도 짓고 어둠도 창조하며
　나는 평안도 짓고 환난도 창조하나니
　나는 여호와라 이 모든 일들을 행하는 자니라.
_이사야 45:7

예루살렘에 대한 하나님의 무서운 심판의 맥락에서 예레미야애가의 저자가 씨름한 것은, 벌어진 모든 일이 바로 하나님의 뜻 아래 있다는 사실, 그렇지만 그것이 하나님 자신도 애통해하실 정도로 많은 고통을 불러왔다는 사실을 아는 괴로움이었다.

이는 주께서 영원하도록
　버리지 아니하실 것임이며
그가 비록 근심하게 하시나
　그의 풍부한 인자하심에 따라 긍휼히 여기실 것임이라.
주께서 인생으로 고생하게 하시며
　근심하게 하심은 본심이 아니시로다.
세상에 있는 모든 갇힌 자들을
　발로 밟는 것과
지존자의 얼굴 앞에서

사람의 재판을 굽게 하는 것과
사람의 송사를 억울하게 하는 것은
다 주께서 기쁘게 보시는 것이 아니로다.
주의 명령이 아니면
누가 이것을 능히 말하여 이루게 할 수 있으랴?
화와 복이 지존자의 입으로부터
나오지 아니하느냐?
살아 있는 사람은 자기 죄들 때문에 벌을 받나니
어찌 원망하랴?
_예레미야애가 3:31-39

괴로움 속에 던지는 이 일련의 질문들은 저자가 이 세 가지, 즉 하나님의 선하심(하나님이 긍휼과 변치 않는 사랑으로 충만하시다는 것), 불의라는 끔찍한 악, 하나님의 통치하시는 주권 모두를 필사적으로 붙들려고 하는 모습을 보여준다.

세 가지 진리가 모두 담긴 요셉의 이야기

이 세 가지 위대한 확언들이 얼마나 밀접하게 연관되어 있는지를 보여주기 위해 그 확언들이 함께 엮여 있는 본문들이 성경에 있다. 그중 하나가 요셉의 이야기다. 이 이야기는 인간이 보여줄 수 있는 최악의 악을 잘 보여준다. 형제들이 동생을 살해하려고 계획을 짜고 노예로 팔며, 아들들이 아버지에게 거짓말을 한다. 이것들은 끔찍한 악이며, 변명이나 정당화의 여지가 없다. 그러나 같은 이야기가 또한 묘사하는 하나님의 선하심은 이 상황을 선한 목적을 위해 사용하고, 생명을 보존하고, 계속적으로 불리한 상황에서도 복을 가져온다. 그리고 무엇보다도 이 내러티브 전체가 인간의 선택과 행동

뒤에 있는 하나님의 주권적인 뜻을 보여주는 것으로 해석된다. 따라서 이 하나의 이야기 속에서 우리는 악의 악함, 하나님의 선하심, 하나님의 주권이 같은 영역에서 작동하는 것을 본다.

요셉이 충격에 빠진 형제들에게 자신의 정체를 알렸을 때, 요셉은 다음과 같은 놀라운 성찰을 표현한다.

> 요셉이 형들에게 이르되 "내게로 가까이 오소서." 그들이 가까이 가니 이르되 "나는 당신들의 아우 요셉이니 당신들이 애굽에 판 자라. 당신들이 나를 이 곳에 팔았다고 해서 근심하지 마소서. 한탄하지 마소서. 하나님이 생명을 구원하시려고 나를 당신들보다 먼저 보내셨나이다. 이 땅에 이 년 동안 흉년이 들었으나 아직 오 년은 밭갈이도 못하고 추수도 못할지라. 하나님이 큰 구원으로 당신들의 생명을 보존하고 당신들의 후손을 세상에 두시려고 나를 당신들보다 먼저 보내셨나니, 그런즉 나를 이리로 보낸 이는 당신들이 아니요 하나님이시라."
>
> _창세기 45:4-8

이 후에 형제들이 여전히 자기들의 처음 범죄가 자기들 머리로 돌아올 것을 (역설적으로 그 범죄에 또 다른 거짓말을 더하면서) 두려워하고 있었을 때, 요셉은 이러한 심오한 신학적 진술로 상황을 요약한다. "요셉이 그들에게 이르되 두려워하지 마소서 내가 하나님을 대신하리이까 당신들은 나를 해하려 하였으나 하나님은 그것을 선으로 바꾸사 오늘과 같이 많은 백성의 생명을 구원하게 하시려 하셨나니"(창 50:19-20).

형제들의 악한 의도와 행위, 또는 그들의 도덕적 책임을 약하게 하는 것은 없다. 그들의 행위는 변명의 여지 없이 악하다. 그러나 하나님의 선하심과 주권은 그들의 의도를 무효화했을 뿐 아니라, 그것을 생명을 구하는 궁극적인 선을 위해 사용하셨다.

하나님이 “악을 선으로 바꾸셨다”거나, 모든 것이 결국 잘됐기 때문에 사실 그렇게 나쁜 것은 아니었다고 생각하지 않는 것이 중요하다. 형제들의 행위는 악했다. 여기에 대해서는 더 말할 여지가 없다. 의도도 악했고, 실행도 악했다. 그러나 하나님은 세상에 존재하는 악을 취해 그것을 자신의 선한 목적을 이루는 데 사용하실 수 있다는 것을 보여주셨고, 이를 통해 자신의 주권을 드러내 보이셨다. 하나님은 여전히 선하시며, 또한 하나님은 여전히 주권적이시다.

세 가지 진리가 모두 십자가에서 수렴된다

십자가에 다가갈 때 우리는 그와 같은 세 가지 위대한 진리들이 탁월하게 작용하고 있는 것을 본다. 이 강력한 조합은 악의 문제에 대한 우리 씨름의 중심에 십자가를 놓는 것이 얼마나 본질적으로 필요한 일인지를 보여준다.

요셉이 그랬던 것처럼, 베드로는 도덕적으로 책임 있는 사람들의 악한 행위들을 하나님의 주권적 지식과 뜻 아래에서 이해하고, 심지어 그 행위를 범한 사람들조차 하나님의 용서를 보게 되는 하나님의 구원하시는 사랑의 선함을 이해함으로써, 십자가에서 벌어진 일을 요약한다.

> 이스라엘 사람들아 이 말을 들으라. 너희도 아는 바와 같이 하나님께서 나사렛 예수로 큰 권능과 기사와 표적을 너희 가운데서 베푸사 너희 앞에서 그를 증언하셨느니라. **그가 하나님께서 정하신 뜻과 미리 아신 대로 내준 바 되었거늘 너희가 법 없는 자들의 손을 빌려 못 박아 죽였으나**, 하나님께서 그를 사망의 고통에서 풀어 살리셨으니 이는 그가 사망에 매여 있을 수 없었음이라.
>
> _사도행전 2:22-24 (라이트의 강조)

잠시 후 베드로는 하나님의 은혜와 용서의 좋은 소식을 제시한다.

"그런즉 이스라엘 온 집은 확실히 알지니 너희가 십자가에 못 박은 이 예수를 하나님이 주와 그리스도가 되게 하셨느니라" 하니라. 그들이 이 말을 듣고 마음에 찔려 베드로와 다른 사도들에게 물어 이르되 "형제들아 우리가 어찌할꼬" 하거늘, 베드로가 이르되 "너희가 회개하여 각각 예수 그리스도의 이름으로 세례를 받고 죄 사함을 받으라. 그리하면 성령의 선물을 받으리니."

– 사도행전 2:36-38

따라서 베드로가 인간의 악함, 하나님의 주권, 하나님의 선하심을 사용해 십자가를 설명하는 이곳에서 세 가지 중심 진리 모두가 요약된다. 첫째로, 십자가는 인간적이고 사탄적인 악의 전적인 심각성을 폭로했다. 증오, 불의, 잔혹함, 폭력, 살인을 통해서 말이다. 이 모든 것이, 그 어떤 정당화나 변명도 없이 예수님께 퍼부어졌다. 예수님은 "악한 사람들"의 손에 의해 죽임을 당하셨다. 십자가에서 악이 최악의 상태로 드러나서 악의 정체와 행위가 알려졌다.

둘째로, 십자가 사건은 영원 전부터 있었던 하나님의 주권적 뜻에 완전히 부합되게 일어났다. 그것은 역사상 가장 위대한 (다른 모든 위대한 순간들의 의미를 밝히고 가능하게 하는) 순간인데, 이를 통해 하나님은 인간들의 분노가 자신을 찬양하게 만드셨다. 자유로운 피조물들의 악한 의도와 행위들을 사랑의 구속이라는 자신의 주권적 목적의 일부분으로 어떻게든 끼워 맞추시면서 말이다.

셋째로, 십자가는 또한 하나님의 전적인 선하심을 표현했는데, 이는 자신을 주시는 사랑으로 자비와 은혜를 부으심 가운데 드러났다. 십자가에서 하나님은 인간적이고 사탄적인 악이 가진 최악의 독침을 뽑으셨고, 그것을 자신의 아들 안에서 자기에게 모으셨다. 이는 그 독침이 가져오는 모든 결과의 심각성을 온전히 감당하시고, 이를 통해 용서를 베푸시기 위해서였다.

이 점에 대해서는 뒤에서 더 논의할 것이다.

십자가, 그리고 역사 속에서의 그리스도의 통치

예수님의 십자가 처형은 역사 속에서 벌어진 사건이다. 그러나 십자가에 달리신 예수님의 다스리심은 역사를 가로지른다. 참으로 하나님은 십자가에 달리신 그리스도를 통해 우주에 대한 주권적 통치를 행사하신다. 이것이 바로 요한이 요한계시록 4-7장을 통해 전하는 놀랍고, 마음을 전율케 하고, 목이 빠지게 하는 환상의 메시지이다. 우리는 이것을 하나로 연결된 전체 환상으로 읽어야 한다. 비록 이 환상이 동떨어지고 상징적인 것으로 보이겠지만, 이것은 우리가 여기서 다루는 문제—인간 역사의 세계 안에 있는 악의 문제—에 매우 밀접하게 연관되어 있다.

요한계시록은 단지 궁극적인 미래에 대한 환상만 보여주지 않는다. 그것은 또한 우리가 살아가는 세상의 숨겨진 실재를 드러낸다. 실제로 벌어지는 일이 무엇인지, 그리고 우리가 그리스도의 주되심을 고백하면서 이 세상 가운데 어떻게 살아가야 하는지를, 요한계시록은 "벗겨서 드러낸다" [uncover, "묵시"(apocalypse)라는 단어의 의미가 이것이다]. 요한이 살았던 세상은 우리가 사는 세상만큼이나 고통, 불의, 악으로 가득한 곳, 로마 제국의 세상이었다. 우리는 이것이 요한계시록 전체의 배경이라는 것을 기억해야 한다.

전망이 보이는 방

요한계시록 4:1에서 요한은 어떤 문을 통해 전망이 보이는 방에 들어가도록 초대된다. 그 전망은 하나님의 관점에서 온 우주를 보는 것이다. 이것이 하나님의 보좌에서 바라본 우리의 세상이다. 요한이 무엇을 보는가? 그것은 동심원들이 하나의 중심 초점 주위를 겹겹이 둘러싸고 있는 것 같은 모습이었다.

- 온 우주의 중심에 있는 하나님의 보좌(4:1-2)
- 각자의 보좌에 앉아 있는, 하나님의 백성 중의 이십사 장로들(4:4)
- 네 생물(4:6-8)
- 셀 수 없이 많은 천사의 무리(5:11)
- 온 창조 세계에 있는 모든 피조물(5:13)

이것이 현실을 하나님의 눈으로 본 광경이다. 여기에는 우리 눈으로 볼 수 있는 세계(사람과 생물들)가 포함되지만, 믿음의 눈으로만 볼 수 있는 세계(천사의 무리)도 포함된다. 요한의 환상은 이 모든 것을 함께 묶으며 이렇게 말한다. "이것이 진짜 세상이다. 하늘과 땅에 있는 모든 것, 과거와 현재와 미래의 모든 것, 온 시공간적인 우주에 있는 모든 것을 보좌에 계신 하나님이 그 보좌로부터 바라보시며 통치하신다. 그리고 그 모든 것이 하나님께 예배하고 찬양하기 위해 존재한다."

모두가 로마를 세계의 중심으로, 로마 황제를 제국의 권력과 통치의 보좌에 앉아 있는 이로 여기는 세상에 살고 있던 당시에, 그때 거기에서 살아가는 누군가에게 이것은 관점을 뿌리째 변혁시키는 세계관, 다시 말해 진정으로 우주적인 세계관이다. 그게 아니라고, 살아 계신 하나님의 보좌가 중심에 있고, 제국과 황제들은 하나님께 찬양하기 위해 바깥 원에 존재하는 피조물 중에 있다고 요한은 말하는 것이다.

어린 양에게 계획이 있다

그런 후에 요한은 우리의 시선을 이 "전망이 보이는 방"에서 돌려, 계획을 가진 어린 양에게로 향하게 한다. 요한계시록 5장이 시작될 때 요한은 보좌

없는데, 어찌 됐든 하나님을 인간의 상상력이 만든 허구 이상의 것으로 생각하지 않기 때문이다. 게다가 그 상상력도 비뚤어진 것이라고 생각한다. 그들의 유일한 문제는 그러한 하나님을 믿는다고 주장하는 사람들을 이해하는 것이다.

그러나 하나님을 신뢰하고 하나님의 본질과 성품에 대한 중요한 사실들을 배운 그리스도인들에게는 진짜 문제가 존재한다. 우리 중 몇몇은 도킨스의 글을 읽을 때 움찔한다. 그 말들이 모욕적이기 때문만은 아니다(모욕적인 것은 맞다). 우리가 정직하다면, 구약성경을 읽으면서 때로는 우리도 같은 것을 생각하기 때문이다. 솔직히 말해서, 성경에서 가장 긴 이야기(구약성경 이스라엘의 이야기)와 성경에서 최소한 예수님 다음으로 가장 두드러진 주인공(구약성경 이스라엘의 하나님 야웨)으로 인한 난처함 때문에 성경에 대한 우리의 믿음이 도전 받는 것은 당혹스럽다(그리고 무엇보다 예수님 때문에 더 당혹스럽다).

아간이나 고라의 경우와 같이, 온 가족에게 끔찍한 벌을 내리시는 하나님을 언급하는 본문들을 어떻게 판단해야 할 것인가? 또는 웃사와 같이 거룩한 물건을 만졌다는 이유로, 아니면 아론의 아들들처럼 잘못된 종류의 제사 불을 드렸다는 이유로 사람을 쳐 죽이는 하나님은 어떤가? 하나님의 분노, 질투, 복수에 대한 언어들을 하나님의 사랑, 자비, 긍휼에 대해 배운 것들과 견주어 어떻게 이해해야 하는가? 이스라엘 사람들이 자기 원수들을 저주하고 그들에게 복수해달라고 하나님께 부르짖었을 때, 그들은 하나님을 어떤 분으로 이해하고 있었던 것인가?

무엇보다도, **가나안 민족에 관해서 어떻게 이해할 것인가?** 이스라엘의 가나안 정복을 종교적인 대량학살이나 인종청소가 아닌 다른 것으로 묘사할 방법이 있는가? 그러한 폭력은 우리가 사랑하고 신뢰하고 이해하고자 갈망하는 하나님과 어떤 연관이 있을 수 있겠는가?

이러한 질문들이 우리에게 불편하게 느껴지는 것은 당연하다.

4장

가나안 정복의 문제 - 세 개의 막다른 골목

구약성경에 있는 온갖 폭력들을 어떻게 이해할 수 있을까? 이것은 문제이고, 우리가 이것을 가지고 씨름하는 것은 옳은 일이다. 우리 자신의 시대나 삶에서 벌어지는 일들 속에서 하나님을 이해하는 것도 때때로 어려운데, 하나님이 구약성경에 기록된 어떤 것들을 말씀하시고 행하시고 명령하신 이유들을 이해하는 게 어려운 것은 당연하다.

사람들은 이 어려움을 경감하기 위해 다양한 방법들을 시도했지만, 우리는 이 장에서 세 가지 방법만 다룰 것이다. 어떤 사람들은 구약성경에 있는 문제들을 그대로 두는 데 만족하면서, 신약성경은 매우 다르고 "바른" 접근법을 제공한다고 상상한다. 어떤 사람들은, 문제는 모두 이스라엘 사람들이 하나님을 원시적으로 이해하고 그에 대해 잘못된 열심을 가진 것이라고 생각한다. 감사하게도 우리는 그들의 실수들을 분별해서 과거의 일로 남겨두고, 좀더 계몽된 길을 걸을 수 있다는 것이다. 그리고 어떤 사람들은 현실세계로부터 자신들의 발을 들어 본문의 표층 위를 떠다닌다. 그러면서 어려움이 훨씬 적은 영적 알레고리와 멋진 도덕적 교훈들의 세계에 발을 디딘는 것이다. 하지만 나는 이 견해들 중 어떤 것도 진짜로 문제를 해결하지 못하며, 그저 전체 성경에 대한 부분적이거나 왜곡된 이해에 그치고 만다고 주장한다.

이것은 구약성경의 문제고, 신약성경은 그 문제를 바로잡았다

아마도 이 난점을 해결하는 가장 쉽고 대중적인 방법은 구약성경과 신약성경 사이에 싸움을 붙이는 것이다. 이 일들은 모두 구약성경에서 발생했고, 감사하게도 우리는 신약성경의 그리스도인들이다. 이제 우리는 하나님이 사실 결코 그런 분이 아니셨든지(비록 원시적인 이스라엘 사람들은 하나님이 그렇다고 상상했지만 말이다), 아니면 하나님이 우리를 다루시는 방식을 근본적으로 바꾸셔서 예수님이 오신 후에 더 좋은 길과 더 충만한 계시를 보여주셨음을 안다.

이런 식의 해결은 성경에 대해 신자와 불신자 모두가 갖는 가장 흔한 오해, 즉 이른바 구약성경의 하나님은 전적으로 불과 유황, 전쟁과 복수, 피와 처벌이었다는 전제와 맥을 같이 한다. 이른바 신약성경의 하나님은 훨씬 괜찮은 분이다. 예수님은 (이 견해에 의하면, 처음으로) 하나님이 우리를 사랑하시고 돌보시고 용납하시고 용서하시며, 우리도 그렇게 하라고 부르신다는 것을 보여주셨다.

이 과정을 통해 우리는 안도감 속에 신약성경으로 주의를 돌리면서 구약성경에 대한 당혹감을 극복한다. 아마도 우리 생각에 구약성경에 나온 어떤 것들을 하나님이 그 당시에는 꼭 하셔야만 했지만, 이제 그분이 실제로는 다른 방식으로 일하시기를 더 좋아하신다는 것을 예수님이 보여주셨다. 그래서 우리는 신약성경이 구약성경을 무효화하고 구약성경의 가장 불쾌한 부분들을 역사의 (그리고 신학의) 휴지통에 넣는 일을 하도록 허락한다.

그러나 이것은 세 가지 이유로 도움이 되지 않는다. 첫째, 구약성경도 신약성경만큼이나 하나님의 사랑과 긍휼에 대해 많이 말한다. 둘째, 신약성경도 구약성경만큼이나 많이 (그리고 사실은 구약성경보다 더 많이) 하나님의 분노와 심판에 관해 말한다. 셋째, 예수님과 신약성경의 저자들은 (구약성경의 이야기를 넘어서면서도) 구약성경의 이야기들을 곤란해하지도, 거부하거나 교정하려고 하지도 않는다.

이것들을 차례로 살펴보자. 그렇게 하는 가운데, 우리는 단지 구약성경을 거부하기 위해 신약성경을 사용하려는 것이 실제로는 성경에 대한 피상적이고 왜곡된 견해임을 알게 될 것이다. 그럼에도, 우리가 5장에서 보게 되겠지만, 그리스도의 오심과 삶, 가르침, 죽음, 부활에 비추어 구약성경을 넘어서도록 신약성경이 우리를 부르는 방식들이 있다. 그러나 먼저, 이 견해 안에 있는 오해들을 바로잡아보자.

구약성경과 하나님의 사랑

이른바 구약성경의 하나님이 누그러지지 않은 분노와 폭력을 대표한다는 (제2부의 서론에서 인용한 리처드 도킨스의 말에 뚜렷하게 요약된) 대중적인 생각은 구약성경에 있는 가르침의 엄청난 분량을 무시하는 것이다. 이 구약성경의 가르침은 대중의 의식에 파고드는 길을 전혀 찾지 못했거나, 지배적인 편견에 의해 걸러진 것 같다. 여기 몇 개의 예만 들어보자.

아브라함은 악한 도시였던 소돔과 고모라를 위해 하나님께 탄원하면서, 하나님이 자기가 기대했던 것보다 훨씬 더 자비로우실 의향이 있음을 알게 되었다. 하나님은 소수의 의로운 사람을 위해—그들을 찾을 수만 있다면, 비록 그렇게 할 수 없었던 것이 분명해 보이지만—도시 전체를 살려두기를 너무나 열망하고 계셨다. 하나님의 정의에 대한 아브라함의 확신은 하나님의 정의에 자비가 담겨 있다는 그의 인식과 짝을 이루었다(창 18장).

모세는, 자기 백성에 대한 하나님의 분노를 말하는 내러티브에서조차, 하나님이 자신의 이름과 성품을 이런 표현들로 선언하시는 것을 듣는다.

> 여호와라, 여호와라. 자비롭고 은혜롭고 노하기를 더디하고 인자와 진실이 많은 하나님이라. 인자를 천대까지 베풀며 악과 과실과 죄를 용서하리라. 그러나 벌을 면제하지는 아니하고 아버지의 악행을 자손 삼사 대까지 보응하리라.
> _출애굽기 34:6-7

이것은 성경에 나오는 하나님의 성품에 대한 정의들 중에 가장 오래됐고 보편적인 것에 속한다. 그리고 이것은 하나님의 성품의 "무게"가 긍휼, 은혜, 사랑을 향해 있음을 분명히 보여준다. 사랑은 "넘치고" 진노와 벌은 "더디다." 사랑은 천 대를 가지만 벌은 "삼사 대"를 간다.[1)]

시편 기자들은 악한 자들에 대한 하나님의 진노를 충분히 잘 알았다. 그러나 그들은 하나님의 긍휼, 용서, 사랑, 은혜, 관대하심에 가장 열중했다. 구약성경의 하나님을 전적으로 분노와 폭력으로만 생각하는 사람들은 이런 본문들을 읽어보기는 했을까?

> 여호와는 긍휼이 많으시고 은혜로우시며
> 　노하기를 더디 하시고 인자하심이 풍부하시도다.
> 자주 경책하지 아니하시며
> 　노를 영원히 품지 아니하시리로다.
> 우리의 죄를 따라 우리를 처벌하지는 아니하시며
> 　우리의 죄악을 따라 우리에게 그대로 갚지는 아니하셨으니,
> 이는 하늘이 땅에서 높음 같이
> 　그를 경외하는 자에게 그의 인자하심이 크심이로다.

동이 서에서 먼 것 같이
　우리의 죄과를 우리에게서 멀리 옮기셨으며,
아버지가 자식을 긍휼히 여김 같이
　여호와께서는 자기를 경외하는 자를 긍휼히 여기시나니,
이는 그가 우리의 체질을 아시며
　우리가 단지 먼지뿐임을 기억하심이로다.
_시편 103:8-14

주님은 모든 만물을 은혜로 맞아 주시며,
　지으신 모든 피조물에게 긍휼을 베푸신다.…
…•주님이 하시는 말씀은 모두 다 진실하고,
　그 모든 업적에는 사랑이 담겨 있다.…
주님이 하시는 그 모든 일은 의롭다.
　주님은 모든 일을 사랑으로 하신다.
_시편 145:9, 13, 17 (새번역).

예레미야와 호세아 모두 이스라엘의 악함에 대한 하나님의 분노에 관해 강경한 말들을 했지만, 자기 백성을 자신의 따스한 품으로 돌아오게 이끄시는 하나님의 사랑에 대해서는 더욱 감동적인 말들을 했다. 그들은 용서와 회복의 대가를 기꺼이 지불하려는 하나님의 자기희생적인 사랑에 관해 말한다.

• 13b절은 하나의 마소라 사본, 사해 사본, 칠십인역, 시마리아어역에 있는 구절인데, 크리스토퍼 라이트가 인용한 TNIV에도 이 구절이 있다—옮긴이.

내가 영원한 사랑으로 너를 사랑하기에
　인자함으로 너를 이끌었다.
_예레미야 31:3

"에브라임은 나의 사랑하는 아들
기뻐하는 자식이 아니냐?
내가 그를 책망하여 말할 때마다
깊이 생각하노라.
그러므로 그를 위하여 내 창자가 들끓으니
내가 반드시 그를 불쌍히 여기리라."
　여호와의 말씀이니라.
_예레미야 31:20

여호와께서 내게 이르시되 "이스라엘 자손이 다른 신을 섬기고 건포도 과자를 즐길지라도 여호와가 그들을 사랑하나니, 너는 또 가서 타인의 사랑을 받아 음녀가 된 그 여자를 사랑하라."
_호세아 3:1

에스겔은 아마도 모든 예언자들 가운데 이스라엘의 죄를 가장 충격적으로 적나라하게 묘사했던 선지자였을 것이다. 그러나 그는 사랑하시는 하나님 자신의 마음에 기초해서 회개를 촉구하는 가장 통렬한 복음적 호소를 통해 그 묘사의 균형을 잡는다.

주 여호와의 말씀이니라. "나의 삶을 두고 맹세하노니 나는 악인이 죽는 것을 기뻐하지 아니하고 악인이 그의 길에서 돌이켜 떠나 사는 것을 기뻐하노라. 이스라엘 족속아, 돌이키고 돌이키라. 너희 악한 길에서 떠나라. 어찌 죽고자 하느냐?"
_에스겔 33:11

신명기는 가나안 정복이 예견되고 그것을 명령하는 바로 그 책인데도, 하나님의 사랑에 대한 가장 분명한 가르침 몇 가지가 바로 여기에 나온다. 그런데 그 사랑은 하나님 자신의 백성인 이스라엘뿐만 아니라(신 7:8-9), 보편적인 의미에서 가난한 사람들을 향한 것이기도 하다(신 10:17-18).

그러므로 우리는 이 문제를 그저 증오에 찬 구약성경의 하나님 특유의 문제라고 말하며 처리해버릴 수 없다. 구약성경은 야웨를 은혜롭고 자비로우시다고 정의하며, 하나님의 용서하시는 사랑에 대해 가르칠 뿐 아니라 그 사랑을 이해하고 그 사랑에 호소하기 위한 표현들까지 우리에게 제공하기 때문이다.

신약성경과 하나님의 진노

그러나 우리는 동전의 다른 면을 살펴야 한다. 신약성경이 오직 사랑의 하나님에 대해서만 말한다는 것이 사실인가? 신의 진노와 징벌이라는 모든 개념들은 이제 설 자리를 잃어버렸는가? 결코 그렇지 않다.

사실은 이렇다. 예수님은 지옥에 대해서 신약성경의 다른 어떤 누구보다 더 많이 말씀하셨다. "지옥"(hell)은 보통 그리스어 '게헨나'(*gehenna*)의 번역인데, 이것은 예루살렘 바깥에 있던 쓰레기 소각장을 가리키는 유대 용어였다. 이 단어는 단 12번 사용되었는데, 그중에 11번을 회개하지 않은 악한 자들의 운명에 대한 은유로 예수님이 복음서에서 사용하셨다. 그러나 예수님은 또한 심판의 날(마 10:15), 영원한 불(25:41), 굉장한 후회(13:40-42), 바깥 어두움(22:13), 괴로운 투옥(18:34)에 관한 가장 냉정한 경고들을 말씀하셨다. 이 언어들은 사랑이 담긴 경고로 예수님에게서 나온 것이지만, 예수님이 죄에 대한 하나님의 진노를 얼마나 심각하게 이해하셨는지 보여준다.

복음서 외의 다른 신약성경 저자들은 하나님의 심판을 하나님의 구속하시는 사랑에 관한 좋은 소식을 이해하도록 하기 위해 필요한 끔찍한 정황으로 생생하게 묘사한다. 바울은 그것을 로마서 1:18-2:16의 충격적인 논리로 설명한다. 야고보와 베드로 둘 다 단호하다(약 2:13; 벧전 4:17; 벧후 2-3장). 요한계시록은 사용 가능한 모든 구약성경의 심상을 동원하여 모든 악한 것과 회개하지 않고 지속적으로 악을 행하는 모든 사람들의 최종적인 폭로, 패배, 파멸을 묘사한다. 실제로 만일 우리가 구약성경과 신약성경을 비교하는 것에 대해 생각해본다면, 히브리서 저자는 하나님의 심판이 구약성경의 율법에 규정된 징벌보다 훨씬 더 끔찍할 것이라고 말한다!

> 우리가 진리를 아는 지식을 받은 후 짐짓 죄를 범한즉 다시 속죄하는 제사가 없고, 오직 무서운 마음으로 심판을 기다리는 것과 대적하는 자를 태울 맹렬한 불만 있으리라. 모세의 법을 폐한 자도 두세 증인으로 말미암아 불쌍히 여김을 받지 못하고 죽었거든, 하물며 하나님의 아들을 짓밟고 자기를 거룩하게 한 언약의 피를 부정한 것으로 여기고 은혜의 성령을 욕되게 하는 자가 당연히 받을 형벌은 얼마나 더 무겁겠느냐? 너희는 생각하라. "원수 갚는 것이 내게 있으니 내가 갚으리라" 하시고 또 다시 "주께서 그의 백성을 심판하리라" 말씀하신 것을 우리가 아노니, 살아 계신 하나님의 손에 빠져 들어가는 것이 무서울진저.
>
> _히브리서 10:26-31

따라서 신약성경이 이스라엘의 화내는 신이라는 어느 정도 원시적인 인식을 뒤로 하고, 그 대신 기독교식의 사랑하는 친절한 하나님이라는 좀 더 적합한 견해를 취했다는 것은 틀린 것에 불과하다. 참으로 존 웬햄(John

Wenham)이 표현했듯이, 구약성경이 주로 역사적인 "현재의 삶"(this-life)의 관점을 가졌다면, 신약성경은 그것을 넘어서 하나님의 심판에 관해 대체로 영원의 측면에서 말한다.

> 이것을 본질적으로 구약성경의 문제로 여기고, "피에 굶주린" 구약성경을 "온화한" 신약성경과 대조시키는 것은 잘못된 것이다. 그 현상이 신약성경보다는 구약성경에서 좀더 노골적일 수 있을지는 모른다. 그러나 구약성경과 신약성경 중에서 신약성경이 더 끔찍하다. 구약성경은 현세적인 심판 너머의 것들에 관해서 거의 말하지 않지만… 복음서의 인자(Son of man)는 영원한 형벌을 선언하시기 때문이다.[2)]

신약성경은 구약성경의 이야기들을 받아들인다

신약성경을 (최소한 구약성경의 이야기들과 관련해서) 구약성경과 대립시키는 것이 도움이 되지 않는 세 번째 이유는, 신약성경 자체가 결코 그렇게 하지 않기 때문이다. 물론 예수님의 가르침은 구약성경을 능가한다. 그렇다. 그분은 옛 포도주 부대에 담을 수 없는 새 포도주를 가져오셨다. 그러나 예수님이나 신약성경의 저자 중 어느 누구도 구약성경에 있는 하나님의 말씀이나 행동을 비판하거나, 그 이야기들이 그들 자신의 정황(context)에서 부도덕하다고 암시하지 않았다. 오히려 몇몇 공포스러운 이야기들이 믿음에 대한 히브리서 11장의 교훈들에 포함되기까지 했다(이 사실이 그들 중 몇몇이 행한 악한 행위를 덮어주는 것은 아니다. 믿음의 본보기인 사람들 또한 많은 측면에서 죄인들이며 실패자들이었다). 다른 것들은 본보기와 경고들로 상기된다. 홍수(마 24:36-41; 벧후 3:3-7), 소돔과 고모라(마 10:15, 11:23-24), 고라(유 11절), 광야의 전염병(고전 10:6-10), 그리고 심지어 정복 자체(히 11:31)가 그런 것들이다. 이 모든 경우에, 구약성경에 나오는 하나님의 역사적이고 현세적인 심판들은 앞으로 다가올 더욱 끔찍한 심판에 대한 사례 연구와 경고로 사용된다. 신약성경은 또한 하나님의 질투와 원수 갚음에 관해 가르치며(롬 12:19; 고전 10:22), 가장 심각한 저주를 말하기도 한다(고전 16:22; 갈 1:9).

그러므로 이 문제를 이해하려고 씨름하면서, 신약성경을 구약성경과 대립되게 하는 것은 결코 도움이 되지 않는다는 데는 최소한 동의하자. 물론 하나님의 자기계시가 가진 역사적 차원을 고려해야 한다. 하나님이 예수 그리스도를 통해 말씀하셨고 행하셨던 것의 최종적인 성격과 비교하는 것처럼, 신약성경이 구약성경을 예비적인 혹은 잠정적인 위치에 놓는 여러 방식들이 있다. 그러나 어려운 문제들을 "오, 그러나 그건 구약성경에 나올 뿐이야"라는 성의 없는 말로 비켜갈 수는 없다. 만일 그렇게 한다면, 우리는 구약성경뿐만 아니라 신약성경도 오해하는 잘못을 범하는 것이다.

이스라엘 사람들은 그것을 하나님의 명령이라고 생각했지만, 그들이 틀린 것이다

구약성경에 나오는 폭력의 문제를 "피해 가는" 다른 방법은, 하나님을 그 문제로부터 완전히 분리시키는 것이다. 가나안 사람들을 공격하여 쫓아낸 후 그들의 땅을 차지한 것은 다름 아닌 **이스라엘 사람들 자신**이었다. 그것은 그들의 관점에서 필연적인 행동이었다. 어디에선가 살아야지, 광야에서 무한정 생존하는 것은 거의 불가능했을 것이기 때문이다. 그래서 그들은 가나안 사람들을 먼저 정복하고 그 후에 너무나 자연스럽게 그것을 자신들의 하나님 야웨의 뜻으로 합리화했든지, 아니면 그러한 행동을 하는 것이 야웨의 뜻이자 명령이라고 먼저 믿었을 것이다. 어떤 방식이든, 정복을 "명령하시는 하나님"에 관한 모든 발언은 이스라엘 사람들 스스로의 이해에서 나온 것이지, 실제로는 하나님 자신으로부터 나오지 않았다. 그들은 하나님이 명령하셨을 것이라고 생각했던 것을 행했다. 그러나 그들은 틀렸다.

이 "해결책"이 깔끔한 것은, 이제 가나안 사람들을 살육한 것에 대해 하나님이 아니라 이스라엘 사람들을 탓할 수 있게 되었기 때문이다. 하나님은 단지 이스라엘 사람들에 의해 연루되었을 뿐이기 때문에, 우리가 그들의 해석을 받아들일 필요는 없다.[3)]

처음 보기에 이 접근은 어느 정도 성경적인 지지를 받는 것처럼 보인다. 어떤 것이 하나님이 원하셨던 것이라고 생각했지만 나중에 그것이 잘못된 생각이었다는 것을 깨닫게 되는 경우들이 구약성경에는 분명히 있다. 때로는 이것이 본문에 다소 모호하게 나오기도 한다. 예를 들어, 아마도 모세가 옳은 일이라고 생각했기 때문에 이집트 사람을 죽였고 결국 목숨을 위해 도망치게 되었을 때처럼 말이다. 그러나 때때로 하나님은 하나님의 생각에 대한 잘못된 해석을 명시적으로 교정해주신다. 나단이 다윗에게 그가 성전을 건축하려는 것에 대해 하나님이 기뻐하신다고 말했지만, 결국 바로 그날 밤 하나님이 그의 잘못된 이해를 고치셨던 때처럼 말이다(삼하 7:1-4). 게다가 누군가 자신이 하나님의 명령에 따라 행동한다고 생각했을 때조차, 하나님이 과도한 폭력을 책망하신 예들이 구약성경에 있다. 예를 들어, 예후가 엘리사에게 기름 부음을 받을 때 아합과 이세벨의 배교한 가문을 멸하라는 명령이 내려졌다(왕하 9:6-10). 예후는 아합 가문을 피바다로 만들고 바알의 모든 제사장들을 멸절시켰다. 이후에 호세아는 이 행동을 비난했다(호 1:4).

따라서 우리는 이러한 견해, 즉 이스라엘을 비난하고 하나님의 손을 깨끗하게 지키는 것이 어느 정도 정당하다고 생각할 수 있다.

그러나 다시금 이것은 문제를 진정으로 해결하지 못한다. 첫째, (앞에서 언급된 개별적인 경우들처럼) 사람들이 오해했을 때 하나님이 자신의 뜻에 대한 잘못된 해석을 교정하시는 것에 대한 기록을 구약성경은 포함하고 있다. 만일 가나안 정복이 실제로 하나님의 뜻을 그렇게 엄청나게 오해해서 잘못 해석한 것이었다면, 우리는 성경의 어디에선가 뭔가 교정하는 말을 분명히 읽을 수 있었을 것이다. 만일 구약성경 자체 안에서가 아니라면(다른 교정들은 구약성경 안에 나온다), 최소한 신약성경에서라도 말이다. 그러나 아무것도 없다. 성경 어디에도 이스라엘 사람들이 하나님의 뜻을 오해한 믿음에 근거해서 가나안 땅을 차지했다고 암시하는 단서는 없다. 반대로, 출애굽 세대가(민수기 14장에 나오는 것처럼, 가데스 바네아에서 크게 반역해서) 가나안 땅으로 바로 진격해서 정복하기를 **거절**한 것과 다음 세대들이 그 임무를 제대로 완수하는 데 **실패**한 것을 하나님의 뜻에 대한 **불순종**으로 여기며 비난한다(시 106:24-35).

그러나 이 견해의 주된 문제는, 성경 어디서도 결코 정복을 엄청난 실수로 말하지 않는다는 사실에 있다. 반대로 정복은 예측되고 명령되고 성취되고 기억된다. 하나님의 뜻을 이룬 무언가로 말이다.

하나님은 아브라함에게 약속하시면서 가나안 땅을 그의 자손들에게 주겠다고 하셨다(창 15:18-21). 그렇게 정복은 아브라함 언약과 연결되어 있다. 하나님은 이집트에 있는 이스라엘 사람들에게 그들을 압제에서 구해내실 뿐만 아니라, 아브라함에게 약속하셨던 땅으로 데리고 들어가실 것이라고 약속하셨다(출 6:6-8). 따라서 정복은 출애굽 구원과 연결되어 있다. 하나님은 이스라엘에게 그 땅에서 펼쳐질 미래의 삶에 대한 약속과 경고들을 주셨는데, 그것은 하나님의 율법에 대한 그들의 반응에 달려 있었다(신명기를 보라). 따라서 정복은 시내 산 언약과 연결되어 있다.

여호수아서는 이스라엘 사람들을 위해 싸우시고 그들에게 그 땅을 주신 분이 야웨 자신이셨다고 말하면서 정복 이야기를 마친다(수 23:3-5, 9-10). 시편 기자들은 정복이 진정 사람의 손이 한 일이 결코 아니고 하나님의 능력이었다고 확언한다(시 44:1-3). 선지자들은 정복을 하나님의 위대한 행위들 중의 하나로 보았기 때문에, 그것을 이스라엘이 감사하지 않는 것을 고발하거나(예를 들어, 암 2:9), 이스라엘을 하나님과의 회복된 언약 관계로 돌이키도록 호소하는 데(예를 들어, 호 2:14-15) 사용했다. 심지어 신약성경에서조차, 스데반과 바울 모두 정복을 분명히 하나님의 주권 행위로 언급했다(행 7:45; 13:19).

따라서 정복은 성경에서 전개되는 하나님의 전체 계획 안에 굳건히 자리하고 있다.

가나안에 대한 공격이 하나님의 명령에 대한 순종의 문제라고 모세와 여호수아가 (잘못) 생각했고, 그래서 자기들이 정복에 성공하는 것이 하나님 자신의 승리라고 상상한 것이 진실했지만 심각한 판단 오류를 범한 것이었다고 단순히 말해서는 안 된다. 만일 그들이 정복에 대해 그렇게 잘못 인식했다면, 정복에 대해 말하고 기록한 구약성경의 다른 사람들도 모두 잘못된 것이어야 했다. 성경 역사의 큰 흐름에서 정복만을 수술하듯이 제거할 수는 없다. 성경 이야기의 다른 모든 부분은 하나님의 주권적 뜻 안에 그대로 남겨두면서, 정복은 그저 망상에 빠진 전사들의 피비린내 나는 행동이었을 뿐이라고 말할 수 없다. 최소한 성경을 전체로서 진지하게 다룬다면 그럴 수는 없는 것이다.

정복 이야기는 영적 전쟁에 대한 알레고리를 보여주려는 것일 뿐이다

마지막으로, 우리는 많은 설교자들이 구약성경의 거슬리는 것들을 회피하기 위해 사용하는 현란한 발놀림의 도움을 언제든 청할 수 있다. 솔직히 말해서, 우리 중 많은 이들이 구약성경을 혼자서 또는 성경공부 모임에서 읽을 때 같은 것을 한다. **우리는 언제나 구약성경 어디로부터든지 영적인 교훈을 얻을 수 있다**. 구약성경은 단지 큰 이야기책이고, 우리는 거기서 영적인 진리들을 배워야 하는 것이다. 예수님, 천국, 그리스도인의 삶과 같은 것들에 대해서 말이다. 예를 들어, 출애굽은 하나님이 죄의 노예 상태에서 우리를 풀어주시는 그림이 될 수 있고, 광야는 우리의 영적 순례에서 겪는 시험과 유혹들에 대한 그림이 될 수 있고, 정복은 사탄이나 어둠의 영적 무리들과 벌이는 전투에 대한 그림이 될 수 있다. 이런 식으로 "땅을 정복하기", "칼로 공격하기", "요새를 무너뜨리기" 등의 언어는 모두 세탁되어 영적인 권고를 위해서, 심지어 신나는 행진곡 풍의 박력 있는 노래들을 만들기 위해서도 사용될 수 있다.

여기서 나는 그러한 영적인 해석(spiritualizing)을 완전히 무시해버리고 싶지는 않다. 분명히 성경 자체도 성경의 위대한 내러티브들을 경고, 격려, 도전, 소망의 목적을 위해 사용한다. 그렇다. 하나님의 대적을 물리치는 것에 대한 표현이 분명히 구약성경과 신약성경 모두에서, 인간이나 사탄의 적대 행위에 직면한 신자들에게 힘을 주기 위해 사용되었다. 더욱이 신약성경은 구약성경의 전쟁 언어들을 사용하여 그리스도를 통한 하나님의 궁극적 승리, 즉 그분의 십자가와 부활을 통해서 이루어졌으며 그분의 최종적인 우주적 통치에서 실현될 승리를 묘사한다. 거기에 더해, 가나안 족속의 멸망은 성경에서 끔찍한 최후 심판을 가리키는 몇 개의 역사적 표지 중 하나로 사용되었다. 하지만 우리는 구약성경의 내러티브들을 이런 식으로 영적으로 사용한 것이 이차적이고 파생적이라는 사실을 반드시 기억해야 한다. 그것들의 일차적인 형태는 분명히 역사적 내러티브다. 다른 말로 하면, 우리는 여기서 알레고리(allegory, 풍유)를 다루는 것이 결코 아니다.

알레고리는 전적으로 허구적인 내러티브로서, 어떤 영적인 진리 혹은 사실을 설명하는 것을 일차적인 목적으로 해서 의도적으로 그리고 의식적으로 창조되고 기록된다. 영적인 진리가 일차적이고, 알레고리의 내러티브 내용은 이차적이다. 『천로역정』을 읽는 사람은 존 버니언이 그리스도인의 삶의 "여정"에 관한 영적 교훈들을 가르치고 있음을 알지만, 이야기 자체는 전적으로 그의 상상력에서 나왔고 보통의 사실적 역사의 가능성은 전혀 없음도 알고 있다. 그러나 이스라엘 사람들이 가나안을 정복한 현실적인 내러티브들을 읽을 때, 우리는 그것이 알레고리가 아니라 꾸밈없는 기록, 즉 팔레스타인의 토양 위에서 벌어진 사건들에 대한 묘사로 받아들여지기를 필자가 독자에게 바라는 것을 안다. 이야기에 나오는 사람들은 알레고리적인 허구가 아니라 역사적인 존재들로 제시된다. **알레고리적인 이스라엘 사람들이 공격한 것도 아니고, 알레고리적인 가나안 족속이 죽은 것도 아니다.**

따라서 우리가 정복 내러티브에서 어떤 영적 교훈들을 가져오기로 선택하든지 (그리고 성경이 보여주는 많은 교훈들이 있지만) 그 이야기 자체가 가진 이 땅에 속한 현실성이 여전히 우리에게 남기 때문에, 그 이야기가 우리 마음에 야기하는 문제를 바라보는 더 나은 방법들이 필요한 것이다. 다음 장에서 우리는 이 문제를 다루는 데 더 유용한 틀이 있는지 살펴볼 것이다.

---

1) 여기서 "수천"(thousands)은 아마도 신명기 7:9-10에서 분명히 하는 것처럼 "수천 세대"를 의미할 것이다(한글 번역은 영어 thousands를 "천대"라고 의미를 살려 번역했다—옮긴이). 사실상 무한하게 인간 역사 내내 흐르는 하나님의 신실한 사랑과 그분의 심판 행위가 지닌 일시적인 성격이 대조된다. 대부분의 이스라엘 가족들은 3대로 구성되어 있었으며, 어떤 경우에는 4대가 함께 살았을 것이다. 만일 가장이 죄(특히 제2계명을 범하는 우상 숭배)를 범하면 온 가족이 영향을 받는다. 하나님의 형벌은 유사하게 온 가족에게 영향을 준다. 이것은 하나님의 심판 원리지, 인간 법정을 위한 것이 아니다(신 24:16을 보라).

2) John W. Wenham, *The Goodness of God* (Leicester: InterVarsity Press, 1974), 16-17.

3) 이 견해는 C. S. Cowles가 그의 글 "The Case for Radical Discontinuity", in Stanley N. Gundry, ed., *Show Them No Mercy: Four Views on God and Canaanite Genocide* (Grand Rapids: Zondervan, 2003), 13-44에서 강력하게 설명했다.

5장

가나안 정복의 문제 - 세 가지 틀

우리는 4장에서 가나안 정복 문제에 관한 몇 가지 일반적인 접근법들을 보았다. 하지만 아무것도 진정으로 만족스럽지 않았다. 그렇다면 이제 어떤 말을 할 수 있는가? "해결책"은 전혀 없는가?

나는 구약성경을 가르치는 사람으로서 이 문제를 가지고 여러 해 동안 씨름했는데, 이제는 그러한 "해결책"은 나오지 않을 것 같다는 견해에 이르고 있다. 성경의 이 부분에는 내가 하나님과 그분이 행하시는 방식들에 대해 이해하지 못하는 것을 담는 바구니에 포함해야만 하는 것들이 있다. 문득 "하나님, 주님의 계획들을 이루시기 위해 뭔가 다른 방법을 찾으셨더라면 좋았을 텐데요"라고 생각하는 나 자신을 발견하기도 한다. 성경과 관련해 이렇게 바라는 것이 잘못된 것임을 알면서도, 이 내러티브가 성경에 전혀 없었더라면 하고 바라는 때도 있다(보통 이 문제에 관한 질문들로 집중포화를 당한 후에 그렇다). 하나님은 자신이 무엇을 하고 계신지 아셨다. 그 사건들 자체 속에서, 그리고 우리에게 주신 그 사건들에 대한 기록 속에서 말이다. 그러나 이 문제는 여전히 어렵다.

그럼에도 불구하고, 가나안 족속의 진멸 문제를 다루고 그에 관해 최소한 몇 가지를 성경 전체가 말하는 것에 비추어 이해하는 데 분명 도움이 되는 몇 가지 고려사항들이 있다. 나는 먼저 내가 이 장에서 독자들과 나누려고 하는 논점들이 진정한 "해결책들"은 아니라는 사실을 말해야만 한다. 다시 말해, 정복 내러티브들이 만들어내는 정서적이고 도덕적인 고통과 혐오감을 그 고려사항들이 깨끗이 제거하지 않는다. 그러나 나는 이 관점들이 나 자신의 신앙에 도움이 된다는 것을 알았고, 또한 당신에게도 도움이 되기를 바라면서 전달하려는 것이다.

우리가 가진 문제 중 하나는 종종 우리가 이 이야기 또는 이 이야기의 끔찍한 조각 한 부분을 **따로 떼어** 읽고, 그런 후에 그것에 대한 어떤 의미나 정당화, 또는 변명을 찾으려고 한다는 것이다. 그러나 우리가 정말로 해야 하는 것은 성경의 모든 부분을 다룰 때 하는 것, 즉 **그것을 성경 전체의 더 넓은 틀 안에 놓는 것**이다. 우리가 어떤 성경 본문을 읽든지 그렇게 하는 습관을 가져야 하고, 여기서는 그렇게 하는 것이 더욱더 중요하다.

따라서 우리는 정복을 조망하는 데 도움을 주는 세 가지 틀을 살펴볼 것이다. 이 틀들은 정복을 "고상하게" 만들거나 정복이 야기하는 온갖 고약한 질문들을 제거하는 방식으로가 아니라, 정복을 최소한 하나님과 그분이 행하시는 방식들에 관해 우리가 아는 나머지 것들과 연결시키는 데 도움을 주는 방식으로 조망하는 데 도움을 줄 것이다. 우리는 정복 내러티브를 구약성경 이야기의 틀 안에서, 하나님의 주권적 정의의 틀 안에서, 그리고 하나님의 구원 계획 전체의 틀 안에서 볼 필요가 있다.

구약성경 이야기의 틀

가나안 정복은 분명 구약성경의 일부다. 지금 나는 앞 장에서 말한 것을 갑자기 잊어버리지 않았다. 그것이 구약성경 안에 있다는 사실을 지적하는 것은 그 점을 이유로 해서 가나안 정복을 무시해버리기 위해서가 아니다. 오히려 우리는 정복을 (제네바 협정의 기준에 의해서가 아니라) 고대 근동문화의 맥락 안에서, 그리고 그것이 실제로 일어난 제한된 역사의 범위 안에서 (즉 정복을 구약성경 전체의 이야기로 확대하지 않고) 이해해야 한다.

고대의 전쟁 문화와 수사

무엇보다 먼저, 정복 이야기들에 묘사된 종류의 전쟁을 "거룩한 전쟁"(holy war, 성전; 이 용어는 성경에서 전혀 사용되지 않는다)이라고 불러서는 안 된다. 그것은 "야웨의 전쟁"으로 불린다. 즉, 그것은 이스라엘의 하나님이 그들의 대적에 대해 승리하신 전쟁이었다.

야웨의 전쟁이 가진 주요 특징은 야웨가 (인간 군사지도자보다도 높은) 최고 사령관으로 기능하시면서 전쟁을 재가하시고, 대적하는 인간 군대의 규모와 상관없이 혹은 (어떤 경우에는) 이스라엘 사람들이 전혀 싸울 필요 없이, 야웨가 그 결과를 보장하셨다는 것이다. 적들은 단지 이스라엘만의 적이 아니라 야웨의 적이었다.

그런 맥락 속에서 **헤렘**(*herem*; 혹은 "금지")이라는 개념이 사용되었다. 이것은 공격받은 모든 것, 즉 사람, 동물, 물질이 하나님께 완전히 드려진다는 것을 의미했다. **헤렘**이 선언된 전투나 전쟁에서는 이스라엘 사람들에게 아무런 물질적 이익이 없었다. 약탈이 허용되지 않았기 때문이다. 그러나 구약성경의 내러티브들이 보여주는 것에 따르면 **헤렘**의 규정은 다양했다. 어떤 경우에는 여자와 아이들은 남겨두었고(민 31:7-12, 17-18; 신 20:13-14; 21:10-14), 어떤 경우에는 가축들을 취할 수 있었다(신 2:34-35). 그러나 가나안 땅에 살고 있는 민족들의 경우에는 완전한 진멸이 일반적인 규정이었다.

여기서 우리는 이스라엘의 **헤렘** 행위 자체가 이스라엘에만 있는 독특한 것이 아니었음을 알아야 한다. 그 당시 다른 민족들로부터 나온 문서들은 다른 곳에서도 그러한 완전한 진멸이 전쟁에서 행해졌거나, 아니면 적어도 자랑스럽게 선언되었음을 보여준다. 그러나 우리가 또한 인식해야 하는 것은, 전쟁의 언어에는 완전히 승리했다는 것과 적을 완벽히 쓸어버렸다는 것을 절대적이고 보편적으로 주장하기를 선호하는 관습적인 수사(rhetoric)가 있었다는 것이다. 그러한 수사들은 종종 땅 위의 현실을 넘어섰다.

물론 이것이 문제를 제거하지는 않는다. 어찌됐든 현실은 여전히 끔찍했기 때문이다. 그러나 이것은 "살아 숨쉬는 모든 것"을 진멸했다는 묘사가 반드시 문자적인 의미를 의도했던 것이 아닐 수 있다는 사실을 허용할 수 있도록 해준다. 심지어 구약성경 안에서조차 이러한 현상은 인지되고 받아들여졌다. 그래서 예를 들어, 여호수아서에서 **모든** 땅이 정복되고, **모든** 왕들이 패배하고, **모든** 사람들이 (라합 같은) 생존자 없이 진멸되었다는 기록(예를 들어, 수 10:40-42, 11:16-20)을 우리가 읽지만, 이것은 수사적 과장으로 의도된 것이 분명해 보인다. 왜냐하면 사사기는 (그 최종 편집자는 의심할 바 없이 여호수아의 이 기사들을 알고 있었지만) 그 땅의 거주민들을 정복하는 과정이 완결되지 않았고 상당한 시간 동안 계속되었다는 것과 많은 가나안 원주민들이 계속해서 이스라엘 사람들과 함께 살았다는 것을 우리에게 말하면서 어떤 모순도 느끼지 않기 때문이다. 소규모의 가나안 왕국들에 있던 작은 요새화된 도시들과 같은 핵심 군사 중심지들은 완전히 파괴되었다. 그러나 분명히 **모든** 사람이, 또는 모든 사람과 같은 어떤 것이, 실제로 여호수아에 의해 진멸된 것은 아니었다.

그러므로 구약성경 자체 안에서도 수사적 일반화는 정확히 분별된다. 따라서, 해야 한다고 명령된 것이나 행해졌다고 기록된 것에 대한 도표와 같은 묘사를 우리가 읽을 때, 이런 수사적 요소들을 허용할 필요가 있다. 이것은 성경 저자들이 거짓을 기록했다고 비난하려는 것이 아니라, 전쟁 기록의 문학적 관습들을 인식하려는 것이다.

"헤렘"을 좀더 숙고하기

헤렘과 "야웨의 전쟁"에 관해 생각해볼 것이 하나 더 있다. 비록 나의 이러한 숙고가 어떤 결론으로 나아갈지 전혀 확신하지 못한다는 것을 고백하면서도 말이다. 우리가 하나님에 관해 완전히 이해하지 못하는 것들을 가지고 씨름할 때 종종 경험하는 것이 바로 이런 것이다. 만일 당시 고대 근동 문화의 전쟁에서 그러한 방법과 관습들이 상당히 표준적인 것이었다면, 하나님이 자신이 계시하시고 구속하시는 목적을 역사적으로 땅에 이루시면서 자신의 뜻을 그렇게 타락한 현실에 적응시키신 것에 어떤 의미가 있을까?

우리는 구약성경 율법이 하나님의 창조 기준들의 이상과 타락한 인간 삶의 현실들 사이에서 균형을 잡아야 한다는 것을 안다. (창세기에서 신명기까지 이르는 성경의 첫 다섯 책을 의미하는) 토라 안에 있는 이 긴장에 대한 가장 분명한 예시는 이혼에 관한 예수님의 논쟁에 나온다. 그 논쟁은 신명기 24:1-4에 있는 이혼법에 관한 것이었는데, 이것은 예수님이 지적하신대로 이혼을 **명령**한 것이 아니다. 오히려 여자를 위해 이혼을 허용하고 규정한 것이다. 그러나 예수님은 자기에게 질문했던 자들을 더 앞으로 이끌어가셔서, 창세기 2:24에 나오는 창조의 이상을 지적하신다. 일생을 함께하는 일부일처제의 결혼이 남자와 여자를 향한 하나님의 최선의 뜻이다. 그러나 타락한 세상에서 하나님은 이혼을 "너희 마음의 완악함 때문에" **허용**하셨다. 하나의 토라에서 나온 동일한 성경이 하나님의 창조 이상을 진술하는 동시에 우리의 죄악됨에 대한 하나님의 양보를 법제화한다.

예수님은 노예제도나 일부다처제에 대한 질문을 받으셨더라도 아마 비슷하게 대답하셨을 것 같다. 처음에는 이런 제도들이 하나님의 의도 속에 있지 않았지만, 완고한 마음이 있는 타락한 세계에서 그것들은 받아들여졌을 것이다. 그것들을 제한하고 완화시키는 규례들과 함께, 그리고 그것들이 결국 잘못된 것임을 분명히 인식하도록 이끄는 매우 전복적인 비판과 함께 말이다. 사실 이것이 우리가 토라에서 발견하는 것이다.

땅을 위한 투쟁에 전쟁이 관여되는 타락한 세상에서 만일 당시에 전쟁이라고는 구약성경 본문에 묘사된 종류의 전쟁밖에 없었다면, 땅을 선물로 주시겠다는 약속이 적당한 때에 성취되려면 이런 방식 외에 다른 방법은 없었다고 하는 것이 가능할까? (물론 이렇게 말하면서도 나는 이런저런 방식으로 내 스스로를 만족시킬 답을 할 수 있으리라는 확신이 없다.) 이런 식의 논리가 가능한지 시험해볼 수 있다면, 다시 말해 **헤렘** 형태의 전쟁을 노예제도와 이혼과 같은 도덕적 틀 속에서 성찰할 수 있다면(아마도 많은 사람들은 이 생각을 즉각 거부할지도 모른다), 우리는 지금 하나님의 최선의 뜻이나 선호하시는 것이 아니라 하나님이 악한 세상의 상황 속에 스스로 적응하시기로 선택하신 것을 다루고 있는 것일 수 있다. 하나님의 장기적인 목적은 그분의 백성 이스라엘을 통해 궁극적으로 모든 민족에게 복을 주시려는 것이었지만, 그 일이 시작되기 위해 이스라엘에게 땅을 선물로 주시기 위해서는 당시 타락한 민족들의 세계 안에서 이런 끔찍한 역사적 행동이 불가피했던 것이다.

헤렘을 이런 식으로 보는 것이 가능할까? 나도 이런 방식이 편하게 느껴진다고는 말하지 못하겠다. 하지만 우리의 타락한 세상에는 한편으로는 증오하는 악이면서도 다른 한편으로는 주어진 상황에서 하나님이 어떻게든 허용하신 것이 있는데, 나는 그것도 편하게 느낄 수 없다(혹은 편하게 느껴서도 안 된다). 말라기는 이혼이 일종의 폭력이기 때문에 하나님이 싫어하신다고 명확하게 말한다(말 2:16). 그러나 예수님은 하나님이 이혼을 우리의 죄라는 상황 속에서 허용하셨다고 말씀하신다(마 19:8).

독특하고 제한된 사건으로서의 가나안 정복

정복이 모든 구약성경 역사의 많은 세대 중에서 딱 한 세대에 있었던 딱 한 번의 일화였다는 사실은, 구약성경의 이야기라는 틀이 말해주는 또 다른 측면이다. 물론 만일 약속과 그 후의 완성까지 포함한다면 정복은 더 긴 기간에 걸쳐 벌어진 것이 된다. 가나안 정복은 아브라함에게 약속되었고, 출애굽의 목적으로 기대되었고, 광야에서의 반역 때문에 지연되었고, 여호수아의 때에 성취되었고, 다윗과 솔로몬에 의해 잠정적으로 완성되었다. 그러나 이 모두를 포함시켜도, 정복은 관련된 전쟁이 벌어진 특정 기간으로만 제한된 것이었다. 비록 정착하고 땅의 소유를 주장하는 과정이 여러 세대에 걸쳐 일어났지만, 핵심 요새 성읍들을 실제로 침입하고 파괴한 것은 대부분 한 세대 안에 벌어졌다. 이 한 세대에 국한된 사건이 정복을 이루는 것이었다.

구약성경에는 다른 전쟁들이 많이 기록되어 있다(구약성경이 천 년의 인류 역사를 다룬다는 점을 고려하면 전쟁이 상당히 불가피했다는 것은 예상할 수 있는 일이다). 이 다른 전쟁 중 몇몇 또한 하나님의 재가를 받았다. 다른 나라들이 이스라엘을 공격했을 때 생존하기 위해 방어적으로 싸웠던 경우들이 특히 그랬다. **그러나 구약성경에 나오는 모든 전쟁이 가나안 정복과 같은 방식으로 묘사된 것은 결코 아니다.** 어떤 전쟁들은 교만하고 탐욕스러운 왕이나 군사적 경쟁자들의 행동이라고 분명하게 비난받았다. 하나님을 끊임없이 전쟁에 출정해 계신 모습으로 묘사하거나 정복을 단순히 이야기의 나머지 부분들에 대한 "전형적인" 모습으로 묘사하는 것은 구약성경을 희화화하는 것이다. 정복은 그런 것이 아니다. 여호수아서는 역사상의 한 핵심 사건을 묘사한 것이다. 그러나 그것은 끝났다. 마치 정복이 구약성경 나머지 부분의 배경음악인 것처럼 확대해석을 해서는 안 된다.

따라서 독특하고 제한된 역사적 사건인 가나안 정복은 결코 모든 미래 세대들이 (그들이 이스라엘의 미래 세대든지, 혹은 심지어 기독교의 미래 세대들이든지) 그들 당대에 있는 적들을 향해 어떻게 행동해야 하는지를 보여주는 모델이 되도록 의도된 것이 아니었다.

정복을 그 이후의 적들을 대하는 영속적인 모델로 "적용"하려는 유혹에 구약성경이 저항하는 한 가지 방법이 있는데, 바로 정복을 이스라엘 사람들의 군사적 성취가 아니라 훨씬 더 자주 단순히 **하나님의 행위**라고 언급한 것이다. 예를 들어, 이스라엘 농부가 그 땅에서의 추수를 감사하고 경축할 때 "내가 여호와께서 우리에게 주시겠다고 우리 조상들에게 맹세하신 땅에 이르렀나이다"(신 26:3)라고 선언해야 했지, "내가 싸워 정복하고 얻은 땅"이라고 말할 수 **없었다**. 여호수아는 백성에게 "너희를 위하여 싸우신 이"가 "너희의 하나님 여호와"라는 것을 상기시킨다(수 23:3). 시편 기자들과 선지자들은 정복이 (아브라함에게 하신 약속을 지키시며) 땅을 **하나님의 선물**로 주신 것이라는 데 모든 강조점을 둔다. 그들은 그 과정에서 이스라엘이 이룬 군사적 위업에 대해서는 거의 언급하지 않는다. 사실상 이스라엘의 위업을 깎아내리는 경향을 보이는 것이다.

주께서 주의 손으로 뭇 백성을 내쫓으시고
　우리 조상들을 이 땅에 뿌리 박게 하시며
주께서 다른 민족들은 고달프게 하시고
　우리 조상들은 번성하게 하셨나이다.
그들이 자기 칼로 땅을 얻어 차지함이 아니요
　그들의 팔이 그들을 구원함도 아니라.
오직 주의 오른손과 주의 팔과
　주의 얼굴의 빛으로 하셨으니, 주께서 그들을 기뻐하신 까닭이니이다.
_시편 44:2-3

그렇다면 정복은 **하나님의** 신실하심과 큰 능력에 대한 기념물로 서 있는 것이었다. 그것은 **이스라엘의** 군사적 탁월함에 대한 기념물이 아니었다. 그 기념물은 이스라엘 사람들이 가나안 족속을 맹비난하고 싶어질 때면 아무

때나 복제할 수 있었던 위대한 국가적 업적 같은 것이 아니었다.

우리가 정복을 이런 방식으로, 즉 독특하고 제한된 사건으로, 이스라엘의 구원 역사의 초기 내러티브 안에 견고히 놓여 있는 하나님의 특정한 행위로 바라볼 때, 그것은 왜 예수님이 **구약성경 자체를 비판하지는 않으시면서** 자신의 제자들이 구약성경의 폭력을 모방하는 것을 금하실 수 있었는지 이해하는 데 도움을 준다. "우뢰의 아들들"인 야고보와 요한이 예수님께 하늘에서 불을 내리시기를 원했던 때를 기억하는가? 아마도 그들은 소돔과 고모라를 생각하고 있었던 것 같다. 물론 가나안 족속들도 염두에 두고 있었을지 모른다. 사마리아 사람들이 예수님을 맞아들이기를 거절했기 때문에 그 마을 전체에 그런 일이 일어나야 한다고 느꼈다. 그러나 예수님은 그들을 호되게 나무라셨다. 그러한 방법들은 예수님이나 그분의 제자들에게 어울리는 것이 아니었다(눅 9:51-56). 우리도 지금 그러한 방식으로 행동하지 말아야 하며, 하나님께도 그렇게 하시기를 구해서는 안 된다.

그러나 예수님의 제자들이 구약성경에 나오는 사건이나 행동을 모방해서는 안 된다는 것은, 예수님이 그 사건들이나 행동들 자체가 그 당시에 본질적으로 잘못된 것이었다고 여기셨다거나 (예를 들어) 모세와 여호수아가 그 당시에 하나님의 뜻을 완전히 오해했다고 생각하셨다는 것을 의미하지 않는다. 또는 하나님이 그러한 사건들을 성취하셨거나 공인하셨다고 구약성경 내러티브의 화자들과 시편 기자들, 그리고 선지자들이 생각했던 것이 틀렸다는 것을 의미하지도 않는다. 예수님이 구약성경의 내러티브에 대해 그런 관점을 가지셨다는 암시는 없고, 오히려 반대로 예수님이 구약성경을 있는 그대로 받아들이셨다는 것을 시사한다.

이것은 정복을 이해하는 데 도움이 되도록 성경 자체가 제공하는 가장 중요한 관점으로 자연스럽게 이어지는데, 이 관점은 성경이 반복적으로 주장하기 때문에 진지하게 고려되어야 한다. 우리가 고려해야 할 두 번째 주요한 틀이 바로 그것이다.

하나님의 주권적 정의라는 틀

정복은 끊임없이 그리고 반복적으로 하나님의 국제적 정의와 심판이라는 틀 안에 놓인다. 나는 이것이 우리가 전체 이야기를 읽고 이해하는 방식에 중요한 차이를 만든다고 믿는다. 정복은 악하고 타락한 사회와 문화를 심판하시는 하나님의 행동으로 반복적으로 묘사된다. 하나님은 이러한 심판의 행동을 구약성경의 역사 가운데 계속 반복하실 것이었다. **이스라엘 자체에 대한 심판을 포함해서 말이다**. 이런 의미에서, 비록 정복 이야기가 (우리가 방금 보았듯이) 독특하고 제한적인 것이지만, 그것은 또한 구약성경의 나머지 부분이 보여주는 방식, 즉 하나님이 인간의 집단적인 악함에 대한 그분의 진노의 대리자로 여러 나라를 사용하시는 모습을 보여주는 방식과 전적으로 일치한다.

"종족 학살"(genocide)이라는 단어가 구약성경에서 이스라엘이 가나안을 정복한 것과 관련해서 때때로 사용된다.[1] 그러나 이것은 오해를 불러일으킬 수 있다. 그 용어가 문자적으로 어떤 민족을 죽이는 것을 의미하고, 그것이 이스라엘이 가나안 사람들에게 행하라고 명령받은 것이라는 수준에서는 (비록 이스라엘이 실제로 완벽하게 실행에 옮긴 것은 아니었지만) 그 용어가 원칙적으로 맞다. 그러나 현대의 용법에 의하면 "종족 학살"은 일반적으로 인종적 우월감에 관한 신화에 근거해 악의적으로 자신의 이익을 추구하는 것과 함께 가고, 따라서 때로는 "인종 청소"(ethnic cleansing, 사람을 먼지처럼 다룬다는 의미에서 완곡어법이라면 완곡어법이다)라고도 불린다. 그러나 가나안 정복은 성경에서 **결코** 인종적인 이유로 정당화되지 않으며, 곧 보게 되겠지만, 도덕적이거나 수적인 인종적 우월성에 대한 어떤 생각도 신명기에서 완전히 박살난다.

또한, 어떤 사람들이 하듯이, 이집트에서의 압제에서 해방됨을 이스라엘이 경축한 것과 한 세대 후에 이스라엘이 가나안의 국가들에 대한 압제를 주장한 것은 해소할 수 없는 모순이라는 주장도 옳지 않다. 가나안 족속에 대한 이스라엘의 행동은 압제의 범주로 분류된 적이 결코 없고, 오히려 인간 대리자를 통해 실행되는 하나님의 징벌이라는 범주에 속한다.

가나안 문화와 종교의 악함

하나님이 자신의 언약을 확신시키는 일환으로 아브라함에게 말씀하신 바로는, 그가 임시로 거주하고 있는 땅은 그의 자손들이 소유하게 될 것이었다. 그러나 즉각 그렇게 된다고 하시지는 않았다. "네 자손은 사대 만에 이 땅으로 돌아오리니 이는 **아모리 족속의 죄악이 아직 가득 차지 아니함**이니라" (창 15:16, 라이트의 강조). 마지막 구문이 의미하는 것은, 아브라함이 살던 시대의 아모리/가나안 사회가 아직은 (예를 들어, 소돔과 고모라에 대해 하시려던 것처럼) 하나님이 광범위하게 심판하시는 것을 도덕적으로 정당화할 만큼 악하지는 않았다는 것이다. 그러나 그런 때가 올 것이었다. 결국은 가나안 사람들이 "완전히" 악해져서 하나님의 심판이 정당하게 임하게 될 것이었다.

이 흥미로운 구절은 하나님의 정의를 언급하는데, 아브라함은 그것을 전적으로 믿었다(창 18:25을 보라). 모든 인간과 나라들은 이런 저런 방식으로 죄가 있다. 그러나 극단적인 악함과 타락이 하나님의 엄중한 심판을 불러올 때가 있고, 하나님이 그러한 행동을 부적절하거나 성급하다고 여기실 때도 있다. 오직 하나님 홀로 그러한 분별을 하신다. 그러나 아브라함에게 하신 하나님의 말씀은 가나안 사람들의 죄에 대한 심판이 여전히 미래에 놓여 있다는 것, 심판이 반드시 있어야만 하는 때가 **있으리라는** 것을 나타낸다.

여러 세대가 지난 후에 가나안 사회는 실제로 자기들의 죄 그릇을 가득

채웠다. 가나안 사회와 종교의 타락한 특징이 레위기 18:24-25, 20:22-24, 신명기 9:5, 12:29-31에서 도덕적이고 사회적인 용어를 사용하여 더 자세하게 묘사된다. 거기에는 특별히 풍요 제의와 연관된 문란하고 변태적인 성적 타락은 물론이고, 자녀 인신 제사의 냉담함도 포함된다. 이것은 사회적 억압과 폭력에 대한 추가적인 기록을 통해 역사서에서 더욱 강화된다(왕상 14:24; 21:26; 왕하 16:3; 17:8; 21:2). 만일 이 본문들을 여호수아서에서 펼쳐진 사건들에 대한 하나님 자신의 설명으로 진지하게 받아들인다면, 우리는 이것들이 함의하는 것을 피할 수 없다. 정복은 인간적인 대량살상이 아니었다. 그것은 하나님의 심판이었다.

신약성경은 정복에 대한 구약성경의 지배적인 해석, 즉 정복이 악한 자들에 대한 하나님의 심판이라는 것을 받아들인다. 히브리서 11:31은 가나안 사람들을 "순종하지 아니한 자"라고 묘사한다. 이것은 가나안 사람들이 도덕적으로는 자신들의 죄를 인식하고 있었지만, 회개하지 않고 자신의 양심의 목소리를 거스르며 계속 죄를 짓기로 결정했음을 함의한다.

만일 가나안 정복을 성경이 분명히 하는 것처럼 잘못에 대한 처벌의 틀 안에 놓는다면, 행해진 폭력의 본질이 명확히 달라진다. 덜 폭력적이 되는 것도, 갑자기 "품위 있게" 되거나 "괜찮아"지는 것도 아니다. 그러나 분명히 달라지는 것이 있다. 성경 자체의 증언을 진지하게 받아들이려는 사람들은 정복이 악한 사회에 내리는 하나님의 징벌 행위이며 이스라엘은 인간적인 대리자로 사용된 것이라는 일관된 성경의 확언을 진지하게 받아들여야지, 이 성경의 확언을 이스라엘 스스로가 행한 침략이라는 독을 제거하기 위해 이기적으로 사용한 해독제로 여기며 무시해서는 안 된다. 징벌은 폭력의 도덕적 맥락을 바꾼다. 우리는 이것을 어느 정도 수준의 폭력이 관여되는 삶의 다른 상황들에서 본다.

징벌로서의 폭력, 즉 도덕적 틀 안에서 엄격한 통제 아래 행해지는 폭력과 임의적이거나 이기적인 폭력 사이에는 엄청난 도덕적인 차이가 있다. 이것은 신적인 관점에서 만큼이나 인간 사회에서도 사실이다. 부모로서 훈계하는 개인적인 규칙들이 무엇이든지 간에, 불순종에 대한 벌로 행해지는 회초리와 악질적이고 무작위적인 아동 학대 사이에는 분명히 도덕적인 차이가 있다. 마찬가지로, 어떤 명확한 범죄에 대한 적합한 법의 절차를 따른 처벌로 누군가를 강제로 감옥에 감금하는 것과 아무런 범죄도 저지르지 않았는데 인질로 납치해 누군가를 감금하는 것 사이에는 도덕적인 차이가 있다.

정의와 징벌이라는 틀 안에서 폭력을 사용하는 것이 문제가 될 수 있겠지만, 그것은 터무니없이 이기적이고 임의적이고 악의적인 방법으로 사용되는 폭력과 분명히 구별된다. 정복이라는 폭력이 전체 사회에 대한 징벌 행위로 가해졌다는 성경의 반복된 주장은 정복을 도덕적 틀 안에 넣는데, 이를 통해 가나안 정복이 무작위적이거나 인종적인 대량학살과 반드시 구별되게 한다. 이것이 정복을 "품위 있게" 만들지는 않는다. 하지만 그것은 차이를 만든다.

정복은 이스라엘 사람들이 의로움을 의미하지 않았다

전쟁의 시기에 생기는 가장 강력한 유혹 중 하나는 적을 악마로 묘사하면서 자기편의 의로움을 드러내놓고 광고하는 것이다. 이것은 고대에서만큼이나 현대에도 사실이다. "번쩍이는 갑옷을 입은 기사"의 자세를 취하면서 모든 분쟁을 할리우드 영화에서처럼 단순화된 양극화의 도덕 문제로 꾸미기는 너무나 쉽다. 만일 적군이 "나쁜 놈들"이라면, 우리는 분명 "좋은 이들"일 것이다. 이스라엘 사람들이 가나안에서 승리를 쟁취한 후 이런 종류의 자축에 빠지는 유혹을 받을 것을 하나님은 아셨다. 그래서 그분은 신명기 9장에서 그 싹을 자르셨다.

네 하나님 여호와께서 그들을 네 앞에서 쫓아내신 후에 네가 심중에 이르기를 "내 공의로움으로 말미암아 여호와께서 나를 이 땅으로 인도하여 들여서 그것을 차지하게 하셨다" 하지 말라. 이 민족들이 악함으로 말미암아 여호와께서 그들을 네 앞에서 쫓아내심이니라. 네가 가서 그 땅을 차지함은 네 공의로 말미암음도 아니며, 네 마음이 정직함으로 말미암음도 아니요, 이 민족들이 악함으로 말미암아 네 하나님 여호와께서 그들을 네 앞에서 쫓아내심이라. 여호와께서 이 같이 하심은 네 조상 아브라함과 이삭과 야곱에게 하신 맹세를 이루려 하심이니라. 그러므로 네가 알 것은 네 하나님 여호와께서 네게 이 아름다운 땅을 기업으로 주신 것이 네 공의로 말미암음이 아니니라. 너는 목이 곧은 백성이니라.
_신명기 9:4-6

이스라엘 사람들은 손쉬운 등식을 만들고 싶어했다.

우리의 승리 = 우리의 의로움 + 적군의 악함

그러나 모세는 이스라엘 사람들이 계산을 틀리게 했다고 말한다. 그들이 가나안 사람들에 대한 평가에서는 옳았지만, 자신들에 대한 평가에서는 완전히 틀렸다는 것이다. 하나님이 가나안에 대한 자신의 징벌적인 심판의 대리자로 이스라엘을 사용하기를 의도하셨다는 사실이, 이스라엘 사람들 자체가 의로웠다는 것을 의미하지는 않는다. 사실상, 모세가 그들에게 상기시켰듯이, 이스라엘 사람들이 행한 반역들은 여러 번 그들을 진멸시키시기에 충분할 정도로 하나님을 화나게 만들었다(이것에 대한 증거로 신명기 9장의 나머지 부분들을 보라). 따라서 그들은 자랑스러워하거나 스스로 의롭다고 여길 이유가 전혀 없었다.

구약성경 역사의 후기에 하나님은 판을 바꾸셔서, 앗수르와 바벨론을 이스라엘의 악함에 대한 하나님의 심판 대리자로 사용하셨다. 그러나 이것이 그 나라들을 의롭게 만들지 않았다! 오히려 그 반대다. 그 나라들은 그들 자신의 악함 때문에 심판을 받을 것이었다.

하나님은 국제적인 무대에서 역사적인 정의를 집행하는 자신의 주권 대리자로 가장 심각하게 불의한 나라들을 사용하실 수 있었고, 또 지금도 그러실 수 있다. 그리고 그런 다음에는 그 나라들 또한 상대하신다. 이것은 하박국이 씨름했던 문제였고 오늘 우리를 여전히 괴롭히지만, 성경이 그것을 확언한다. 하나님은 한 나라를 벌하기 위해 다른 나라를 막대기로 사용하실 수 있지만, 그분이 사용하는 막대기 자체는 매우 뒤틀려 있을 수 있다.

그러나 이것은 하나님의 주권적 정의와 관련된 세 번째 논점으로 우리를 이끄는데, 그것은 더욱 예리하다.

하나님은 이스라엘에게 같은 것을 행하겠다고 위협하셨고, 또 그렇게 하셨다

만일 이스라엘 사람들이 가나안 사람들과 같은 방식으로 행동한다면 **하나님은 이스라엘을 자신의 대적으로 취급**하시고, 가나안 사람들이 받았던 것과 같은 벌을 다른 나라들을 사용하셔서 그들에게 내리실 것이라고 하나님이 이스라엘 사람들에게 경고하셨다(레 18:28; 신 28:25-68). 만일 이스라엘 사람들이 역겨운 가나안의 관습에 동일하게 빠진다면, 가나안 사람들을 토해냈던 땅은 이스라엘 사람들에게도 같은 것을 하는 데 아무런 어려움이 없을 것이었다. 이스라엘의 대적들에게 도덕적인 심판을 행하셨던 동일한 하나님은 정확히 동일한 방식으로 이스라엘에게 행하실 것이었다. 이스라엘 사람들은 (우리도 그래야 하듯이) 정복이 어떤 아늑한 편애의 몸짓이 아니라는 것을 알아야만 했다. 만일 이스라엘이 가나안 사람들이 지은 것과 동일한 죄들을 짓기로 했다면, 그들은 동일한 하나님이 동일한 죄들에 대해 행하시는 동일한 심판의 위협 아래 서 있었다.

그러나 이것은 단순한 위협으로 끝나지 않았다. 구약성경 시대 이스라엘의 긴 역사 과정 동안, 하나님은 반복해서 이스라엘에 대한 징벌적 심판을 행하셨다. 그럴 때 하나님의 행동을 묘사하는 데 사용된 언어는 정복의 언어와 완전히 똑같은 것이었다("진멸하다", "쫓아내다", "흩다" 등). 이렇게 하나님은 국제적인 정의에 있어서 자신의 도덕적 일관성을 보여주셨다. 그것은 (무조건 이스라엘 편을 드는) 신적인 편파성의 문제가 아니었다. 오히려 그 반대다. 하나님의 선택된 백성이라는 이스라엘의 지위는 그들을, 그들이 정복했던 나라들을 포함한 주변의 어떤 나라들보다, 더 하나님의 도덕적인 심판과 역사적인 징벌에 노출시킨다고 구약성경은 주장한다(참고. 시 78:59-64; 암 3:2).

실제로 구약성경 이스라엘의 전체 역사를 두고 볼 때, 이스라엘 사람들의 손을 통해 하나님의 심판을 경험했던 한 세대의 **가나안 사람**들보다, 훨씬 더 많은 세대의 **이스라엘 사람**들이 대적의 손을 통해 하나님의 심판을 경험했다는 사실을 우리는 지적할 수 있을 것이다.

또한 언급된 것처럼, 가나안 정복은 (홍수, 소돔과 고모라, 바벨론의 멸망 등과 같은 재앙과 함께) 최후 심판을 가리키는 징후 사건들 중 하나로 성경에 나온다. 그러나, 비록 정복이 최후 심판을 **가리킬** 수 있지만, 그것이 최후의 심판이라는 것은 **아니다**. 멸망한 가나안 사람들 모두가 자동적으로 "지옥에 갔다"고 교조적으로 가정하는 것은 상당히 잘못된 것이다. 라합의 이야기는, 뒤에서 보게 되겠지만, 다른 방향을 강력하게 가리킨다. 하나님은 모든 사람들의 마음을 아시며, 그분의 최후 심판은 분별력 있고 공정하고 자비롭다.

다른 민족들의 역사도 하나님이 이끄신다

아마도 정복 내러티브의 두 가지 차원이 많은 사람들을 가장 당혹스럽게 하고, 또 그들이 알고 사랑하는 하나님과 관련해서 이해하기 어렵다고 느끼게 하는 것 같다. 하나는, 모든 전쟁의 때에 그런 것처럼, 순전히 피흘림에 대한 공포다. 그러나 다른 하나는, **하나님이 그것을 명령하셨다**는 사실이다. 이 문제는 신명기와 정복 내러티브들에서 피할 수 없다.

앞에서 말했듯이, 이 사실을 뒤틀어서, 잔혹한 전체 계획을 고안한 것은 모세와 여호수아였는데, 그 후에 하나님이 그것을 지지하신다고 그들이 주장했다고 말하는 것은 불가능해 보인다. 우리는 정치 지도자들이 때때로 바로 그런 일들을 한다는 것을 잘 알고 있다. 침략을 계획하고 하나님이 자기들 편에 계신다고 주장하는 것 말이다. 그러나 내가 설명하고자 했던 바에 의하면, 만일 우리가 그들의 노선을 취한다면 (단지 신명기와 여호수아뿐 아니라) 구약성경의 다른 많은 부분들을 말이 안 되게 만들고, 또한 그럴 경우 우리는 예수님, 스데반, 바울, 그리고 심지어 나머지 신약성경과 의견을 달리하는 것이라고까지 말할 수 있다. 왜냐하면 이들은 정복이 인간 대리자들을 통한 하나님의 행위라고 묘사하는 구약성경의 방식을 그대로 받아들이기 때문이다.

하나님이 정복을 명령하셨다고 말하는 본문이 우리를 불편하게 만든다면, 우리는 이렇게 질문해야 한다. 만일 이스라엘 사람들이 가나안을 정복하는 것을 말하는 본문에 하나님의 직접적인 명령이 없고 다만 그 일이 벌어지도록 하나님이 허락하시기만 했다면, 그런 사실이 실제로 무슨 신학적인 차이를 만들어낼까? 아니면 만일 이스라엘 사람들이 아니라 다른 민족들이 가나안 사람들을 쫓아냈다면 뭐가 달라질까? 결국 **모든 일**이 어떤 방식으로든 하나님의 뜻에 따라 일어난다는 것이 하나님의 주권에 대해 성경이 확언하는 중심 요소다. 누가 그 일들을 행하든지, 하나님이 명시적으로 명령을 하셨든지 아니든지 상관없이 말이다. 어떤 일도 가장 넓은 의미의 하나님의 주권적인 통치 영역 바깥에서 일어날 수 없다.[2)]

예를 들어, 많이 간과되는 신명기의 한 장에서는 이스라엘이 가나안 사람들을 쫓아낸 것이 대략 같은 시기에 그 지역에 있던 다른 민족들과 관련해 벌어진 다양한 침략과 정복과 같은 토대 위에 놓이고, **그 모두를 이스라엘의 하나님 야웨께서 주권적으로 다루신 것**으로 이해한다. 이것은 신명기 2:10-12, 18-23에 분명하게 진술되어 있는데, 익숙하지 않은 이름들을 잘 감당할 수 있다면 이 본문들은 읽을 가치가 있다. 그리고 이 본문들은 참으로 바로 그 익숙하지 않은 이름들 때문에 읽을 가치가 있는 것이다.

실제로 우리는 한 무리의 이방인(외국인, foreigner)들을 다른 무리의 이방인들의 손으로 쫓아내시는 하나님에 대한 진술들에 거의 신경을 쓰지 않는다. 그래서 심지어 어떤 번역들은 이 구절들을 괄호 안에 넣는다! 우리는 하나님이 삼숨밈을 암몬 사람들 앞에서 쫓아내시며 멸망시키셨다는 것을 읽고 중얼댄다. "누구? 그래서 뭐? 괄호에 넣어." 그러나 하나님이 이스라엘 사람들 앞에서 가나안 사람들을 쫓아내시며 멸망시키셨다는 것을 읽고는 외친다. "**뭐라고**? 너무 끔찍해! 어떻게 하나님이 그런 일을 **하실** 수 있으셨지?"

우리는 암몬 사람들에게 삼숨밈을 쫓아내라고 혹은 에서의 자손들에게 호리 사람들을 쫓아내라고 **명령**한 분이 하나님이라는 말을 읽지는 않는다(신 2:22). 그러나 본문은 이 "쫓아냄"이 그들을 쫓아낸 사람들의 행동인 것만큼이나 하나님의 행동이라는 사실을 명백히 한다. 이스라엘 사람들의 경우에서처럼 말이다. 신명기는 분명하고 의도적인 비교를 한다. 하나님은 역사라는 체스판 위에 있는 **모든** 민족의 움직임들에 대해 주권적이시며, 어떤 면에서 이스라엘이 가나안을 차지한 것은 이런 다른 민족들이 한 것과 차이가 없다. 아모스 9:7에 따르면, 이스라엘 사람들이 이집트에서 출애굽한 것은 블레셋 사람들이 갑돌에서, 아람 사람이 기르에서 이주한 것과 다르지 않다. 말하자면, 명확한 명령들이 있든지 혹은 그저 역사적인 허가가 있든지, 이 모든 것들은 하나님의 뜻 안에 있다.

따라서 우리가 겪는 어려움의 일부는, 우리가 보기에는 명시적이거나 작정적인 하나님의 뜻과 허용적인 하나님의 뜻을 신학적으로 구별해야만 할 것 같은데, 구약성경은 그것들을 거의 구별하지 않는다는 데 있다. 말하자면, 우리는 모든 것이 하나님의 주권 안에서 일어난다고 확언하지만, 어떤 일이 일어나기를 하나님이 명시적으로 바라시거나 효력 있게 하시는 것과 어떤 일이 하나님 자신의 최종적인 통제 아래 일어나도록 허용하시는 것은 개념적으로 구별돼야 한다고 느낀다. 우리는 일어나는 모든 일에 관여되는 하나님의 주권적인 뜻에 관해 성경 자체가 확증하는 모든 것을 함께 붙드는 데 필요한 방법으로 그런 구별을 만들어냈다. 일들이 일어난다. 그리고 어쨌든 하나님은 그 일 가운데 계신다. 비록 정확히 **어떻게** 그런지 설명하기 위해 우리가 씨름하지만 말이다.

우리는 가장 위대한 신학적 지성들도 결코 완전히 헤아려보지 못한 깊은 물 속으로 들어가고 있다. 그러나 나는 하나님이 어떤 것을 **명령**하셨다는 것이 구약성경 안에 있는 다른 이야기들에서 하나님이 **허용**하셨다는 것과 본질적으로 다르지 않다는 사실을 우리가 볼 수 있기를 바란다. 하나님이 뒤로 물러나 계시며 덜 간섭하시는 역할을 하시는 것으로 보일지라도 말이다(사실 대부분의 경우가 이렇다). 성경의 내러티브 전체는, 모든 층위에서, 하나님의 주권적 섭리가 인간 역사의 복잡함 속에서 다양한 방식으로 펼쳐지는 것이다.

하나님의 구원 계획이라는 틀

정복이 자리해야 할 세 번째 틀에 이르렀다. 우리는 정복을 성경의 전반적인 이야기 안에서 이해해야 한다. 가나안 정복 자체는 물론 심판과 파괴에 대한 냉혹한 내러티브다. 그러나 그것은 전체 성경 이야기의 부분이다. 전체 성경 이야기는 구원의 이야기이며, 궁극적으로 보편적인 복에 대한 이야기다. 이것이 어떤 빛을 비추는가?

무엇보다 이것은 성경이, 비록 정복과 같은 전쟁에 관한 이야기들을 포함하고 있지만, 모든 민족 가운데 평화를 가져오고 전쟁을 비롯한 모든 형태의 폭력을 끝내는 하나님의 궁극적인 계획을 가리키고 있음을 상기시킨다. 둘째로, 우리가 창세기까지 이야기를 거슬러 올라가보면, 아브라함에게 선포된 하나님의 목적은 모든 민족에게 복을 주시려는 것이라는 사실을 기억하게 된다. 따라서 우리는 어떻게 이 장기적인 이상이 구약성경 이스라엘의 역사와 율법 안에서 이방인들과 관련해 실제적인 영향을 미쳤는지 살펴볼 것이다. 마지막으로 우리가 기억해야 할 것은, 구약성경이 가리키고 있는 것이 바로 하나님이 모든 민족을 위한 구원을 예수 그리스도를 통해 성취하신다는 사실이라는 것, 그리고 이것이 민족들 사이에서 기쁨의 이유가 되리라는 것이다. 비록 거기까지 이어지는 이야기를 이해하기 위해 우리가 애쓰고 있는 중에도 그것이 실제로 우리에게 기쁨이 되어야 하는 것처럼 말이다.

평화의 이상

정복이라는 폭력에 대해 균형을 유지하기 위해서는 구약성경 자체 안에 있는 다른 목소리를 들어야 한다. 그것은 바로 악함의 열매로서의 폭력을 비난하는 목소리다. 이 목소리는 일찍부터 들리는데, 야곱이 자기 아들인 시므온과 레위가 지나치게 과도한 복수를 한 것을 나무랐을 때다(창 34:30; 49:5-7). 이것은 모든 전쟁이 끝나고 하나님의 평화로운 통치가 임하기를 갈망하는 목소리다.

이 목소리는 전쟁을 현실로 받아들이고 전쟁에서의 승리를 하나님의 선물로 여기면서도(예를 들어, 시 18, 20편), 전시에 불가피한 과도한 폭력과 피흘림은 비판한다. 고대 세계에서는 승리한 장군들이 자기에게 승리를 준 신들에게 경의를 표하기 위해 기념으로 신전을 짓거나 신상을 세우는 것이 관례였다. 구약성경의 내러티브는 하나님이 다윗에게 대적을 이기는 승리를 주셨음을 기록한다. 그러므로 다윗이 자신의 하나님께 성전을 지어드리고 싶어했던 것은 자연스럽고 예상되는 결과로 볼 수 있다.

그러나 우리는 그 반대의 경우를 만난다. 예상과는 달리 하나님은 다윗이 그렇게 하지 못하도록 막으셨고, 주어진 이유들 중에는 다윗이 전쟁과 피흘림의 사람이었다는 사실이 분명히 있다. 야웨의 성전은 그러한 폭력의 삶이 짓거나 묘사할 수 없었다(대상 28:3). 시편들은 폭력에 대해 계속해서 불평하는데, 그것이 개인적인 협박이든지(시 10, 59편) 사회적인 억압이든지(37:12-15) 상관없었다. 전쟁과 그로 인한 영광을 선뜻 의지하는 민족들도 비난받는다(68:30). 하나님의 백성은 하나님께 구원을 바라야지, 군사적 힘을 의지해서는 안 된다(33:16-19). 최소한 한 명의 시편 기자는 전쟁에 굶주린 사람들 속에서 평화의 사람으로 살아가려고 씨름한다(120:6-7). 이것은 신자들이 종종 처하는 입장이다.

불의와 압제와 관련된 폭력을 비난하는 것과 더불어, 모든 전쟁이 끝나고 하나님의 평화로운 통치가 실현되기를 기대하는 강한 갈망이 있다. 시편 46편은 하나님이 모든 전쟁 무기들을 없애셔서 땅의 끝에 이르기까지 전쟁이 그치게 하실 날을 고대한다.

같은 이상이 이사야에게 영감을 주어서, 전쟁이 끝나는 것에 대한 이 소망을 하나님의 메시아적 왕이 오시는 것에 대한 자신의 약속과 연결시키도록 한다. 하나님의 메시아적 왕은 민족들 사이에서, 그리고 인류와 자연 사이에서 우주적 평화의 시대를 다스리실 것이다. 이사야는 모든 민족이 하나님의 통치 아래 정의를 추구하고, 더 이상 전쟁을 연습하거나 배울 필요도 없게 될 것을 내다본다.

> 그가 열방 사이에 판단하시며
>   많은 백성을 판결하시리니,

무리가 그들의 칼을 쳐서 보습을 만들고
그들의 창을 쳐서 낫을 만들 것이며,
이 나라와 저 나라가 다시는 칼을 들고 서로 치지 아니하며
다시는 전쟁을 연습하지 아니하리라.
_이사야 2:4 (또한 9:2-7; 11:1-9도 보라)

전쟁은 폭력적인 인간들이 있는 타락한 세상의 일부이지만, 새 창조에서는 아무런 역할도 맡지 않을 것이다. 타락한 세상에서의 전쟁은 또한 (성경이 정복을 해석하듯이) 역사 가운데 정의를 세우시는 하나님의 행동으로서 하나님의 국제적인 주권의 일부였지만, 이것 또한 지나게 될 것이다. 전쟁이 아니라, 평화가 하나님이 다스리시는 증거가 될 것이다. 하나님의 통치는 하나님의 영이 부어지고 공의와 정의가 승리하는 것을 의미할 것이기 때문이다. 이사야가 내다보았듯이, "공의의 열매는 화평"이기 때문이다(사 32:17; 비교 32:1, 15-20). 따라서 예수님은, 구약성경의 이러한 인식과 어울리게, "화평케 하는 자가 복이 있다"(마 5:9)고 말씀하셨다. 정의에 배고프고 목마르며 정의를 위해 핍박 받는 자들과 더불어 말이다.

모든 민족에게 복을 주심

우리가 정복을 온전히 성경적인 틀 속에서 생각할 때 계속해서 유념해야 할 두 번째 고려 사항이 있는데, 그것은 정복이 모든 민족에게 복을 주시는 것을 궁극적인 목표로 하는 이야기의 일부라는 사실이다. 이 목표가 얼마나 중요한 것인지, 바울은 이것을 "미리 전해진 복음"(gospel in advance, 갈 3:8—NIV) 이라고 불렀다. 이 놀랍도록 좋은 소식은, 창세기 3-11장에서 보는 것과 같은 반역, 죄, 폭력, 부패, 교만이 특징인 세상에, 하나님이 여전히 땅 위의 모든 민족에게 복을 주시려고 한다고 말한다! 그것이 창세기 12:3에서 아브라

함에게 하신 하나님의 약속이었다. 따라서 우리는 구약성경 이스라엘의 이야기 전체를 세상을 구원하시는 하나님의 위대한 기획의 첫 단계로 이해해야 한다.

구약성경 이스라엘의 역사 안에는 이스라엘 백성과 나머지 민족들 사이에 분명한 구별이 있다. 이스라엘은 하나님이 선택하시고, 부르시고, 구속하시고, 자신과의 언약 관계로 이끄신 백성이었다. 다른 민족들은 그런 관계를 아직 누리지 않았다. **그러나—그리고 이것이야말로 진짜 중요한 점인데—하나님이 이스라엘을 선택하신 목적은 그렇게 해서 다른 민족들도 마침내 그 관계를 누리게 되는 것이었다.** 구약성경 전체를 이끄는 힘은, 다른 민족들에 **반대되는** 이스라엘이 아니라, 다른 민족들의 **유익을 위한** 이스라엘이다.

그에 대해 말하는 많은 시편과 선지서들이 있지만, 두 개의 실제적인 증거들만 살펴보려고 한다. 이방인들이 회심하고 이스라엘로 포함된 것, 그리고 이스라엘의 율법에 있는 이방인들에 대한 배려가 그것이다. 이것들은 정복 이야기에서 보는 것이 이방인들을 향한 이스라엘의 유일한 태도였다는 생각에 흥미로운 반대 증언을 제공한다.

그러나 이러한 긍정적인 방향으로 주제를 돌리기 전에, 아마도 이미 독자들의 생각 속에서 부풀어 오르고 있는 어려운 문제를 직면해야만 한다. 만일 하나님의 계획이 모든 민족에게 복을 주시는 것이었다면, 그렇다면 다시 한 번, 가나안 사람들은 어떻게 된 것인가? 만일 이스라엘이 모든 민족을 축복하시는 하나님의 도구가 되어야 했다면, 어떻게 하나님은 그들을 사용해 가나안 사람들에게 그러한 고통을 주실 수 있었을까? 성경이 보편적인 복이라는 궁극적인 목표와 특정한 심판이라는 역사적인 행위 사이에서 모순을 느끼지 않는다는 점, 우리는 이것을 이해해야 한다.

모든 민족에게 복을 주시는 것을 하나님의 **궁극적인**(종말론적인) 목적으로 이해하는 것이 중요하다. 그것은 하나님이 모든 사람이나 모든 민족에게 그들이 어떻게 행동하든지 "친절"하셔야만 한다는 것을 의미하지 않았다. 구약성경은 하나님이 여전히 모든 인간과 민족의 행위에 대한 도덕적인 심판자라는 사실을 넘치도록 분명히 한다. 하나님은 역사 안에서 악한 자들을 심판하시는 분이다. **악한 민족들도 포함**해서 말이다. 우리가 보았듯이, 이것이 성경이 가나안 정복을 해석하는 분명한 방식이다.

이것은 이스라엘에 관해서도 마찬가지로 사실이었다. 하나님은 장기적인 복과 보호에 대한 자신의 언약 약속에도 불구하고, 구약성경의 역사 속에서 이스라엘의 특정한 세대를 벌하셨다. 따라서 **모든** 민족에게 복을 주시려는 하나님의 궁극적인 목적은 역사 속에서 **특정한** 민족들에 대해 심판하실 수 있는 하나님의 특권을 제거하지 않는다. 자신의 자녀가 잘 자라기를 바라는 부모의 장기적이고 애정 어린 바람이 그동안에 필요한 훈육이나 징벌을 못하게 하지 않는 것처럼 말이다.

▶이방인들이 회심하고 이스라엘 안으로 받아들여짐

여호수아가 정복이 아니라 회심을 묘사하는 내러티브로 시작하는 것은 놀라운 일이고, 우연일 수 없다. 여호수아 2장에 나오는 라합의 이야기는 그 위치, 길이, 중요성에 있어서 두드러진다(또한 6:17, 22-25도 보라). 여기에는 이스라엘 사람들의 하나님 여호와의 능력을 인정하는 가나안 여자가 하나 나오는데, 그녀와 그녀의 동료 가나안 사람들이 하나님이 하신 일에 대해 들은 것을 입증된 것으로 여겼다. 그러나 다른 가나안 사람들과는 달리, 라합은 이 하나님과 그분의 백성에게 저항하지 않고, 오히려 편을 바꾸고 자신이 처음 만난 이스라엘 사람들을 신뢰하기로 결심한다.

이것은 단지 노골적으로 자기를 보존한 사건이 아니다. 라합의 말은 출애굽, 땅을 선물로 주심, 그리고 진정으로 모든 창조 세계에 나타난 야웨의 주권에 대한 깊은 신학적 인식을 보여준다. 가나안 사람 라합은 하나님이

한 세대에 걸친 시간을 쓰면서 이스라엘 사람들에게 가르치려고 하셨던 것을 믿게 된 것이다.

> [라합이 정탐꾼들에게] 말하되 "**여호와께서 이 땅을 너희에게 주신** 줄을 내가 아노라. 우리가 너희를 심히 두려워하고 이 땅 주민들이 다 너희 앞에서 간담이 녹나니, 이는 **너희가 애굽에서 나올 때에 여호와께서 너희 앞에서 홍해 물을 마르게 하신 일**과 너희가 요단 저쪽에 있는 아모리 사람의 두 왕 시혼과 옥에게 행한 일 곧 그들을 전멸시킨 일을 우리가 들었음이니라. 우리가 듣자 곧 마음이 녹았고 너희로 말미암아 사람이 정신을 잃었나니, **너희의 하나님 여호와는 위로는 하늘에서도 아래로는 땅에서도 하나님이시니라**."
>
> _여호수아 2:9-11 (라이트의 강조)

그 결과 가나안 사람 라합과 그녀의 가족은, 라합이 이스라엘의 하나님 여호와를 믿었기 때문에, 목숨을 구했다. 신명기 7장은 가나안 사람들의 문제가, 인종적인 것이 아니라(그렇기 때문에 나는 인종적인 문제를 연상시키는 "종족 학살"이라는 단어를 싫어한다), 우상 숭배라는 점을 분명히 한다. 라합이 보여주는 것은, 가나안의 신들을 버리고 살아 계신 하나님이신 야웨를 예배한 사람은 죽지 않았다는 것이다. 그것은 또한 가나안 사람들이 택하기만 했다면 멸망을 피할 방법이 있었다는 것을 보여준다. 야웨를 믿기로 결심했는데 자신들의 신앙고백을 들어줄 이스라엘 정탐꾼들이 찾아오지 않았던 다른 가나안 사람들이 있었는가? 가나안의 비밀 신자들? 물론 우리가 그런 것을 알 길은 없지만, 기브온 사람들과 같은 어떤 무리는 목숨을 잃지 않고 이스라엘 안으로 받아들여졌고, 후에는—비록 이러한 면제를 얻기 위해 속임수를 사용한 것이었지만—다른 가나안 사람들의 공격으로부터 보호받기까지 했다는 것은 분명히 안다(수 9장).

우리가 말할 수 있는 것은, 가나안 정복에 관한 내러티브에서 맨 처음 만나게 되는 가나안 사람은 회심해서 구원을 받은 자라는 사실이다. 그리고 이 회심과 구원의 이야기가 얼마나 중요한지, 신약성경에서 무려 세 번이나 언급된다. 라합은 메시아의 족보에 들어가고(마 1:5), 신앙의 모델 중에 포함되며(히 11:31), 행위로 믿음을 증명하는 모범으로 제시된다(약 2:25).

라합과 더불어 우리가 언급할 수 있는 인물로는, 이스라엘이 믿는 하나님께로의 회심을 구약성경의 다른 모든 고백을 능가하게 수사적이고 정서적으로 고백하는 룻(룻 1:16-17)을 비롯해, 나아만(왕하 5장, 특히 15절), 사렙다의 과부(왕상 17장, 특히 24절) 등이 있다. 예수님이 고향에서 있었던 논쟁 중에 지적하신 대로, 이들은 모두 이스라엘의 하나님께 대한 신앙을 고백하고 하나님의 복을 받게 된 이방인들이었다(눅 4:24-27).

이방인들은 단지 개인으로서만 받아들여진 것이 아니었다. 구약성경은 또한 모든 민족이 하나님의 언약 백성으로 받아들여지는 것에 대해서도 언급한다. 이것도 역시 매우 놀랄 만하다. 예를 들어, 여부스 족속은 이스라엘이 멸망시켜야 할 가나안 땅에 있는 민족들의 표준 목록에 규칙적으로 포함되어 있다(예를 들어, 신 7:1). 그러나 그들은 처음 정복 전쟁 중에 멸망하지 않은 것이 분명한데, 여호수아의 노년에조차 "예루살렘 주민 여부스 족속을 유다 자손이 쫓아내지 못하였으므로 여부스 족속이 오늘까지 유다 자손과 함께 예루살렘에 거주하니라"라는 말이 전해지기 때문이다(수 15:63).

다윗이 그들을 마침내 "격퇴"시킨 것은 그가 드디어 예루살렘을 함락시켰을 때인데, 이는 여호수아의 때로부터 여러 세기가 지난 후였다(삼하 5:6-10). 그러나 그때에도 그들은 여전히 멸절되지 않고, 다만 유다 지파에 흡수되었다. 여부스 족속은 이스라엘의 초기 역사를 지나면서 "공격 대상 목록"에서 "가족 목록"으로 옮겨온 듯하다. 멸망될 운명이었던 민족들 중에 있다가 유다 지파 안의 한 가족으로서, 언약 백성으로 받아들여진 것이다.

이것은 그 꾸밈없는 방식 때문에도 충분히 주목할 만한데, 정복이 하나같이 파괴적이기만 하지 않았고 개인뿐만 아니라 민족들 전체가 편을 바꿀 수 있었다는 것에 대한 또 하나의 작은 증거다. 그러나 여부스 사람들은, 수많은 민족들 중에서 블레셋 사람들에 관한 예언과 관련해서 훨씬 더 강력한 방식으로 한 번 더 등장한다. 선지자 스가랴는 블레셋 사람들을 포함한 모든 민족에 대한 하나님의 심판을 묘사한 후(슥 9:1-6), 갑자기 그리고 뜻밖에 블레셋 사람들의 다른 미래를 그린다.

> 그들[블레셋]도 남아서 우리 하나님께로 돌아와서
> 유다의 한 ●[족속]같이 되겠고
> 에그론[블레셋의 도시]은 **여부스 사람 같이** 되리라.
> _스가랴 9:7 (NRSV, 라이트의 강조)

블레셋 사람 중에 "남은 자"(remnant, 일반적으로 심판 이후에 구원받아서 남은 이스라엘과 연관된 용어)가 있을 것이다. 그리고 심지어 블레셋 사람들(이스라엘의 역사상 최대의 적들)조차 유다 족속의 한 가족으로 유다에 포함될 것이다. **예루살렘의 원주민이었던 여부스 사람들처럼, 아니 그들보다 전혀 덜하지 않게 말이다!**

정복 이전에는 **헤렘**(*herem*)의 대적 민족들 목록 안에 있던 여부스 사람들이 다윗 성읍에 거주하는 유다 족속의 한 가족으로 바뀌었다는 역사적 기억, 이것이 여기에서 하나님의 구속하시는 능력이 다른 대적 민족들에게 하실 수 있는 것을 보여주는 그림으로 사용된다. 하나님이 가나안의 여부스

● NRSV는 우리말 개역개정 성경에서 "지도자"로 번역된 단어를 "족속"(clan)으로 번역했다—옮긴이.

사람들에게 하셨던 것을 블레셋 사람들에게도 동일하게 하실 수 있을 것이었다! 그리고 만일 블레셋 사람들에게 소망이 있다면, 누구라도 소망이 있다. 시편 87편은 하나님이 블레셋 사람들과 이스라엘의 역사적인 대적들을 마침내 시온 태생의 시민권자들로 등록하실 사람들 가운데 포함시키며 이 주제를 마무리한다. 어떻게 이보다 더 포용할 수 있겠는가?

▶ 구약성경 율법의 이방인들에 대한 돌봄

정복 내러티브에서 가나안 사람들을 파멸시키라고 명령하는 것에 균형을 맞추는 또 다른 중요한 사실은 외국인들에 대한 매우 실제적인 관심이 구약성경의 율법에 담겨 있다는 것이다. (가나안에 거주해온 사람이든지 이주민이든지) 많은 이방인들이 동화되어 "영주권자"(resident aliens)가 되었다. 그러나 일반적으로 이방인들은 취약하기 마련인데, 이는 그들에게 가족과 땅이라는 자연적인 보호가 없기 때문이다. 구약성경의 율법은 그런 그들의 복지와 보호에 대해 매우 적극적인 관심이 있었다.

구약성경의 율법은 외국인들에게 무엇을 제공했는가? 무척 많다. 다음에 나오는 본문들을 시간을 들여 쭉 읽어본다면, 우리가 정복 내러티브만 읽을 때 생각할 것들을 단호하게 수정하는 정신에 깊은 인상을 받을 것이다. 구약성경은 일반적인 억압(출 22:21; 레 19:33)과 법정에서의 불공정한 대우(출 23:9; 신 10:17-19; 24:17-18)로부터 보호하는 것에 관해서뿐만 아니라, 안식일의 휴식(출 20:9-11; 23:12; 신 5:12-15), 유월절의 예배와 언약 의식들(출 12:45-49), 연례적인 축제들(신 16장), 대속죄일(레 16:29), 언약 갱신 의식들(신 29:10-13; 31:12)에 받아들이는 것, 또 3년마다 내는 십일조로부터 얻는 경제적 유익(신 14:28-29; 26:12-13)과 농업 생산물에 대한 접근(이삭을 줍는 권리, 레 19:9-10; 신 24:19-22), 본토박이들과의 법 앞에서 평등(레 19:34)에 대해서도 언급한다.

이런 모든 실제적인 법령을 종합하는 단순한 명령이 두 번 주어지는데,

곧 **이방인을 사랑하라**는 것이다. 신명기에서 이 명령은 하나님 자신의 본보기를 근거로 한다. 야웨는 궁핍한 이방인에 대한 실제적인 사랑으로 특징지어지는데, 이는 이스라엘이 자신들의 출애굽 경험을 통해 잘 알고 있는 성품이었다.

> 고아와 과부를 위하여 정의를 행하시며 나그네를 사랑하여 그에게 떡과 옷을 주시나니, **너희는 나그네를 사랑하라**. 전에 너희도 애굽 땅에서 나그네 되었음이니라.
>
> _신명기 10:18-19 (라이트의 강조)

동일한 명령이 레위기에서는, "네 이웃 사랑하기를 네 자신과 같이 사랑하라"(레 19:18)는 말씀이 있는 장에, 더 초기의 명령 형태로 반영되어 있다.

> 너희와 함께 있는 거류민을 너희 중에서 낳은 자 같이 여기며 **자기 같이 사랑하라**. 너희도 애굽 땅에서 거류민이 되었었느니라. 나는 너희의 하나님 여호와이니라.
>
> _레위기 19:34 (라이트의 강조)

따라서 이스라엘의 율법에는 그들 가운데 있는 이방인을 굉장히 호의적으로 대하고 보호하는 입법적인 에너지가 강력히 고동치고 있다. 물론 이것이 우리가 정복 내러티브에서 발견하는 폭력을 제거하거나 감소시키는 것은 아니다. 그러나 이것이 이스라엘의 법적 관습 안에 있는 균형 잡는 힘을 보여주는 것도 사실이다. 그리고 그것은 결국 정복이 제한된 역사적인 불가피성이었지, 일반적으로 이스라엘 내에 있었던 이방인을 향한 사회적 태도나 행동을 위한 지속적인 패러다임이 아니었음을 보여준다. 바울이 그리스도인들에게 "외국인에 대한 사랑을 행하라"라고 말했을 때, 그는 강력한 성경적인 뿌리를 의지하고 있었던 것이다.[3] 히브리서 13:1-2은 분명한 구약성경의 암시를 선례로 사용하여 비슷한 권고를 한다. 거기에는 외국인 사랑(*philoxenia*)이 형제/자매사랑(*philadelphia*) 바로 옆에 놓여 있다.

민족들의 찬양

마지막으로, 이 "성경 전체의 틀"의 세 번째 요소는 성경이 민족들에 대해 그리는 궁극적인 미래를 바라보는 것이다. 구약성경을 읽을 때, 하나님이 민족들에 대해 어떤 생각을 하고 계신 것 같은가? 심판. 이것이 대답으로 바로 떠오를 것이다. 맞다. 그러나 그것은 이스라엘에게도 마찬가지다. 실제로, 경고하시고 위협하시는 하나님의 말씀, 그리고 그 후 언약 백성 자체에 대해 실제로 심판하시는 말씀보다 구약성경에서 더 두드러진 것이 무엇이겠는가? 구약성경은 분명 심판의 실재로 가득 차 있다. **이스라엘에 대해서** 말이다. 그러나 이스라엘에 대한 그 심판 너머에는 깨질 수 없는 소망, 즉 하나님이 그들에게 하신 약속에 대해 신실하실 것이며 다시금 그들에게 구원과 회복을 가져다주실 것이라는 소망이 있다.

그리고 그와 동일한 소망과 약속이 민족들에게도 주어진다. 하나님은 아브라함에게 그의 자손들을 통해 땅 위의 모든 민족이 복을 받을 것이라고 약속하셨고, 바로 그 약속이 성경의 전체 드라마를 요한계시록에 나오는 위대한 절정으로 이끈다. 따라서 이스라엘이 하나님의 심판이라는 정화하는 불을 지나가면서도 궁극적인 회복에 대한 하나님의 약속을 붙잡았던 것처럼, 하나님의 심판을 통해 걸러지는 민족들 중에도 하나님이 그리스도 안에서 이미 창조하고 계신 구속받은 인류 안에 포함될 사람들이 있을 것이다. 하나님의 목표는 새 창조 세계가 하나님이 만드신 모든 민족 출신의 사람들로 채워지는 것이다. 이것을 확언하는 성경 본문이 아주 많기 때문에, 너무나 많은 그리스도인이 민족들을 위한 하나님의 이 위대한 계획에 대해 잘 모른다는 것은 오히려 부끄러운 일이다.[4)]

여기에 있는 것은 민족들을 위한 하나님의 계획을 가장 간략하게 요약한 개괄에 불과하다. 이 예시 본문들은 잠시 멈추고 시간을 들여서 읽어볼 만한 가치가 있다. 이 본문들이 보여주는 시야와 이상은 놀랍기 그지없다.

- 민족들은 이스라엘이 소유한 아브라함의 축복으로부터 유익을 누릴 것이다(시 67편).
- 민족들은 살아 계신 하나님을 예배하게 될 것이다(시 22:27-28; 86:8-10; 102:15, 21-22; 138:4-5; 145:10-12; 사 2:1-5; 12:4-5; 42:10-12; 45:6, 14, 22-25).
- 민족들은 확장된 하나님의 백성으로서의 이스라엘 **안에** 포함될 것이다. 그러한 존재로서 그들은
  - 하나님의 도시에 등록될 것이다(시 87편).
  - 하나님의 구원으로 복을 받을 것이다(사 19:16-25).
  - 하나님의 가족으로 받아들여질 것이다(사 56:3-8).
  - 하나님의 이름으로 불릴 것이다(암 9:11-12).
  - 하나님의 백성과 함께 할 것이다(슥 2:10-12).

내가 의도적으로 마지막까지 남겨둔 본문은 시편 47편이다. 이 본문을 지목하는 이유는, 여기에 가나안 사람들에 대한 정복이 특별히 언급되면서도, **그것이 오히려 민족들 스스로가 찬송을 부르는 이유로써 포함되어 있기 때문이다**.

너희 만민들아 손바닥을 치고
　즐거운 소리로 하나님께 외칠지어다.

지존하신 여호와는 두려우시고
　온 땅에 큰 왕이 되심이로다.
여호와께서 만민을 우리에게,
　나라들을 우리 발 아래에 복종하게 하시며
우리를 위하여 기업을 택하시나니,
　곧 사랑하신 야곱의 영화로다.
_시편 47:1-4 (라이트의 강조)

이 시편의 저자는 이스라엘의 하나님이신 야웨를 칭송하는 데 함께하도록 민족들을 부른다. 손뼉을 치는 것은 몸을 사용하고 들을 수 있는 형태의 감사인데, 말하는 것 이상에 이른다. 사람들이 손뼉을 치는 것은 어떤 것이 그들에게 기쁨이나 유익을 가져다주었고, 그들이 그것에 감사하기 때문이다. 그렇다면 우리의 시편 기자가 야웨께 한 차례 박수를 보내자고 세상의 민족들을 초청하는 이유는 무엇인가?

그 답이 첫 눈에는 비뚤어진 듯하다(3절을 보라).

> 여호와께서 만민을 우리[이스라엘]에게,
> 나라들을 우리 발 아래에 복종하게 하시며.

민족들이 야웨께 손뼉을 치도록 요청받는 이유는 그분이 이스라엘을 통해 자신들을 패하게 하신 하나님이시기 때문이다! 이 시편은 그저 예배의 탈을 쓴 군사적 냉소에 불과한가? 이 시편을 그런 방식으로 읽는 것에 대한 유일한 대안은 정복의 의미에 대한 더 깊은 신학적 확신을 분별하는 것이다.

민족들이 야웨를 칭송하도록 부름 받을 수 있는 것은, 심지어 역사 가운데 가나안이 이스라엘에 패배한 것도 궁극적으로 **구원 역사 전체의 일부**로 보게 될 것이고, 이로 인해 민족들 스스로가 하나님을 찬양할 것이기 때문이다. 이것은 가나안 정복이라는 하나의 이야기를 더 큰 이야기, 즉 궁극적으로 모든 민족으로 하여금 그리스도 안에서 하나님이 성취하신 구원에 대해 하나님께 찬양과 감사를 드리도록 할 이야기 안에서 이해해야만 한다는 것을 의미한다.

우리가 보았듯이, 역사의 그 시점에서 가나안의 문화는 하나님의 심판을 받아야 할 정도로 타락했었다. 그러나 역사 가운데 그들을 심판하셨던 하나님은 또한 "온 땅을 다스리시는 위대한 왕"이셨다. 그러므로 이 위대한 왕이 그의 통치권을 취하실 때 **모든** 민족이 그 왕의 수혜자들이 될 것이다. 궁극적으로 그때에 이스라엘의 역사는—심지어 정복까지도 포함해서—민족들 사이에서 찬양의 주제가 될 것이다. 그 역사가 바로 민족들이 구원의 유익을 누리게 하기 위한 것이었기 때문이다. 신명기 32:43은, 바울이 이 본문을 사용한 로마서 15:7-12과 더불어, 그와 같은 방향을 가리키고 있다.

결론 – 갈보리로 가는 길

이런 생각은 나를 마지막 성찰로 이끈다. 성경 역사의 이 고약한 부분과 관련해 하나님을 이해하려고 씨름하면서, 나는 내가 어디에 서 있는지 나 스스로에게 물어야만 한다.

시편 47편을 읽을 때, 나는 어느 부분에서 나 자신을 발견하는가? 나는 그 시편의 원래 저자와 청취자와 같은 고대 이스라엘 사람이 아니다. 그렇다고 3절이 언급하는 정복당한 민족 중 하나인 가나안 사람도 아니다. 나는 아일랜드 출신의 신자로서 모든 민족 중에서 구속받은 자들 가운데 서 있다. 나는 야웨, 이스라엘의 하나님, 위대하신 왕, 지극히 높으신 주님, 우리 주 예수 그리스도의 하나님이시며 아버지이신 분께 손뼉 치며 찬양을 드리라고 부름 받은 사람들 가운데 있다. 이런 의미에서, 내가 그리스도 안에 있기 때문에, 나 또한 "아브라함의 하나님의 백성"의 일원이다(시 47:9; 참고. 갈 3:29).

왜냐하면 이 역사는 나의 구원 이야기의 일부이기 때문이다. 이것은 **나의** 이야기이며, **나의** 노래다. 이것이 하나님이 자신의 주권 가운데 택하신 방식이다. 나를 포함한 인류와 창조 세계를 구원하시려는 자신의 목적을 성취하기 위해 인간의 역사 안에서 일하시기로 말이다. 나는 왜 이 방식이어야 했는지 이해할 수 없을지도 모른다. 그리고 나는 분명히 이 방식이 싫다. 나는 연루된 폭력과 고난을 개탄할지도 모른다. 비록 그것이 정당한 심판 행위였다는 성경의 견해를 받아들이면서도 말이다. 뭔가 다른 길이 있었다면 좋았을 것이라고 바랄지도 모르겠다.

그러나 어느 지점에서 나는 내 질문, 비평, 불평에서 물러서야만 하고, 이 문제에 대한 성경 자체의 말을 받아들인다. 성경이 내게 모호하지 않게 말하는 바에 의하면, 세상의 구원을 위한 유일한 소망을 구성한 더 큰 내러티브가 있는데, 정복은 그 안에서 일어난 하나님의 행위라는 것이다.

그러한 성경 전체의 관점 안에서, 가나안으로 가는 길은 갈보리로 가는 길 도중에 있는 작은 구간 하나에 불과했다. 그 관점으로부터 볼 때, 내가 할 수 있는 것이라고는 그것을 하나님의 능력의 행위들에 포함시켜서 하나님의 백성이 부름 받아 찬양하게 하는 것뿐이다. 나는 정복을 십자가의 빛 아래에서 읽어야만 한다.

그리고 정복을 십자가의 빛 아래 둘 때, 나는 한 가지를 더 보게 된다. 십자가에도 가장 끔찍하고 악한 인간의 폭력이 연루됐으며, 동시에 이 십자가에 인간의 죄에 대한 하나님의 심판이 퍼부어지게 되었다는 것이다. 물론 결정적인 차이는 있다. **정복에서는 하나님이 심판받아 마땅한 악한 사회에 자기의 심판을 쏟아부으셨지만, 십자가에서는 인간의 악함에 대한 자기의**

심판을 자신에게 지우셨다. 그분의 죄 없는 아들, 심판받을 이유가 조금도 없는 분을 통해서 말이다.

이 부분을 마무리하면서 기억해야 할 것이 있다. 한편으로는 하나님의 주권에 대한 성경적 가르침에 겸손히 순종하는 것, 다른 한편으로는 그리스도의 십자가 신비에 대해 든든하게 성찰하는 것, 이 두 가지는 우리가 이해하지 못하는 것들 속에서도 우리의 신앙이 강해지게 하려고 연합한다. 우리가 십자가 자체를 묵상하기 위해 다음 부분으로 넘어가 보면, 똑같은 것을 발견할 것이다.

---

1) 예를 들어, Stanley N. Gundry, ed., *Show Them No Mercy: Four Views on God and Canaanite Genocide* (Grand Rapids: Zondervan, 2003)와 같은 제목을 보라.

2) 내가 이런 일련의 생각을 시작하게 된 것은 "만일 가나안 사람들이 다른 이방인 이웃들의 손에 무너졌더라면, 그리스도인들은 가나안 사람들의 멸망에 대해 아무런 어려움을 느끼지 않았을 것이다"라고 한 존 웬함의 해설이 눈길을 끌었기 때문이었다[*The Goodness of God* (Leicester: InterVarsity Press, 1974), 137].

3) 로마서 12:13의 전통적인 번역은 "손님 대접하기(hospitality)를 실천하라"다. 이것은 문자적으로 "낯선 사람, 외부인에 대한 사랑"을 의미하기 위해 바울이 선택한 단어 *philoxenia*의 번역으로는 너무 약하다. 이 단어는 외국인혐오(xenophobia)와 완전히 반대되는 것을 의미한다.

4) 나는 이 주제를 내 책 *The Mission of God* (Downers Grove, IL: InterVarsity Press, 2006)의 14장에서 상당히 깊이 다뤘기 때문에, 자세한 내용 모두를 여기서 반복할 수는 없다. 본문에 있는 요약은 어느 정도의 골자를 제공한다. 『하나님의 선교』(IVP 역간).

제3부

십자가를
어떻게
이해할 것인가?

어쩌면 당신은 "내가 이해하지 못하는 하나님"에 관한 책에 십자가에 관한 부분이 있다는 사실에 놀랄지도 모르겠다. "이 친구가 십자가를 이해하지 못한다면, 어떻게 그리스도인일 수 있지?"라고 생각하며 말이다. 내가 서론에서 이해하지 못한다는 말을 여러 의미로 풀었던 것을 기억할 것이다. 내가 지적했던 것은, 내가 하나님에 대해서 완전히 이해하지 못하는 것들이 있다고 말하는 것이 내가 하나님을 모른다거나, 그래서 하나님을 내 모든 존재를 가지고 사랑하거나 신뢰하지 못한다는 것과는 다르다는 사실이었다. 나는 심지어 내 아내에 관해서도 같은 것을 말할 수 있다. 나는 그녀를 거의 평생 알았고 사랑했지만(우리는 십대 때부터 교제했다), 내가 언젠가 그녀를 완전히 이해하게 될지는 잘 모르겠다. 만일 그렇게 된다면, 아내는 의심할 바 없이 그 찬사에 답례할 것이다(만일 그것이 찬사라면 말이다!).

나는 또한 내가 하나님에 관해 이해하지 못하는 것들 중에 어떤 것들은 나를 슬프거나 불안한 채 남겨둔다는 사실을 지적했고, 그것들 중에 일부를 가지고 제1부와 제2부에서 씨름했다. 그러나 내가 이해하지 못하는 다른 것들 중에 어떤 것들이 없이는 내가 살 수 없고, 그것들은 내 마음과 영혼을 헤아릴 수 없는 감사, 기쁨, 평화로 채운다. 그리스도의 십자가는 내게 바로 그런 대상이다.

나는, 성경이 말하는 것에 기초해서, 지금의 나와 앞으로 될 나의 모든 존재가 갈보리에서 지극히 부어진 하나님의 사랑과 은혜에 빚지고 있다는 것을 충분히 이해하고 있다. 그러나 왜 그리고 어떻게 그런지 면밀히 탐구할 때, 나는 우리의 이해를 넘어 존재하는—그러나 우리의 믿음, 찬양, 예배를 뛰어넘는 것은 아니다—깊이와 신비를 인식하는 수많은 사람들에 동참한다.

내가 영국 국교회(성공회)에서 사제로 서품을 받은 후 톤브리지 교회(Tonbridge Parish Church)에서 사역하던 첫해에, 성금요일의 3시 기도(Three Hour Service, 성금요일에 정오에서 오후 3시까지 십자가를 묵상하며 행하는 의식—옮긴이)를 인도해달라는 요청을 받았다. 몇몇 성공회 교회에 있는 이 전통적인 행사는 젊은 보좌사제에게는 매우 부담스러운 일이었다. 그러나 나는 그 예배를 준비하고 인도하는 특권을 귀하게 생각했다. 모서리를 접어놓은 노트들은 내가 그 시간을 분할해서 십자가와 역사, 십자가와 우주, 십자가와 우리를 생각하도록 했던 것을 여전히 기억하게 한다. 각각의 시간은 세 번에 걸친 성경 봉독과 묵상, 찬송, 감동적인 시, 단순한 침묵으로 이루어졌다.

교수 사역을 수십 년간 하는 동안, 나는 온갖 종류의 주제와 성경 각 권에 대해 강의하고 설교했다. 그러나 예전부터 지금까지 여전한 사실은, 그 어떤 것보다 십자가에 관해, 특히 십자가에 대한 복음서의 내러티브들에 관해 설교할 때 더욱 큰 특권, 기쁨, 책임을 느꼈다는 것이다.

그래서, 비록 내가 십자가를 완전히 이해하지 못한다는 것은 사실이지만, 내가 머리로 이해하지 못하는 하나님에 대한 모든 것들 중에서 십자가야말로 내가 가슴으로 가장 즐거워하는 것이라는 사실도 또한 분명하다. 부정적인 문제들로 나를 혼란스럽게 만드는 모든 것을 긍정적인 영광으로 능가하여 사소하게 만드는 것은 바로 이 십자가다. 제3부의 끝에 도달했을 때 우리가 이 부분에 대해 같은 마음이기를 기도한다.

6장
십자가 - 왜 그리고 무엇을?

십자가에 대해 곰곰이 생각할 때, 세 가지 근본적인 질문들이 십자가를 이해하고자 하는 우리의 노력을 요약한다. 왜? 무엇을? 어떻게? 도대체 왜 하나님은 예수님을 보내 십자가에서 죽게 할 생각을 하셨을까? 왜 그것이 우리 입장에서 필요했을까? 그렇다면 왜 예수님은 자신의 입장에서 기꺼이 그렇게 하려고 하셨을까? 그렇다면 하나님은 실제로 자신의 아들의 죽음을 통해 무엇을 성취하셨는가? 이 모든 것은 무엇을 위한 것이었는가? 그리고 마지막으로, 그것은 어떻게 이루어졌는가? 봄날의 그 특정한 금요일에 로마 제국의 저 외딴 속주의 한 도시 외곽에서 6시간의 고문으로 죽은 한 남자의 피흘리는 몸이 어떻게 우주에 있는 모든 것을 변화시켰는가? 그리스도의 십자가는 성경이 우리에게 그 십자가가 했다고 알려주는 모든 것을 어떻게 성취했는가?

우리는 6장에서 "왜"와 "무엇"을 다룰 것이다. 그다음에 7장에서는 "어떻게"를 숙고할 것이다. 이 논의들은 8장에서 그리스도가 "성경대로"(according to the Scripture) 죽으셨다는 바울의 말에 대해 생각하는 것으로 이어질 것이다. 왜냐하면 우리의 이해는 일차적으로 성경으로부터 와야 하기 때문이다.

앞 장들에서 그랬던 것처럼, 내가 소망하는 것은, 우리가 이해**할 수 없는** 것들이 있다는 것을 인정하면서도 우리가 이해**해야 하는** 것들—잘못되고 비성경적인 개념이나 진리에 대한 대중적인 희화화로 인해 혼동되는 위험에 종종 빠져 있는 것들—을 조금이라도 더 명확하게 생각할 수 있게 되는 것이다. 따라서 내 목표는 성경이 분명히 가르치고 있는 것들은 최선을 다해 설명하는 것, 그리고 잘못된 생각들을 없애는 것, 이 두 가지 모두다. 물론 성경 자체가 보류하려는 것으로 보이는 대답은 굳이 제시하려고 노력하지 않으려 한다.

"왜"를 이해하려고 애쓰기

"왜 나란 말인가?" 우리는 이런 말들이 끔찍한 비극이나 사고를 당한 사람들의 고통에 찬 입술에서 나오는 것을 듣는 데 익숙해져 있다. 그러나 이 말을 특별하거나 과분한 복을 받은 사람들의 입술을 통해 듣는 것도 그만큼 자연스럽다. "나는 이걸 받을 만한 일을 하지 않았어!"라는 말은 나쁜 소식이나 좋은 소식에 대한 반응일 수 있으며, 두 경우 모두에서 똑같이 사실이다.

우리가 이 질문을 확장해서, 하나님이 자신의 아들 예수 그리스도의 죽음을 통해 우리에게 하신 좋은 소식과 관련하여 인류를 대신해서 묻는다면, 대답하기가 더욱 불가능해질 것이다. **왜 우리란 말인가?** 나는 가끔 하나님의 보좌 주위에 둘러선 천사들이 자기들은 도무지 이해할 수 없는 두 가지 극단적인 사실들에 대해 곰곰이 생각하고는, 놀라움 속에서 천상에 속한 머리를 절레절레 흔드는 모습을 상상하곤 한다. 즉 한편으로는 이 더럽혀진 행성 위에 있는 인류의 전적인 추락, 그리고 다른 한편으로는 그들의 주님이 그렇게 형편없는 피조물들을 구원하기 위해 감내하기로 선택하셨던 무시무시한 극한의 고통 말이다. **왜 그들이란 말인가?** 찰스 웨슬리도 똑같은 생각을 했다.

> 첫째 스랍이 헛되이 재려하네
> 하나님 사랑의 깊이를
> 모두가 은혜라네! 땅이여 경배하라
> 천사들이 더 이상 묻지 않게 하라.[1)]

대체 우리는 누구인가? 우리는 무엇인가?

우리는 하나님이 자신의 형상으로 만드신 피조물이다. 하나님을 사랑하고, 서로 사랑하고, 하나님이 우리를 두신 이 지구를 돌보게 하기 위해서 말이다. 그 대신에, 우리는 그 형상에 담겨 있는 역량들을 오히려 그 형상을 지우고 그 형상의 주인인 분을 왕좌에서 내려오시게 하는 데 사용했다. 우리는 하나님의 권위를 거절하고, 하나님의 말씀을 불신하고, 하나님의 사랑을 조롱하고, 하나님의 율법을 깨뜨리고, 하나님의 세상을 엉망으로 만든다. 이런 과정에서 우리는 서로를 기만하고, 속이고, 착취하고, 잔혹하게 다루고, 짓밟고, 죽인다.

우리는 하나님이 선하게 만드신 모든 것을 뒤틀어버리고, 하나님이 악이라고 부르시는 것을 선하다고 생각한다. 우리는 하나님이 저주하신 것은 축복하고, 하나님이 복 주신 것을 저주한다. 우리는 자유로운 이성적 개인의 도덕적 자율을 자랑하면서도, 집단적인 광기의 속박으로 번민한다. 우리는 하나님이 필요 없다고 주장하지만, 더 많은 우상과 신들의 발아래 노예처럼 조아리면서도 그것들이 우상임을 인식조차 못 한다. 그리고 이것은 우리의 삶이 처한 암담함의 일부에 대한 속삭임일 뿐, 실제로는 가인과 아벨 이후로 있었던 세대의 수만큼 곱한 것의 수십억 배만큼 더 암담하다.

그런데 예수님이 우리를 위해 죽으셨다! 하나님이 죄인들을 구원하시기 위해 자신의 아들을 세상으로 보내셨다! 할렐루야! **그런데 왜 그러셨는가?** 왜 베들레헴이어야 했는가? 왜 갈보리여야 했는가?

하나님이 우리를 사랑하시기 때문이다!

물론 이것은 올바른 대답이다. 바르고, 성경적이고, 참되고, 훌륭한 대답이다.

그리고 전혀 설명이 불가능한 대답이다.

"하나님이 세상을 이처럼 사랑하사 독생자를 주셨으니…"(요 3:16). 우리는 성경에서 가장 유명한 이 구절을 너무 잘 알고 있어서, 그것이 전하는 진리가 얼마나 굉장하고 놀라운지를 쉽게 놓칠 수 있다. 우리는 십자가에 관한 노래를 부른다. 아마도 너무 익숙해서 더 이상 우리에게 유익을 주지 못하는 채 말이다.

> 십자가 위에 새겨진 것을 우리가 보네
> 빛나는 글자로, "하나님은 사랑이시라"
> 그분은 나무 위에서 우리 죄를 지시고
> 하늘 자비를 우리에게 가져다주시네.[2)]

좋다. 하지만 **왜** 하나님은 우리를 사랑하셨는가? 이 질문은 예수님이 십자가에서 죽으시기 훨씬 전부터 사람들이 물었던 것이다. 왜냐하면 하나님의 사랑은 구약성경이 가장 확실하게 말하는 사실들 중 하나이기 때문이다. 그리고 그 사랑은 그 옛날에도 이해할 수 없을 만큼 당혹스러운 것이었다. 잠시 시간을 들여 구약성경에 나타난 하나님의 사랑에 관해 생각해보자. 이것은 언제나 할 만한 가치가 있는 일이다! 이 일은 "왜?"라는 질문에 **답**을 하지는 않을 것이다. 그러나 분명히 그 질문의 깊이를 더할 것이다. 그리고 그것은 우리에게 이 책의 8장을 읽도록 준비시킬 것이다. 거기에서 우리는 구약성경이 십자가를 이해하는 데 어떻게 도움을 주는지에 관해 몇 가지 중요한 방식을 논의할 것이다. 자, 이제 나와 함께 구약성경으로, 거기에서 만나는 사랑의 하나님께로 가자.

왜 하나님은 구약성경의 이스라엘 사람들을 사랑하셨는가?

신명기는 하나님의 사랑과 그에 대한 보답으로 하나님을 사랑하는 것에 관해 할 말이 아주 많다. 하나님의 사랑은 분명히 이스라엘이 가진 신앙의 핵심이었다. 이스라엘이 하나님을 사랑하도록 격려하기 위해서 온갖 이유와 동기들이 주어졌지만, 왜 하나님이 이스라엘을 사랑하셨는지에 대해서는 하나님 자신의 성품과 신실함을 제외하고는 아무런 동기도 설명되어 있지 않다. 신명기는 "왜" 하나님이 사랑하셨는지에 대해 이스라엘 사람들이 생각해볼 수 있었을 어떤 잘못된 가정이라도 가차 없이 교정한다. 이것들은 모두 오늘날에도 여전히 주변에서 들을 수 있는 가정들이다. 그러한 잘못된 생각들 중에 이런 것들이 있다.

아마도 하나님이 이스라엘을 사랑하신 것은 그들이 뭔가 중요한 민족이었기 때문이었을 것이다? 전혀 그렇지 않다고 모세는 말한다. 이스라엘은 큰 물고기들 사이에 있는 올챙이 같은 존재였다. 대부분의 큰 나라들은 그들이 거기에 있는지조차 몰랐을 것이다.

> 여호와께서 너희를 기뻐하시고 너희를 택하심은 너희가 다른 민족보다 수효가 많기 때문이 아니니라. 너희는 오히려 모든 민족 중에 가장 적으니라. 여호와께서 다만 너희를 사랑하심으로 말미암아, 또는 너희의 조상들에게 하신 맹세를 지키려 하심으로 말미암아 자기의 권능의 손으로 너희를 인도하여 내시되, 너희를 그 종 되었던 집에서 애굽 왕 바로의 손에서 속량하셨나니.
>
> _신명기 7:7-8

이 진술에 있는 순환성을 알겠는가? "하나님은 너희가 위대하기 때문에 사랑하신 것이 아니다." "그렇다면 하나님은 왜 우리를 사랑하셨는가?" "왜냐하면 하나님은 너희를 사랑하셨기 때문이다.…" 하나님은 너희를 사랑하셨기 때문에 너희를 사랑하셨다. 끝. 너희는 이보다 더 근본적인 이유를 찾을 수 없다. 하나님의 사랑은 공리적(axiomatic)이다. 다시 말해, 하나님의 사랑은 모든 설명의 시작점이지, 그 위나 뒤에 있는 어떤 것을 통해 설명될 수 있는 것이 아니다.

아마도 하나님이 그들을 사랑하셨던 것은 어쨌든지 결국 그분이 특별히 이스라엘의 신이셨기 때문이다? 여호와는 이스라엘의 민족신이 아니었던가? 그러한 민족신이 해야 하는 일과 의무는 그 민족을 사랑하고 돌보는 것이 아닌가? 그게 민족신들의 존재 이유다. 미국에 있는 한 친구가 해준 이야기가 있다. 9/11사건 이후 "하나님, 미국에 복을 주소서"(God bless America)라고 쓰여 있는(이것은 기도였을까, 아니면 자랑이었을까?) 포스터와 자동차 범퍼 스티커를 여기저기서 볼 수 있던 시절에, 누군가 "하나님, 나머지 세상에도 복을 주소서"(God bless the rest of the world too)라고 쓰인 범퍼 스티커를 붙인 차를 타고 교회에 왔다. 이런 것들이 인기가 없었던 것은 당연했다. 애국적이지 않다는 말도 들었다. 하나님은 우리 것이기 때문에, 우리야말로 하나님이 사랑하고 보호해야 할 사람들인 것이다.

전혀 그렇지 않다고 모세는 말한다. 하나님은 보편적이시고, 온 세상의 하나님이시고, 땅 위에 있는 모든 민족의 주인이시다. 그렇기에, 왜 하나님이 모든 민족 중에서 너희 이스라엘 사람들을 사랑하셨는지는 신비다. 비록 그것이 사실이지만 말이다. 이것은 회개하는 겸손과 관련된 문제이지, 민족적인 자긍심의 문제가 아니다.

하늘과 모든 하늘의 하늘과 땅과 그 위의 만물은 본래 네 하나님 여호와께 속한 것이로되, 여호와께서 **오직** 네 조상들을 기뻐하시고 그들을 사랑하사 그들의 후손인 너희를 만민 중에서 택하셨음이 오늘과 같으니라. 그러므로 너희는 마음에 할례를 행하고 다시는 목을 곧게 하지 말라.

_신명기 10:14-16 (라이트의 강조)

아니면, 아마도 하나님이 이스라엘 사람들을 사랑하신 것은 그들이 나머지 민족들보다 조금이나마 더 의로웠기 때문이다? 다시 말하지만, 전혀 그렇지 않다고 모세는 말한다. 사실 이스라엘은 처음부터 고집 센 배반자들의 무리였고, 역사를 통해 거의 변하지 않았다. 변한 게 있다면 더 나빠진 것뿐이다. 그러니 만일 그들이 자신들은 하나님이 특별히 제일 좋아하시는 자들이라고 생각했다면, 그들은 완전히 틀렸던 것이다. 너무 틀린 생각이어서 하나님은 그 생각을 반복해서 고쳐주신다.

네 하나님 여호와께서 그들을 네 앞에서 쫓아내신 후에 네가 심중에 이르기를 "내 공의로움으로 말미암아 여호와께서 나를 이 땅으로 인도하여 들여서 그것을 차지하게 하셨다" 하지 말라. 이 민족들이 악함으로 말미암아 여호와께서 그들을 네 앞에서 쫓아내심이니라. 네가 가서 그 땅을 차지함은 네 공의로 말미암음도 아니며 네 마음이 정직함으로 말미암음도 아니요, 이 민족들이 악함으로 말미암아 네 하나님 여호와께서 그들을 네 앞에서 쫓아내심이라. 여호와께서 이같이 하심은 네 조상 아브라함과 이삭과 야곱에게 하신 맹세를 이루려 하심이니라. 그러므로 네가 알 것은 네 하나님 여호와께서 네게 이 아름다운 땅을 기업으로 주신 것이 네 공의로 말미암음이 아니니라. 너는 목이 곧은 백성이니라.

_신명기 9:4-6

나는 살면서 직업을 가진 거의 모든 기간 내내 구약성경을 가르쳤는데, 그동안 "유대인이 어떤 점에서 그렇게 특별해서 하나님이 다른 민족이 아니라 그들을 선택하신 건가요?"와 같은 질문들을 셀 수 없을 정도로 자주 받았다. 그때마다 내 대답은 항상 같았다. "특별한 점은 아무것도 없습니다. 절대적으로, 결단코, 명확히, 전혀 없습니다." 이것은 사람들이 기대했던 대답이 아니기 때문에, 보통 반대에 부딪히거나 추가적인 질문으로 이어진다. 확실히 뭔가 이유가 있을 것이다. 그렇지 않은가? 그러면 나는 내 대답을 뒷받침하는 가차 없는 신명기의 본문들을 보여준다. 이스라엘을 향한 하나님의 사랑은 하나님 자신 안에서 동기부여가 될 뿐, 이스라엘 사람들 안에 있는 어떤 것, 숫자나 도덕성과 같은 것에 의해 그렇게 되는 것이 아니다. 하나님은 그들을 사랑하셨기 때문에 그들을 사랑하셨다. 하나님 자신만이 아시는 이유로 말이다.

이제 독자들은 내가 왜 구약성경의 이스라엘을 향한 하나님의 사랑이라는, 불가사의하고 설명되지 않은 것을 그토록 많이 강조하는지 궁금해할 것이다. 나머지 인류는 어떻게 하는가? 아, 그러나 그것이 바로 핵심이다. 하나님이, 아브라함 안에서 그리고 아브라함을 통해, **이스라엘**을 사랑하고 선택하신 것은 **온 인류**를 향한 하나님의 사랑 계획을 펼치는 첫 마당이었다.

하나님은 이스라엘을 사랑하셨다. 그러나 그들이 나머지 인류보다 더 **낫기** 때문이 아니라, 보편적 인류에 관해 가장 **나쁜** 모든 예를 (증폭해서) 그들이 보여주었다는 사실에도 불구하고, 사랑하신 것이었다. 선지자들은 이 사실을 그들에게 반복해서 말했다. 에스겔은 유다 백성이, 주변 나라들보다 낫기는커녕, 악함의 대명사로 생각할 수 있는 가장 나쁜 나라들인 소돔과 고모라보다 더 못한 수준으로 추락했다고 말했다.

주 여호와의 말씀이니라. "내가 나의 삶을 두고 맹세하노니, 네 아우 소돔 곧 그와 그의 딸들은 너와 네 딸들의 행위 같이 행하지 아니하였느니라. 네 아우 소돔의 죄악은 이러하니, 그와 그의 딸들에게 교만함과 음식물의 풍족함과 태평함이 있음이며, 또 그가 가난하고 궁핍한 자를 도와 주지 아니하며 거만하여 가증한 일을 내 앞에서 행하였음이라. 그러므로 내가 보고 곧 그들을 없이 하였느니라…네가 그들보다 가증한 일을 심히 행하였으므로 네 모든 가증한 행위로 네 형과 아우를 의롭게 하였느니라… 네가 그들보다 더욱 가증한 죄를 범하므로 그들이 너보다 의롭게 되었나니….

_에스겔 16:48-52

따라서 수백 년간 감사하지 않고, 거부하고, 불순종한 이스라엘을 세대를 이어가며 이끄신 하나님의 끈질긴 사랑이 농축해서 보여주는 것은 바로 하나님의 더 큰 사랑 이야기, 즉 온 세대에 걸쳐 반역의 길을 걸어온 인류를 향한 사랑의 이야기다. 그리고 세상을 향한 하나님의 이 사랑이 궁극적으로 그분을 십자가로 이끌 것이었다.

따라서 불가사의함과 놀람이 하나(이스라엘을 향한 하나님의 사랑)에서 다른 것(세상을 향한 하나님의 사랑)으로 이어진다. 이렇게 하나님의 구속하시는 계획에서 구약성경의 이스라엘과 나머지 인류 사이를 연결하는 것은 성경이 속죄를 묘사하는 방식에서 매우 중요한 부분을 차지하기 때문에, 나중에 우리가 십자가의 "어떻게"에 관해 생각할 때 이 점을 명심해야 한다. 지금으로서는, 하나님이 인내하시는 사랑 가운데 이스라엘의 죄를 지신 방식이, 하나님이 무한한 사랑 가운데 세상의 죄들을 십자가에서 지신 방식의 역사적 축소판임을 기억하는 것으로 충분하다. 하나님이 왜 이스라엘이나 세상의 죄를 지셨는지는 "하나님은 사랑이시다"라는 신비의 중심에 놓여 있다.

사랑에 놀라다

하나님을 가장 잘 아는 사람들은 그분의 사랑이 보여주는 과분한 관대함에 가장 크게 놀라는 듯하다. 다윗은 그러한 사랑에 말 그대로 쓰러졌다. 하나님이 다윗과 그의 자손들에게 위대한 약속을 하셨을 때(시편 89:1-3은 그 약속을 하나님의 위대한 사랑의 행위로 두 번 경축한다), 다윗이 완전히 놀라서 주저앉아 말한 것은 사실상 "하나님, 주님을 이해할 수 없습니다! 왜 저입니까?"라는 것이었다.

"다윗 왕이 여호와 앞에 들어가 앉아서 이르되 주 여호와여 나는 누구이오며 내 집은 무엇이기에 나를 여기까지 이르게 하셨나이까"(삼하 7:18). **"내가 무엇이기에!"** 이것이, 내 생각에는, 하나님의 사랑이 쏟아부어지는 것에 대한 바르고 건강한 반응일 것이다. 다윗은 이것을 꽤 오래도록 즐거워했다(대상 29:14-15을 보라).

우리는 하나님이 사랑이시라는 계시된 진리 외에 다른 방법으로는 왜 하나님이 우리를 사랑하기로 선택하셨는지 결코 이해하지 못할 것이다. 사랑하는 것이 단순히 그리고 본질적으로 하나님의 성품이자 본성이다. 그것은 사실을 진술하지만 설명하지는 않는다. 혹은, 그 사실은 하나님이 우리를 사랑하신 이유에 대해 설명하면서, 우리가 우리 자신에 관해 진술할 수 있는 어떤 것과도 연결하지 않고, 단지 우리가 사랑으로 그 존재가 정의되시는 하나님의 피조물이라는 사실만 관련시킨다. 하나님의 사랑은 하나님 자신의 존재 안에서 생성되고 동기를 부여받는다. 마치 우리가 지구라는 행성 위에서 느끼는 햇빛과 온기가 태양 자체 안에서 생성되는 것이지, 지구나 지구 위에서 살아가는 것들의 어떠한 작용도 도움이 되지 않는 것처럼 말이다. 지구가 할 수 있는 것은 그저 햇빛과 온기가 닿는 거리에서 공전하는 것뿐이다. 예수님이 하나님의 사랑을 보여주는 심상으로 태양을 사용하신 것은 놀랄 만한 일이 아니다(마 5:43-45).

내가 무엇이기에! 우리가 무엇이기에! 우리를 위한 하나님의 자기희생적인 사랑에는 장엄한 신비가 있다.

나는 알지 못했던 사랑을 노래하네
나를 향한 내 구주의 사랑
사랑 없는 자들을 사랑스럽게 하는
사랑이 드러났네
오, 내가 누구이기에 나를 위해
내 주님이 연약한 몸을 입으시고 죽으셔야만 했을까?[3)]

우리가 "왜?"라는 질문의 깊이를 잴 수 없다는 사실은 놀라움으로 끊임없이 물들여진 근원적인 감사로 이어져야 한다. 갈보리로 이어진 하나님의 사랑의 깊이를 생각할 때마다 말이다.

어떤 사람들은 자격의 거품 속에서 돌아다닌다. 무슨 말이냐 하면, 그들은 주위의 세상과 모든 사람이 뭔가 자신의 덕을 보고 있다고 생각하고, 그 거품에 구멍이 나면 곧바로 자신의 권리들을 주장한다. 나는 내가 감사의 무지개 아래를 걷고 있다고 느낀다. 삶에서 무엇을 얻을 수 있든지 간에, 아무것도 하나님의 믿을 수 없는 사랑과 끊임없는 자비, 선하심, 영원한 구원하시는 은혜 위에 더해질 수 없다. 그러한 감사는 온전히 깨끗케 하고, 진정시키고, 새롭게 하는 감정이다. 사실 그것은 감정 이상의 무엇이다. 그것은 온전한 세계관, 온전한 삶의 철학, 우주, 모든 것이다. 왜냐하면 감사는 사랑이신, 놀라운 사랑이신 하나님의 존재 자체에 대한 유일하게 적절한 반응이기 때문이다.

상하심과 죽으심이

어찌 날 위함이온지
놀라워라! 주 사랑이
날 위해 죽으신 사랑![4)]

이것은 내가 이해하지 못하는 하나님의 한 차원인데, 감사로 넘쳐나도록 나를 이끈다. 그래서 제1부에서 우리가 살펴본 이해하지 못함의 차원들이 슬픔이나 분노로 이끄는 것과 균형을 이루게 하는 것이다.

"무엇"을 이해하려고 애쓰기

십자가에서 무슨 일이 일어났는가? 한편으로, 신약성경은 십자가 내러티브 자체를 우리에게 제공한다. 네 개의 복음서 모두에서 분명하고 심오하게 말이다. 그러나 또한 바울은 십자가에서 벌어진 일을 요약한다(혹은 바울은 이렇게 요약하는 더 앞선 시기의 신조를 인용한다). "내가 받은 것을 먼저 너희에게 전하였노니 이는 성경대로 그리스도께서 우리 죄를 위하여 죽으시고 장사 지낸 바 되셨다가 성경대로 사흘 만에 다시 살아나사"(고전 15:3-4).

그리고 세실 프랜시스 알렉산더의 찬송은 그것을 어린아이 같은 단순함 속에 담아낸다.

저 멀리 푸른 언덕이 있소
성벽 바깥에
내 사랑하는 주님이 십자가에 달리신 곳이라오
우리 모두를 구원하시고자 주님이 죽으셨소
우리는 알지 못하고, 말할 수도 없소
그가 어떤 고통을 지셔야만 했는지

그러나 그가 거기서 십자가에 달려 고통을 당하신 것이
우리를 위한 것임을 우리는 믿는다오(라이트의 강조).

죄와 속죄의 차원들

다른 한편, 신약성경은 하나님이 이 단회적인 행위를 통해 우리를 위해 이루신 모든 것에 대해 우리에게 말해준다. 이미 제1부에서 우리는 십자가의 우주적인 성취에 관해 생각해보았다. 즉 그리스도의 죽음은 사탄을 궁극적으로 패배시킨 하나님의 승리의 절정으로, 그 승리는 우주에 있는 모든 악한 것을 최종적으로 파멸시킬 것임을 살펴보았다. 그리고 제4부에서 우리는 미래에 있을 놀라운 새 창조의 확실성 또한 예수 그리스도의 십자가와 부활에 근거하고 있다는 것을 살펴볼 것이다. 이것들이 십자가가 온 창조 세계를 위해 성취한 포괄적이고 보편적인 위대한 실재들이다. 우리는 절대로 십자가를 단지 우리 개개인의 구원이라는 작은 규모로만 축소해서는 안 된다. 개인적인 구원은 자신의 모든 창조 세계를 구속하시는 하나님의 총체적인 사역에서 한없이 소중한 하나의 차원일 뿐이다.

지금 이 부분에서 우리는 우리 자신들, 즉 죄인인 인간들과 관련해서 십자가에 주목하고, 하나님이 그리스도의 죽음을 통해 우리를 위해 성취하셨다고 성경이 말하는 속죄에 집중하고 있다. 신약성경은 속죄에 대해 매우 많은 방식으로 이야기하고 있고, 그 목록은 숨이 막힐 정도다. 그 각각의 방식들을 다루면서 감사로 가득한 찬양의 눈물로 끝내지 않기는 힘들다.

각각의 사람과 모든 인류 전체에 미친 죄의 영향이 성경에 포괄적으로 묘사되어 있고, 하나님이 우리를 위해 십자가에서 이루신 것은 그에 상응하게 광범위하다. 그것은 매우 광범위해서 오직 한 가지 방식으로만 묘사하는 것이 사실상 불가능하다. 그래서 성경은 여러 가지 다른 은유들을 사용해서 속죄의 무한한 실체를 표현한다. 이것들은 모두 같은 근본적인 것을 바라보는 다른 방식들이다.

그러나 이것들을 "**단지** 은유들"로만 생각하거나 말하지 않는 것이 중요하다. 마치 뭔가 실제적인 것을 언급하지 않는 것처럼 말이다. 은유는 우리에게 익숙한 무엇인가를 가지고 어떤 것의 특성을 전달하고자 하는 방법이다. 만일 내가 "레임덕 대통령"이라고 말한다면, 내 은유는 대통령의 힘이 약해졌고 취약해졌다는 것을 의미하지, 그가 전혀 대통령이 아니라는 것은 아니다. 은유는 우리가 어떤 실재를 파악하고 그것의 중요성이나 의미를 가진 차원들에 집중하도록 돕는다.

속죄는 위대하고 우주적인 **실재**(reality), 하나님이 성취하신 것으로서 우주에서 가장 위대한 진리다. 그러나 그 속죄의 넓이와 깊이는 단 한 가지 방식으로 파악할 수 있는 것을 넘어선다. 우리는 이 엄청난 실재를 많은 다양한 각도에서 바라봐야 한다. 이것이 신약성경이 다양한 은유들을 통해 하는 것이고, 신학자들이 속죄를 설명하고자 할 때 하는 것이다.

이제 제시하는 것은 인간이 절대적인 필요에 처해 있다는 것을 성경이 명확하게 가르치는 방식들이고, 그에 상응하게 십자가가 그 필요들을 충족시키는 방식들이다. 지금은 일단 이것들을 단지 열거만 한다. 8장에서 우리는 그중에서 특히 오해하기 쉬운 몇몇 부분들에 대해 좀더 깊이 생각해볼 것이다.

▶집으로 돌아옴

죄는 우리를 하나님으로부터 떠나가게 한다. 우리는 가인처럼 방황하며 우리 자신의 광야 속으로 들어간다. 하나님으로부터 단절되고, 하나님의 세상에서 인간됨을 이루는 요소들인 선함, 기쁨, 평화, 충족들로부터 점점 더 단절되는 것을 느끼면서 말이다. **소외와 배제**가 누구라도 감내해야 할 가장 고통스러운 것 가운데 있는데, 근본적으로는 죄가 소외와 배제를 모든 인간들에게 부과하는 것이다. 우리는 하나님으로부터 단절되고 배제되어, 그분의 은혜에서 멀어져 있다. 그러나 십자가를 통해, **하나님이 우리를 집으로 데려오신다**. 구약성경의 이야기를 사용하여 바울은 이방인 신자들에게, 하나님과 그분의 구원하시는 사역으로부터 멀리 떨어져 있는 것과 반대로, 그들이 이제는 그 속으로 바로 이끌려 들어왔다고 말한다.

> 그러므로 생각하라. 너희는 그 때에…그리스도 밖에 있었고 이스라엘 나라 밖의 사람이라. 약속의 언약들에 대하여는 외인이요, 세상에서 소망이 없고 하나님도 없는 자이더니, 이제는 전에 멀리 있던 너희가 그리스도 예수 안에서 그리스도의 피로 가까워졌느니라.…그러므로 이제부터 너희는 외인도 아니요 나그네도 아니요, 오직 성도들과 동일한 시민이요 하나님의 권속이라.
> _에베소서 2:11-13, 19

▶ **자비**

하나님의 사랑에 대한 우리의 죄악된 반역은 하나님의 **분노**를 일으킨다. 그러나 이것은 잠시라도 그분의 사랑이 그친다는 것을 의미하지는 않는다. 왜냐하면 사랑은 하나님의 존재와 본질 그 자체이기 때문이다. 바울에 의하면, 우리 모두는 유대인이든지 이방인이든지 하나님의 분노 아래 있고, 그것은 ("임할 진노"라는 표현에 있는 것처럼) 현재와 미래의 실재다. 그러나 하나님은 십자가에서 그리스도를 통해 행하신 하나님 자신의 행동 때문에 우리를 자신의 **자비와 인자**의 수혜자로 만드셨다.

> 전에는 우리도 다 그 가운데서 우리 육체의 욕심을 따라 지내며 육체와 마음의 원하는 것을 하여 다른 이들과 같이 본질상 진노의 자녀이었더니, 긍휼이 풍성하신 하나님이 우리를 사랑하신 그 큰 사랑을 인하여 허물로 죽은 우리를 그리스

도와 함께 살리셨고 (너희는 은혜로 구원을 받은 것이라)… 이는 그리스도 예수 안에서 우리에게 자비하심으로써 그 은혜의 지극히 풍성함을… 나타내려 하심이라. _에베소서 2:3-7

▶ **구속**

죄는 우리를 **노예**로 만들고, 풀려나야 할 속박 상태에 처하게 한다. 그러나 **구속**을 위해서는 언제나 대가를 치러야 한다. 하나님은 그 대가를 자신이 치르시기로, 즉 "자기 목숨을 많은 사람의 대속물로 주기 위해"(막 10:45) 오신 자신의 아들을 스스로 주심을 통해 하기로 하셨다. 따라서 그 아들 안에서 우리는 "그의 피로 말미암아 속량 곧 죄 사함"(엡 1:7)을 받았다. 십자가는 포로로부터의 자유와 석방을 의미한다.

십자가가 성취한 이러한 측면(구속)은 앞에서 논의했던 악 자체에 대한 하나님의 승리와 연결되어 있다. 악이 무엇이든지, 그리고 사람들을 노예로 만드는 악이 가진 끔찍한 힘의 근원과 본질이 무엇이든지, 그리스도 안에서 하나님은 악을 궁극적으로 영원히 멸망시킬 치명적인 타격을 가하신 것이다. 이 위대한 하나님의 승리 안에 우리를 구출하심, 우리를 구속하심이 있는데, 이 모델은 구약성경에서 하나님이 이스라엘 사람들을 이집트 파라오의 압제로부터 구출하신 출애굽의 이야기 속에 있다.

▶ **용서**

우리는 하나님께 개인적이고 관계적으로 죄를 범했다. **깨진 관계**가 회복되기 위해서는 **용서**가 주어지고 받아들여져야만 한다. 이 또한 대가가 크다. 왜냐하면 용서하기로 선택하는 피해자는 그 범죄로 인한 고통과 대가를 감내하기로 선택하는 것이기 때문이다. 용서받는 자에게 그것을 요구하는 대신에 말이다. 신약성경은 하나님이 우리에게 주시는 용서를 항상 그리스도의 십자가에 연결시킨다. 왜냐하면 십자가는 우리가 하나님의 사랑을 거스르며 범한 범죄의 대가를 하나님이 스스로 지신 곳이기 때문이다. 그 깨진 관계가 치유될 수 있는 것은 오직 하나님이 그 범죄를 "감내하기로" 선택하셨기 때문이다. 곧 그리스도를 통해 그 모든 고통과 대가를 스스로 지기로 선택하셨기 때문이다. 우리에게 그것을 요구하지 않으시고 말이다. 예수님의 십자가와 부활에 관한 최초의 설교는 사도행전에 나오는데, 두 번에 걸쳐 죄의 용서를 회개와 십자가에 달리신 그리스도에 대한 믿음의 일차적인 결과로 제시한다(행 2:23-24, 38; 3:15-19).

▶ 하나님과의 화해

죄는 우리를 **하나님의 원수**로 만든다. 이러한 증오를 제거하기 위해서는 **화해**가 있어야 한다. 이것 또한 십자가가 이룬 것 중 하나다.

> 곧 우리가 원수 되었을 때에 그의 아들의 죽으심으로 말미암아 하나님과 화목하게 되었은즉, 화목하게 된 자로서는 더욱 그의 살아나심으로 말미암아 구원을 받을 것이니라. 그뿐 아니라 이제 우리로 화목하게 하신 우리 주 예수 그리스도로 말미암아 하나님 안에서 또한 즐거워하느니라.
>
> _로마서 5:10-11

다른 곳에서 바울은 이 화해의 행위가 싸구려 덮어두기가 아니었음을 분명히 한다. 그 화해의 행위는 그리스도를 통해 이루어진 것인데, 그분은 자신의 죽음을 통해 스스로를 우리의 죄와 동일시하셨고, 그리하여 하나님이 더 이상 우리의 죄를 우리에게 묻지 않으시게 하셨다.

> 모든 것이 하나님께로서 났으며 그가 그리스도로 말미암아 우리를 자기와 화목

하게 하시고 또 우리에게 화목하게 하는 직분을 주셨으니, 곧 하나님께서 그리스도 안에 계시사 세상을 자기와 화목하게 하시며 그들의 죄를 그들에게 돌리지 아니하시고…하나님이 죄를 알지도 못하신 이를 우리를 대신하여 죄로 삼으신 것은 우리로 하여금 그 안에서 하나님의 의가 되게 하려 하심이라.

_고린도후서 5:18-21

▶서로 화해함

죄는 또한 우리가 **서로 원수** 되게 만든다. 타락 이후에 인류는 모든 면에서 증오를 발산한다. 바로 가인과 아벨의 이야기 이래로 말이다. 신약성경의 때에 이르러서는 하나님의 백성 이스라엘과 이방 민족들 사이에 필요한 구분도 증오의 색채를 띠게 되었다. 이것은 유대인과 이방인들 사이의 큰 장벽이었고, 깨끗하고 부정한 음식 규례로 상징됐다.

그러나 맨 처음에 아브라함에게 약속되었던 하나님의 구원 계획은 모든 민족들에게로 확장되었다. 따라서 결국 유대인과 이방인들 사이의 장벽도 반드시 무너져야 한다. 그리고 그것이 바로 십자가가 이룬 것이다. 세 번에 걸쳐서 바울은 "평화"라는 단어를 이 과정을 묘사하는 에베소서의 짧은 본문에서 사용한다. 그리스도는 우리의 평화**이시다**. 그리스도는 평화를 **만드셨다**. 그리고 그리스도는 오셔서 평화를 **전하셨다**. 그리고 이 모든 것이 십자가를 통해서 이루어진 것이다. 그러므로 십자가 메시지의 강력함은, 십자가가 우리를 하나님의 원수에서 그분의 친구로 바꿀 뿐 아니라, **원수 된 사람들이 서로 화해하게 만들 수 있다**고 하는 데 있다. 그리스도를 통해서 말이다.

이제는 전에 멀리 있던 너희가 그리스도 예수 안에서 그리스도의 피로 가까워졌느니라. 그는 우리의 화평이신지라. 둘로 하나를 만드사 원수 된 것, 곧 중간에 막힌 담을 자기 육체로 허시고 법조문으로 된 계명의 율법을 폐하셨으니, 이는 이 둘로 자기 안에서 한 새 사람을 지어 화평하게 하시고, 또 십자가로 이 둘을 한 몸으로 하나님과 화목하게 하려 하심이라. 원수 된 것을 십자가로 소멸하시고, 또 오셔서 먼 데 있는 너희에게 평안을 전하시고 가까운 데 있는 자들에게 평안을 전하셨으니, 이는 그로 말미암아 우리 둘이 한 성령 안에서 아버지께 나아감을 얻게 하려 하심이라.

_에베소서 2:13-18

▶칭의

죄는 우리를 하나님 앞에서 **유죄**로 만들어서 하나님의 징벌을 받아야 마땅하게 한다. 십자가에서 하나님은 그 죄책과 징벌을 자기 자신의 아들을 통해 자신이 스스로 지셨다. 왜냐하면 "여호와께서는 우리 모두의 죄악을 그에게 담당시키셨고"(사 53:6), "친히 나무에 달려 그 몸으로 우리 죄를 담당하셨기" 때문이다(벧전 2:24). 따라서 우리는 하나님 앞에 유죄로 서지 **않는다**. 그리스도의 **의로우심** 안에 서는 것이다. 십자가 때문에 우리는 옳다고 여김을 받고 의롭다고 선언된다. 그것은 우리가 하나님과 바른 관계에 놓이고, 우리 죄의 고통스러운 결과들을 더 이상 직면하지 않는다는 것이다. 우리는 "하나님의 의"(고후 5:21)가 된다.

▶깨끗하게 함

죄는 우리를 **더럽게** 만든다. 구약성경에서 부정하다는 것은 하나님의 임재로 들어가는 것이 불가능한 상태였다. 구약성경의 이스라엘에 있는 동물 제사의 효과들 중에는 부정함을 없애는 것, 그리고 하나님과 그분 백성의 회중과의 교제로 다시 돌아오게 만드는 능력이 있었다. 신약성경은 그리스도의 희생적인 피의 **깨끗하게 하는** 능력에 관해 말한다. 이것이 그리스도를 "하나님의 어린 양"이라고 부르는 것의 한 측면이다.

…그 아들 예수의 피가 우리를 모든 죄에서 깨끗하게 하실 것이요,…만일 우리가 우리 죄를 자백하면 그는 미쁘시고 의로우사 우리 죄를 사하시며 우리를 모든 불의에서 깨끗하게 하실 것이요,…그는 우리 죄를 위한 화목제물이니 우리만 위할 뿐 아니요 온 세상의 죄를 위하심이라.

_요한일서 1:7-2:2

▶새로운 생명

죽음은 하나님의 세상에 있는 인간의 삶에 엄청난 침입자이며 원수다. 에덴동산 이래로 우리는 육체적으로 그리고 영적으로 죽음에 굴복해왔다. 우리가 육체적으로 죽을 뿐 아니라, 영적으로도 하나님의 생명에서 단절되어 죄 안에서 죽어 있다는 것이다(엡 2:1). 그래서 우리는 죽음이라는 실재를 가장 온전한 의미에서 해결하기 위해, 하나님이 필요하다. 우리가 죽음에 관해 스스로 할 수 있는 것이 아무것도 없다는 사실이 명백하기 때문이다.

그리고 새로운 생명 역시 하나님이 십자가를 통해 이루시고 우리에게 주시는 것이다. 왜냐하면 그리스도의 죽음을 통해 하나님이 "죽음의 세력을 잡은 자 곧 마귀를" 멸하셨기 때문이다(히 2:14). 따라서 십자가는 새로운 생명에 이르는 관문, 즉 하나님의 생명인 그리스도의 부활 생명에 이르는 관문이 된다. "긍휼이 풍성하신 하나님이 우리를 사랑하신 그 큰 사랑을 인하여 허물로 죽은 **우리를 그리스도와 함께 살리셨고**(너희는 은혜로 구원을 받은 것이라)"(엡 2:4-5, 라이트의 강조).

구원의 여러 측면들이 참으로 놀랍다! 성경이 말하는 바에 의하면, 십자가 때문에 우리는 방랑자, 반역자, 범죄자, 죄의 노예, 하나님과 서로에 대한 원수, 더럽고, 영적으로 죽은 상태에서 변화된다. 그래서 하나님과 함께 집에 있고, 그분의 자비와 용서의 미소 아래 있고, 포로에서 구출되고, 하나님 및 이전의 원수들과 평화를 누리고, 깨끗하게 씻김을 받고, 영원을 위해 살아 있는 존재가 된 것이다.

구원에 관한 이 놀라운 그림들 중에 당신에게 특별한 의미가 있는 것이 있는가? 물론 속죄의 각 측면들 하나하나가 고유한 기쁨과 안도감을 가져오고, 우리에게 여러 가지 방식으로 각별한 의미가 있을 수 있다. 우리 모두가 그래야 하는 것처럼, 나도 그것들 전부를 사랑한다. 그것들이 모두 이 진리의 본질적인 차원들이기 때문이다. 여러 가지 측면들이 거기에 있는 것은 우리가 제일 좋아하는 것을 골라잡고 나머지는 무시하라는 것이 아니다. 우리는 하나님이 우리를 위해 하신 것 모두를 붙잡아야 한다. 감사하는 믿음과 사랑이라는 두 손을 가지고 말이다.

그럼에도 불구하고, 이 위대한 진리들 모두를 믿고 그 안에서 즐거워하지만, 나는 십자가의 깨끗하게 하는 능력이 특별히 귀하다고 생각한다. 하나님이 나의 죄를 용서하셨음을 아는 것은 굉장히 놀라운 일이다. 그분이 따뜻한 목욕을 통해 더러움을 씻기듯이 내 죄를 모두 씻어버리셨음을 아는 것은 어떻게든 더욱 깜짝 놀랄 일이다. 물론, 나는 남자다. 사람들은 90퍼센트의 남자들은 욕정과 관련된 문제를 가지고 있고, 나머지 10퍼센트는 거짓말을 하고 있다고 말한다. 나는 욕정의 문제가 나이가 든다고 적어지는 유혹인지 잘 모르겠다(지금까지는 그렇지 않았다는 것이 내가 말할 수 있는 전부다). 그러나 이 문제는 청년 시절의 내 양심을 매우 괴롭게 했다. 나는 이 문제에 관해 몇 시간 동안 호수 주위를 산책하며 연배가 높은 기독교 상담가와 이야기를 나누었다. 산책을 마치고 우리는 자리에 앉았고, 그는 그의 손을 내 머리 위에 얹고는 이러한 말로 기도했는데, 그 말은 그때부터 줄곧 나와 함께했다. "사랑하는 주님, 크리스가 주님의 자녀라는 것과 주님의 손안에 있기에 그가 깨끗함으로 인해 감사를 드립니다. 주님의 손은 그리스도의 피를 통해 깨끗하게 하기 위한 목적 외에는 어떠한 부정한 것도 만지시지 않을 것이기 때문입니다."

나는 기도가 끝나자마자 바로 호수에 수영하러 갔다. 그 정도로 이 깨끗하게 하는 말들로 인해 큰 해방감을 느낀 것이다. 그때 했던 수영은 마치 내 영혼을 씻어주는 성례와 같이 느껴졌다. 십자가에 관해 내가 머리로는 항상 믿어왔던 것이 내 가슴에서 실재가 되었다. 이 경험이 유혹을 줄여주었다거나, 내가 다시는 그런 식으로 죄를 반복하지 않았다는 것이 아니다. 그러나 나는 죄를 고백하고 다시 새롭게 깨끗함을 입기 위해 어디로 빨리 달려가야 하는지를 안다. 욕정만이 하나님 앞에서 우리를 더럽게 만드는 유일한 죄라는 암시를 주고 싶지는 않지만, 종종 내적으로 가장 그렇게 느끼고는 한다. 그렇다면 "[하나님]의 아들 예수의 피가 우리를 **모든** 죄에서 깨끗하게 하신다"는 요한의 말은 얼마나 더 놀라운가! (요일 1:7, 라이트의 강조)

우리는 십자가가 우리를 위한 것이었다고 믿는다

그러나 어떻게 십자가가 이 모든 차원들, 그리고 그 외의 더 많은 차원들에서 그토록 엄청난 변화를 일으켰는가? 하나님이 무엇을 하신 것인가? 예수님은 무엇을 하신 것인가? (물론 우리가 바로 다시 강조해야만 하듯이, 나는 이 두 질문들이 궁극적으로 같은 질문이 된다는 것을 기억하면서 묻는 것이다. 왜냐하면 "하나님께서 그리스도 안에 계시사 세상을 자기와 화목하게 하셨기" 때문이다.)

대답의 핵심은 하나님이 예수님을 통해 우리가 우리 자신들을 위해 할 수 없는 것을 하고 계셨다는 것이다. 하나님은 자신을 우리의 자리에 두시고, 우리의 유익을 위해 하실 수 있는 것을 하셨다. 그리스도 안에서 하나님은 우리를 대신하셨다. 하나님이 그렇게 하지 않으셨다면 우리의 죄 때문에 우리가 겪어야 했을 고통을 자기 스스로 짊어지시기 위해, 그리고 하나님이 그렇게 하지 않으셨다면 우리가 영원히 잃어버릴 것을 우리를 위해 얻으시기 위해 말이다.

십자가는 근본적으로, 완전히, "**우리를 위한**" 것이었다.

기독교의 메시지를 요약한 가장 초기의 진술 중 하나는 (아마도 예수님의 도를 따르는 사람들이 "그리스도인"이라는 별명을 처음으로 얻기 전부터 만들어진 것일 텐데) 십자가를 또렷하게 이런 식으로 해석했다. 바울은 이런 본질적인 기독교 복음 이해를 받아들이고 전파했다.

> 내가 받은 것을 먼저 너희에게 전하였노니, 이는 성경대로 **그리스도께서 우리 죄를 위하여 죽으시고** 장사 지낸 바 되셨다가 성경대로 사흘 만에 다시 살아나사.
>
> _고린도전서 15:3-4 (라이트의 강조)

예수님은 죽음 이전에 이미 자기 자신의 죽음을 유월절 희생제사의 성취로 해석하심으로 이러한 이해로 나아가는 길을 닦아놓으셨다. 출애굽이 있던 밤에 희생제사로 양을 드린 것이 이스라엘 사람들의 첫째 아들들의 목숨을 살렸었다. 유월절 양들의 피가 그들을 "위한" 것이었다. 예수님의 행동도 같은 의미를 가졌지만, 예수님의 말씀은 예수님 자신이, 그분의 몸과 피가 그 희생제물이라는 것을 분명히 밝혔다.

> 또 떡을 가져 감사 기도 하시고 떼어 그들에게 주시며 이르시되 "이것은 **너희를 위하여 주는** 내 몸이라. 너희가 이를 행하여 나를 기념하라" 하시고, 저녁 먹은 후에 잔도 그와 같이 하여 이르시되 "이 잔은 내 피로 세우는 새 언약이니 곧 **너희를 위하여 붓는** 것이라."
>
> _누가복음 22:19-20 (라이트의 강조)

마태복음에는 마지막 문장이 "**이것은 죄 사함을 얻게 하려고 많은 사람을 위하여** 흘리는"이라고 되어 있다(마 26:28, 라이트의 강조).[5)]

예수님은 또한 자신의 죽음을 이사야서에 나오는 하나님의 종의 고난으로 해석하셨다. 이 중요한 부분에서 종의 죽음은, 가능한 한 분명하게, 누군가를 대신하고 대리하는 것으로 묘사된다. 말하자면 타인을 위해, 타인의 자리에 서는 것으로 말이다.

> 그가 찔림은 우리의 허물 때문이요
> 　그가 상함은 우리의 죄악 때문이라.
> 그가 징계를 받으므로 우리는 평화를 누리고
> 　그가 채찍에 맞으므로 우리는 나음을 받았도다.
> 우리는 다 양 같아서 그릇 행하여
> 　각기 제 길로 갔거늘,
> 여호와께서는 우리 모두의 죄악을
> 　그에게 담당시키셨도다.
> _이사야 53:5-6

선지자의 말로부터, 예수님의 입술을 통해, 사도의 펜에 이르기까지, 동일한 메시지가 계속해서 반복적으로 전해진다. **예수님이 우리를 대신하셨다**.

> 하나님이 죄를 알지도 못하신 이를 우리를 대신하여 죄로 삼으신 것은, 우리로 하여금 그 안에서 하나님의 의가 되게 하려 하심이라.
> _고린도후서 5:21

> 그리스도께서 우리를 위하여 저주를 받은 바 되사 율법의 저주에서 우리를 속량하셨으니, 기록된 바 "나무에 달린 자마다 저주 아래에 있는 자라" 하였음이라.
> _갈라디아서 3:13

친히 나무에 달려 그 몸으로 우리 죄를 담당하셨으니, 이는 우리로 죄에 대하여 죽고 의에 대하여 살게 하려 하심이라. 그가 채찍에 맞음으로 너희는 나음을 얻었나니.

_베드로전서 2:24

방금 전에 우리는 어떻게 성경이 다양한 은유들을 사용하여 다면적인 진리를 전달하는지에 대해 말했다. 이 진리는 하나님이 그리스도의 십자가를 통해 이루신 것이 무엇이며, 우리가 그분께 우리의 믿음을 둘 때, 그 이루신 것이 우리에게 무엇을 의미할 수 있는지에 대한 것이었다. 그러나 십자가에 대한 성경의 해석의 중심에 있는 이 기본적 확언, 즉 십자가가 그리스도 안에 계신 하나님이 자신을 우리의 자리에 놓으신 행위였다는 것, 우리의 유익을 위한 속죄의 행위였다는 것은 사실 은유가 아니다.

이미 말했듯이, 은유는 다른 실재의 진리를 묘사하기 위해 하나의 실재를 사용하는 방식이다. 은유들은 인간의 삶과 언어에서 일상적이고 필요한 요소다. 따라서, 예를 들어, 우리는 노예나 인질이 풀려나는 실재를 보고 이렇게 말한다. "일상생활의 **그** 실재가 십자가의 **이** 실재에 관한 진리를 드러냅니다. 십자가는 구속의 한 형태입니다. 노예들을 위해 자유를 사는 것은 하나님이 그의 아들의 죽음을 통해 우리를 구속하는 대가를 치르심으로 우리를 위해 행하신 것에 대한 그림을 보여줍니다."

그러나 속죄의 행위는 **다른** 실재—즉 하나님이 십자가에서 하신 것—에 관해 말하는 하나의 방법으로 우리가 사용할 수 있는 "다른 어떤 것"이 아닌 것으로 보인다. 오히려 여기에는 피할 수 없이 **본질적인** 뭔가가 있다. 속죄는 하나님이 하신 것에 관한 어떤 은유가 아니다. 그것은 하나님이 실제 행하신 것이다. 하나님은 실제로 자신을 우리가 있어야 할 자리에 두기로 선택하셨다. 우리가 우리 자신을 위해 할 능력이 없는 무언가를 우리를 위해 대신하시기 위해서 그렇게 하셨던 것이다. 우리를 대신한 하나님의 "자기 대속"(self-substitution)이라고 존 스토트가 부른 것은, 여러 은유들 중 하나가 아니라, 우리가 이해할 수 있도록 다양한 은유와 비유를 통해 제시되는 핵심적인 실재다. 성경은 하나님이 스스로 자기 자신을 주심, 즉 자기 대속의 행위를 통해 성취하신 광대하고 부요한 실재의 진가를 보여주기 위해 다양한 은유와 비유를 사용한다.

이 주제가 쉽게 오해되기 때문에 우리는 이 문제에 관해서 다음 장에서 다시 다루겠지만, 이 장을 마무리하면서 존 스토트의 말을 인용하는 것보다 더 좋은 방법이 없을 것이다.

> 그러므로 대속의 개념은 죄와 구원의 핵심을 차지한다고 말할 수 있다. 왜냐하면 죄의 본질은 자기 자신으로 하나님을 대신한 인간에게 있으며, 구원의 본질은 인간을 위해 인간을 대신하신 하나님께 있기 때문이다. 인간은 하나님에 대항하여 자기를 주장하면서, 오직 하나님께만 해당되는 자리에 자기를 올려놓는다. 그런데 하나님은 인간을 위하여 자신을 희생시키시고, 오직 인간이 있어야 할 자리에 자신을 두신다. 인간은 오직 하나님께만 속한 특권을 주장하고, 하나님은 오직 인간에게만 속한 형벌을 받으신다.[6)]

> 수치와 무례한 조롱을 지시고
> 내 대신에 죄인으로 서셨네
> 그분의 피로 내 죄 사함을 확정하셨네
> 할렐루야! 놀라우신 구세주![7)]

1) 찰스 웨슬리의 찬송 "주 보혈로 날 사심은"(And Can It Be) 중에서.

2) 토마스 켈리(Thomas Kelly)의 "We Sing the Praise of Him Who Died" 중에서.

3) 사무엘 크로스맨(Samuel Crossman)의 "My Song Is Love Unknown" 중에서. www.cyberhymnal.org/htm/m/y/mysongis.htm을 보라.

4) 찰스 웨슬리의 찬송 "주 보혈로 날 사심은"(And Can It Be) 중에서.

5) 최후의 만찬에서 예수님이 하신 말씀에 대해 다양한 기록이 있는 이유는 아마도, 예배 의식에 쓰이는 몇 문장을 단지 읊조리셨던 것이 아니라, 자신이 말하는 것의 깊은 의미를 거기 있던 자들이 파악할 수 있도록 반복하고 부연하셨기 때문일 것이다.

6) John R. W. Stott, *The Cross of Christ*(Leicester: InterVarsity Press, 1986), 160. 『그리스도의 십자가』(IVP 역간). 존 스토트는 "man"이 여전히 성에 관해 포괄적인 의미로 일상적으로 사용되던 시절에 이 글을 썼다. 지금이라면 아마 "인류"("humankind" 또는 "humanity")와 같이 더 폭넓게 선호하는 포괄적인 용어를 사용했을 것이다("man"에 관한 이 언급은 영문 표현에서 드러나는 문제다—옮긴이).

7) 필립 블리스(Philip Bliss)의 "'Man of Sorrows', What a Name" 중에서.

7장

십자가 - 어떻게?

이제 우리는 십자가의 왜(Why)와 무엇(What)에 이어 어떻게(How)를 살펴보려고 한다. 여기서 하려는 것은 십자가 뒤에 있는 동기와 십자가가 성취한 것을 이해하려는 시도에서 십자가가 "작동한" 방식을 설명하는 시도로 옮겨가는 것이다.

우리의 대답이 어느 정도 유사할 것이라는 느낌이 있다. 만일 우리가 "왜 하나님은 예수님을 십자가에 보내실 정도로 우리를 사랑하셨는가?"라고 묻는다면, 대답은 "왜냐하면 하나님이 그렇게 사랑하셨기 때문이다"라는 것이다. 그리고 만일 우리가 "어떻게 십자가는 우리를 위한 구원을 성취했는가?"라고 묻는다면, 대답은 "왜냐하면 십자가가 그것을 성취했기 때문이다"라는 것이다.

그러나 물론 우리는 거기서 멈추는 것으로 만족하지 않고, 성경도 그렇다. 앞에서 보았듯이, 신약성경은 십자가를 이해하는 데 도움이 되는 많은 은유들을 제공한다. 그리고 지난 세월 동안 기독교 신학자들은 어떻게 십자가 위에서 예수님이 죽으신 것이 하나님과 우리 사이의 속죄를 이루었는지를 설명하는 방법들을 찾고자 애써왔다. 이 책은 그동안 제시되어온 모든 이론들을 개괄하지 않는다. 충분히 많은 책들이 이미 그 일을 했기 때문이다. 그런 이론들 중에 어떤 것들은 그 이론이 발전되던 당시 사회의 특정한 측면들에 문화적으로 깊이 연결되어 있다. 그중에 어떤 것들은 성경이 말하는 것에 못 미치고, 어떤 것들은 성경이 말하는 것 이상을 넘어간다.

그러나 십자가에 대한 복음주의적인 이해는 대체로 십자가의 대속적인 차원을 가장 근본적인 것으로 여겨왔다. 앞 장의 마지막 부분에서 논의했듯이, 이것은 여러 은유들 중 하나가 아니다. 그것은 성경이 십자가에서 일어났다고 말하는 것의 본질에 속한 것이다. 십자가 사건의 영광스러운 복잡성에 관해 무엇을 지지하든지, 십자가의 중심에 서 있는 것은 이것이다. 예수님이 내 대신에 죽으셨다. 하나님의 가슴에서 흘러나오는 자기희생적인 사랑의 행위로 내 죄를 지시고 말이다. 이것은 성경의 수많은 본문들에서 드러날 뿐 아니라, 수없이 많은 찬송과 노래들로 표현되어 기독교의 예배와 헌신으로 계속해서 흘러 들어간다. 바울은 그 사실을 시간을 초월한 단순함으로 "성경대로 그리스도께서 우리 죄를 위하여 죽으시고"라고 서술했다(고전 15:3).

형벌 대속에 의문을 던지기

그러나 최근에는 복음주의 그리스도인들 사이에서도 그 대속의 본질을 묘사하는 한 가지 특정한 방식에 관해 중대한 불일치가 있어왔다. "**형벌** 대속적 속죄"(*penal* substitutionary atonement)라는 표현은 대속의 개념 자체에 어떤 특정한 차원을 추가한다. 이것은 예수님이 십자가 위에서 겪으셔야 했던 고통과 죽음이 우리의 죄에 대한 하나님의 징벌이며, 그리스도 안에서 하나님이 우리를 대신해서 그 형벌을 지신 것으로 본다. 이러한 언어는 법정의 세계에서 가져온 것이다. 그런 의미에서, 대속 자체의 중요한 의미를 더 깊이 설명하기 위해 법정적인 은유를 가져온 것이라고 말할 수 있을 것이다. 하나님은 재판관이시다. 죄인들은 하나님의 법을 어긴 죄가 있다. 형벌은 죽음이다. 그러나 그리스도 안에서 하나님이 우리 대신 그 형벌을 받으심으로 우리가 하나님께 용서받을 수 있고, 그리스도의 의로우심으로 의롭다고 선언 받아서 영원한 죽음 대신에 영원한 생명을 얻게 하셨다. 그렇지 않았다면 영원한 죽음은 우리의 죄에 대한 정당한 형벌이었을 것이다.

속죄에 대한 이러한 해석에 의문을 제기하거나 거부하는 사람들은 다음과 같은 이유들을 들어 그렇게 주장한다.

- 형벌 대속은 하나님과 그분의 율법을 비인격적이고 기계적으로 이해하는 것이다. 마치 율법이 심지어 하나님보다도 더 위에 있는 폭군이어서, 범죄자를 처벌해서 율법이 만족되게 하지 않으면 하나님이 원하시더라도 우리를 용서하실 수 없으셨다는 식이다.
- 형벌 대속은 하나님을 특별히 폭력적으로 만든다. 우리에게 분노를 쏟으시려는 하나님을 피하려면 오직 우리 대신 예수님께 분노를 쏟도록 "허락"하는 수밖에 없다.
- 이 이론은 죄를 다루는 유일한 방법이 (예수님을 향한 하나님의) 폭력이라는 생각을 주입시킴으로써 교회에 의한 폭력적 행위들을 정당화하는 데 사용되어 왔고, 대중적인 서구 문화의 "구속적 폭력의 신화"를 키워왔다(예를 들어, 모든 악에 대한 할리우드의 답변은 좋은 녀석들이 나쁜 놈들보다 더 큰 화력을 보여줌으로 악을 날려 보내는 것이다).
- 형벌 대속은 하나님을 잔혹하리만큼 분노하시는 분으로 묘사하기 때문에, 하나님이 우리를 사랑하셔서 우리를 맞아들이고, 고치고, 회복시키기를 원하신다는 더 큰 진리를 흐릿하게 만든다.
- 그렇게 함으로써 형벌 대속은 결국 매우 혐오스럽게 되고, 복음전파

에 역효과를 가져온다. 이것은 교회의 선교와 복음의 효과적인 소통에 열정적인 사람들에게 매우 큰 걱정거리가 된다.

- 형벌 대속은 죄와 죄책에 집착하는 문화에서 생겨났는데, 포스트모던 문화에서는 그런 단어들이 의미조차 없어지거나 아니면 완전히 바뀌었다. 포스트모던적인 사람들은 하나님의 율법을 어겼다거나 하나님의 거룩하심을 범했다는 의미에서의 "죄"에 대한 이해가 없다. "짊어질" 죄책이나 형벌이 없는 것이다. 오히려 치유되어야 할 수치가 있을 뿐이다. 현재의 문화에는 더 치유적이고 덜 법정적인 접근이 권고된다.
- 형벌 대속이라는 개념 자체가 어떤 경우에든 비도덕적인데, 정상적인 재판 절차라면 죄가 있는 사람은 자유롭게 놓아주는 대신 무고한 사람을 처벌할 가능성에 대해 거부감을 가질 것이기 때문이다.

진짜 문제는 형벌 대속의 반대자들이 비난하는 것들 중 많은 것들이 실제로 거부되어야만 하는 것들이라는 점이다. 왜냐하면 그것들은 성경(혹은 복음주의 신학자들)이 실제로 형벌 대속에 대해 가르치는 것이 아니기 때문이다. 이런 종류의 여러 논쟁에서 볼 수 있듯이, 위험은 사람들이 어떤 희화화된 그림을 그려놓고 그것을 공격하는 데 있다.

그러한 가장 나쁜 희화화 중에는, 우리의 죄에 대한 하나님의 형벌을 예수님이 지셨다는 개념이 "우주적인 아동 학대"의 한 형태에 지나지 않는다고 하는 것이 있다. 맹렬한 복수심을 가진 아버지 하나님이, 단지 타인(우리)을 향한 자기 자신의 분노를 달래기 위해 자신의 무고한 아들에게 고문과 폭력적인 죽음을 가하는 것으로 묘사된다. 그러한 섬뜩한 생각은 성경이 하나님, 십자가, 우리에 대해 말하는 방식을 기괴하게 왜곡한 것으로서 거부해야 마땅하다.

그러나 곤란한 것은, 심지어 그러한 묘사가 단지 희화화에 불과하다는 것을 인정하는 사람들조차도 때때로 그것에 반대하는 수사를 사용함으로써 중요한 성경적 주장을 혼란스럽게 하거나 왜곡시킨다는 것이다. 말하자면, 그들은 때때로 매우 소중한 성경적 아기를 잘못된 대중적 개념이라는 아주 더러운 목욕물과 함께 버리는 것이다.

영국에서 이 문제와 관련된 논쟁이 한동안 지속되었는데, 스티브 초크(Steve Chalke)와 알란 만(Alan Mann)의 책 『잃어버린 예수의 메시지』(*The Lost Message of Jesus*)가 출판되면서 주목을 받았다. 이 책은 예수님과 그분의 메시지의 급진적인 성격을 우리 현대와 포스트모던 문화와 관련시키는 방식으로 제시해야 할 필요성을 열정적이고 힘 있게 주장한다. 이 책에는 언급해야 할 중요하고 필요한 주제들이 많다. 그러나 논쟁을 촉발시킨 것은 단 하나의 문단, 형벌 대속의 관점이 성경 자체와 모순된다고 저자들이 주장하는 부분이었다(저자들은 사실 "형벌 대속"이라는 말을 전혀 사용하지 않지만, 그들이 염두에 두고 있는 것이 무엇인지는 분명하다).

> 사실은 이런 것이다. 십자가는 우주적인 아동 학대, 즉 복수심을 가진 하나님 아버지가 그의 아들을 그가 범하지도 않은 범죄 때문에 벌하는 것의 한 형태가 아니다. 이해할 만하게도, 교회 안팎의 사람들 모두가 이런 뒤틀린 해석이 도덕적으로 의심스러우며 믿음에 큰 방해가 된다고 생각하게 되었다.[1]

물론 우리는 첫 번째 문장에 담긴 부정에 전심으로 즉각 동의하고 싶고, 또한 그러한 생각이 "뒤틀린 해석"이라는 두 번째 문장에도 동의하고 싶다. 그러나 이 문장들을 둘러싸고 있는 문장들은 **하나님의 분노와 하나님의 사랑 사이의 대조**를 도입하는데, 이것이 바로 내가 근본적으로 잘못이라고 생각하는 것이다. 먼저 이 문제를 살펴보고, 그 후에 이 논쟁 전반에서 마찬가지로 헷갈리게 하는 것으로 보이는 몇몇 다른 잘못된 대조들도 다루어보자.

하나님의 분노인가, 하나님의 사랑인가 – 아니면 두 가지 모두인가?

앞에 인용한 "희화화"를 둘러싸고 있는 초크와 만의 글은 이렇다.

> 요한복음의 유명한 선언에 의하면, "하나님이 세상을 이처럼 사랑하사 독생자를 주셨다"(요 3:16). 그렇다면 어떻게 우리는 이런 사랑의 하나님이 십자가에서 자신의 분노와 진노를 자기 아들에게 쏟아붓기로 갑자기 결정하셨다고 믿을 수 있는가?
>
> [앞에 인용된 두 문장에 이어서]…그러나 그보다 더 심각한 문제는, 그러한 개념이 "하나님은 사랑이시다"라는 진술과 완전히 모순된다는 것이다. 만일 십자가가 하나님이 인류를 향해 행사하셨지만 그분의 아들이 받은 개인적 폭력 행위라면, 그것은 원수를 사랑하고 악을 악으로 갚는 것을 거부하는 예수님 자신의 가르침에 대한 조롱이 된다.

이들이 주장하는 모순이 뭔지 알겠는가? 만일 당신이 진정으로 하나님의 사랑을 믿는다면, 그것은 하나님이 화를 내실 수 있다고 믿을 수 없다는 것, 혹은 적어도 그분이 예수님께 화를 내실 수 있다고 믿을 수는 없다는 것이다. 실제로 거의 대부분의 기독교 신학자들은 십자가를 "하나님이 예수님께 분노하셨다"라는 노골적인 표현을 통해 묘사하는 것을 거부해왔다. 그러나 초크와 만은 마치 이것이 형벌 대속을 인정하는 사람들이 실제로 믿는 것이라는 식으로 서술했다. 그러나 그들은 하나님이 분노하며 **예수님을** 채찍질하셨다는 생각을 조롱하는 와중에, **하나님이 화를 내실 수 있다는 개념**

자체가 의심스럽다고 암시하는 듯하다.

그러나 우리는 그러한 대조가 성경적으로 잘못된 것이며 피상적인 것이기에 반대해야만 한다. 성경 전체를 읽으면서 하나님의 분노라는 실재를 인지하지 않는 것은 전적으로 불가능하다. 나는 이 책의 나머지 부분을 성경의 모든 부분에서(4장에서 보았듯이 구약성경과 신약성경 모두에서) 하나님의 분노에 대해 말하는 본문들로 채울 수도 있을 것이다. 그러나 또한 내가 즉시 주장할 수 있는 것은, 성경 전체를 읽으면서 하나님의 진노를 하나님의 사랑에서 분리하는 것은 불가능하다는 사실이다. 왜냐하면 그것들은 서로 내적으로 연결되어 있기 때문이다.

하나님은 사랑이시다. 사랑은 하나님의 존재, 본성, 성품이다. 하나님은 자신이 하는 모든 일에 대해(시 145:17; 또는, 아마도 자신이 만든 모든 것을 향해) 신실한 사랑과 함께 행하신다. 우주에 있는 모든 것은 하나님의 사랑을 불러일으키고, 또한 그 사랑의 대상이다. 창조된 우주 전체에서 하나님이 사랑하지 않으시는 것은 없다. 단 하나의 예외를 제외하고 말이다.

우주에서 오직 한 가지만이 하나님의 진노를 일으키는데, 그것은 악이다. 왜 그런가? 왜냐하면 악의 가장 본질이 바로 하나님의 사랑에 저항하고, 거부하고, 거절하는 것이기 때문이다. 악은 본질적으로 하나님의 사랑에 반하는 반역이다. 악은 하나님의 사랑이 그분의 피조물을 위해 성취하시고자 하는 모든 선한 목적들을 방해하기를 추구하며, 그것이 하나님을 분노하게 한다. 만일 하나님이 자신의 선한 창조를 망쳐버리려는 모든 것들에 대해 분노하시지 않는다면, 그런 하나님은 어떤 하나님이시겠는가?

바로 하나님이 세상을 아주 많이 사랑하시기 때문에, 그렇기 때문에 하나님은 세상을 위해 그분이 원하시는 선한 것에 반대하는 모든 자에 대해 분노하시는 것이다. 만일 하나님이 세상을 사랑하지 않으셨다면 악에 대해 분노하지도 않으셨을 것이다. 만일 하나님이 악에 대해 분노하지 않으셨다면 세상을 사랑한다고 주장하지 못하셨을 것이다. 사랑이 배반당하고 좌절되었을 때 분노는 그 사랑에 대한 전적으로 정당한 반응이다. 당신은 악에 대해 분노하지 **않는** 하나님의 사랑을 받고 싶은가?

미로슬라브 볼프(Miroslav Volf)는 크로아티아 출신의 기독교 신학자다. 볼프는 자신이 하나님의 진노를 쉽게 무시하는 유행하는 견해, 즉 분노하시는 하나님이라는 개념이 어찌 됐든 하나님의 사랑과 양립할 수 없다는 견해를 가지고 있었다고 말한다. 그러나 그의 나라에 전쟁이 터지고 끔찍한 잔혹 행위들이 벌어졌을 때, 그는 자신이 극심하게 그리고 정당하게 분노하고 있는 것을 알았다. 그리고 그는 생각했다. 만일 **하나님**이 그러한 불의와 잔인함에 대해 분노하지 않으신다면 그분은 경배받을 자격이 없는 하나님이라고 말이다. 하나님은 그러한 악에 대해 **분노**하시는 경우에만 사랑받으실 만하며, 우리가 사랑할 가치가 있다.

> 나는 진노가 하나님께 어울리지 않는 것이라고 생각하곤 했다. 하나님은 사랑이시지 않은가? 신적인 사랑은 진노를 넘어서지 않는가? 하나님은 사랑이시고, 그렇기에 모든 사람과 모든 피조물을 사랑하신다. 이것이 바로 하나님이 그들 중에 어떤 이들에게 진노하시는 이유다. 진노하시는 하나님이라는 개념에 대한 나의 저항은 고향인 옛 유고슬라비아에서 발발한 전쟁과 함께 끝났다. 추정에 의하면 20만 명이 죽고 300만 명이 추방됐다. **내가** 살던 마을들과 도시들은 파괴됐고, **나의** 동족들은 날마다 폭격을 당했다. 그들 중 일부는 상상을 초월할 정도로 폭행을 당했다. 나는 분노하지 않으시는 하나님을 상상할 수 없었다. 아니면 20세기 마지막 10년 동안의 르완다를 생각해보라. 거기서 100일 사이에 80만 명의 사람들이 처절하게 죽었다! 그 대량학살에 하나님은 어떻게 반응하셨는가? 손주를 귀여워하는 할아버지처럼, 가해자들을 마냥 사랑만 하셨는가? 대량학살에 대한 심판을 거부하시고, 대신 가해자들의 기본적인 선함을 인정하셨는

가? 하나님은 그들에게 불같이 분노하지 않으셨는가? 하나님의 진노라는 개념의 무례함에 관해 불평해왔었지만, 나는 신이 세상의 악을 보고도 진노하지 않는다면, 그런 신에게는 반항해야만 한다고 생각하게 되었다. 하나님은 사랑이심에도 불구하고 진노하시는 것이 아니다. 하나님은 사랑이시기 **때문에** 진노하신다.[2)]

몇 년 전에 아내와 나는 큰 비탄에 빠진 한 여인과 함께 식탁에 둘러앉은 적이 있다. 그녀의 남편은 설명할 수 없을 만큼 상처를 주는 행동을 했고, 그것은 그들의 결혼생활을 모순적인 메시지들의 혼란으로 빠져들게 하고 있었다. 그녀는 남편의 터무니없는 행동 때문에 분명히 눈에 보이게 남편에게 분노하고 있었다. 그러나 그녀는 눈물을 흘리며 소리쳤다. "하지만 나는 그이를 정말 많이 사랑해요. 나는 그저 그이가 돌아와주길 바랍니다."

바로 이것이다. 그렇지 않은가? 이것은 완전히 이해할 수 있고 정당한 것이다. 사랑이 악함에 직면할 때 사랑과 분노는 함께 간다. 만일 그녀가 남편을 그렇게 많이 사랑하지 않았더라면, 그가 했던 행동들로 인해 그에게 그토록 분노하지 않았을 것이다. 만일 그녀가 그의 행동에 대해 전혀 화가 나지 않았더라면, 그것은 그녀가 남편을 정말로 사랑하지 않고 무관심했다는 것을 의미할 것이다. 그녀의 분노와 사랑은 같은 사람을 향한 같은 가슴에 담긴 동시적인 감정들이었다. 왜 그렇다면 우리는 그 감정들이 하나님 안에서는 모순이라고 말하는가?

사실 초크와 만은 앞의 인용에서 요한복음 3:16의 지극히 중요한 부분을 빼놓았다. 하나님이 자신의 유일한 아들을 주신 것은 그를 믿는 자들이 **멸망하지 않고** 영원한 생명을 얻게 하기 위해서였다. 그러나 왜 우리가 멸망의 위험에 처해 있어야 하는가? 단지 우리가 죽을 수밖에 없는 존재이기 때문만이 아니라, 예수님이 네 복음서 모두에서 분명하게 가르치셨듯이, 멸망은 하나님의 분노 아래에 있는 자들이 회개와 믿음으로 나아가지 않고 자신들의 악함 가운데 머무를 때 처하는 것이기 때문이다. 요한복음 3:16에 의하면, 세상을 향한 하나님의 사랑은 하나님의 진노를 배제하지 않고 오히려 하나님의 진노를 전제하며, 그것의 끔찍한 결과들을 알고 그 해결책을 제시한다.

따라서 십자가에 관해 말할 때 마치 하나님이 예수님에게 분노하신 것처럼 말하는 것은 반드시 피해야 하지만, 예수님의 죽음을 죄에 대한 하나님의 분노에 관해 성경이 말하는 것으로부터 분리시키는 것도 분명히 잘못이다. 왜냐하면 예수님이 감당하신 것이 우리의 죄이기 때문이다. 이 주제에 관해 도움이 되는 책 『속죄의 측면들』(*Aspects of the Atonement*)에서 하워드 마샬은 스코틀랜드 출신의 위대한 신학자 포사이스(P. T. Forsyth)를 인용한다. "죄에 대한 형벌과 저주가 있고, 그리스도는 그 영역에 들어가기로 동의하셨다.…우리는 하나님이 그리스도께 분노하셨다고 말할 수는 없지만, 분명히 그리스도는 하나님의 진노 안으로 들어가신 것이다."[3)]

십자가에서 하나님이 분노와 사랑을 동시에 쏟아부으셨다는 것은 우리의 이해 너머에 있는 놀라운 역설이다. 하나님이 우리를 향한 자신의 사랑 안에서 죄에 대한 자신의 분노를 그리스도 안에서 받아내셨기 때문이다. 그런 이유로 스튜어트 타운엔드의 멋진 찬송 "오직 그리스도 안에서"(In Christ Alone) 중 두 소절은 성경적으로 더 위대하고 충만한 의미를 가진 내용으로 수정될 수 있을 것이다. 타운엔드의 가사는 이렇다.

> …십자가에서 예수님이 죽으셨을 때 비로소
>
> 하나님의 진노가 만족되었네

성경적이고 진리를 반영하면서 부르기에 더 적합한 가사는 이러할 것이다.

…십자가에서 예수님이 죽으셨을 때 비로소

하나님의 진노와 사랑이 만족되었네

성부 하나님인가, 성자 하나님인가 – 아니면 두 분 모두인가?

전적으로 반대해야 하는 또 다른 잘못된 대조는 화난 성부 하나님과 피해자인 성자 하나님에 대한 생각이다. 마치 성부 하나님과 성자 하나님이 서로 반대편에 놓여 있는 것처럼 생각하는 것이다. 앞에서 보았듯이, 이러한 생각은 초크와 만의 책에 암시되어 있다. 형벌 대속을 거부하는 사람들은 이런 설명 방식에 대해 정당하게 반대하는데, 유감스럽게도 대중적인 수준에서 십자가는 보통 이런 부적절한 방식으로 제시된다.

예수님이 우리의 죄를 지셨다는 진리를 설명하기 위한 현대적인 비유를 찾으려고 하면서, 대중적인 설교나 어린이 설교와 같은 것들에서는 그것을 하나의 행위에 참여한 세 당사자들로 설명하는 경향이 있다. 분노하시고 사형을 선고하시는 하나님이 계신다. 그 진노에 노출되어 있고 곧 처벌받을 사람들이 있다. 그리고 여기에 예수님이 계신데, 이분이 우리의 자리에 들어오시고 하나님은 우리를 대신해서 그분을 벌하신다. 그래서 우리는 자유롭게 풀려난다.

문제는 십자가와 관련된 진리를 "설명"하기 위해 사용되는 이러한 대중적인 설명과 다양한 묘사들이, 우리의 구원을 위한 사역 전체에 있는 성부 하나님과 성자 하나님의 하나됨을 근본적으로 파괴한다는 사실이다. 그것은 분명하게 분노하는 성부 하나님과 사랑이 넘치는 성자 하나님, 혹은 벌주는 성부 하나님과 무고한 성자 하나님, 혹은 요구가 많은 성부 하나님과 요구를 충족시키는 성자 하나님으로 설명하면서 두 분 사이를 갈라놓는다.

결과적으로 그것은 속죄를 세 명의 배우들(하나님, 예수님, 우리)이 등장하는 연극처럼 묘사한다. 그러나 사실 속죄는 단지 두 당사자들(하나님과 우리)만 관여할 뿐이다.

물론 이제 우리는 이 지점에서 삼위일체의 신비로 더 들어가는 것이다. 성부 하나님의 위격과 성자 하나님의 위격을 구별해야 하기 때문이다. 그러나 대중적인 설교들이 종종 하는 식으로 그 위격들을 서로 대립시킬 수는 없다. 각 위격의 행위는 두 위격 모두의 행위를 구성했으며, 두 위격이 모두 함께 한 분 하나님의 행위를 구성했다. 성부 하나님과 성자 하나님이 모두 완벽한 조화 가운데 구속 사역에서 함께 행동하셨고, 함께 그 대가를 치르셨다. 바울의 놀랍도록 명료한 진술은 이 진리를 포착한다. "하나님께서 그리스도 안에 계시사 세상을 자기와 화목하게 하시며"(고후 5:19).

존 스토트는 이 부분을 아주 강력하게 강조한다. 이것이 매우 중요한 논점이고 내가 더 잘 말할 수 없기 때문에, 나는 여기에 그의 글을 길게 인용한다. 마치 예수님이 "하나님도 아니고 우리도 아닌 독립된 제3의 당사자"인 것처럼 말하는 사람들을 언급하면서, 스토트는 그들이 "속죄를 크게 왜곡하여 이해해서 대속의 진리를 형편없는 것으로 만들고 만다"고 말한다. 그는 계속해서 이렇게 말한다.

> 그들은 십자가의 주도권이 하나님께 혹은 그리스도께 있었는가에 따라서 십자가를 다음 두 가지 방식 중 어느 한 가지로 제시하는 경향이 있다. 그중 한 가지는 그리스도가 개입하셔서 분노하시는 하나님의 노를 누그러뜨리시고, 그분이 별로 베풀고자 하시지 않는 구원을 억지로 빼앗아오시는 것으로 묘사한다. 다른 한 가지는 그 사태에 개입하는 주체를 하나님으로 그리며, 그래서 하나님이 마땅히 형벌을 받아야 하는 우리 죄인들 대신 무죄한 그리스도를 벌하신다. 이 두 경우 모두에서 하나님과 그리스도는 서로 분리된다. 그리스도가 하나님을 설득

하시든지, 하나님이 그리스도를 벌하신다. 이런 두 가지 설명의 특징은 성부를 모독한다는 점이다. 하나님은 자신이 고통당하는 것을 꺼리셔서 대신에 그리스도를 희생시키시든지, 혹은 용서하고 싶은 마음이 없으신데도 그리스도 때문에 할 수 없이 용서하시는 것이다. 즉 하나님은 예수님의 자기희생적 사랑을 통해 그 진노를 누그러뜨리고, 하고 싶지 않은 마음을 억지로 극복해야 하는 무자비한 괴물처럼 이해되는 것이다.

"여호와께서 우리 모두의 죄악을 그에게 담당시키셨도다"라고 말하는 이사야 53:6 같은 성경 본문들을 언급하면서, 스토트는 그런 본문들에는 모두 그리스도 자신을 주어로 하는 짝이 되는 본문들이 있다는 점을 지적한다. 예를 들어 "[그가] 친히 나무에 달려 그 몸으로 우리 죄를 담당하셨으니"(벧전 2:24) 같은 본문처럼 말이다. 마찬가지로, "하나님이 세상을 이처럼 사랑하사 독생자를 주셨으니"(요 3:16)라는 말씀은 "나를 사랑하사 나를 위하여 자기 자신을 버리신 하나님의 아들"(갈 2:20)이라는 말씀과 짝이 된다. 성자 하나님의 자신을 내어주심과 성부 하나님의 뜻이 이루는 완벽한 조화는 "우리 하나님 아버지와 주 예수 그리스도…곧 우리 아버지의 뜻을 따라 이 악한 세대에서 우리를 건지시려고 우리 죄를 대속하기 위하여 자기 몸을 주셨으니"(갈 1:3-4)라는 바울의 말에 잘 담겨 있다. 스토트는 계속 이렇게 설명한다.

> 하지만 우리는 이런 말들을 하나님이 자기가 하고 싶지 않은 일을 강제로 예수님께 떠넘기셨다든지, 혹은 예수님이 하나님의 무자비한 공의에 의하여 억지로 희생되었다는 의미라고 마음대로 해석할 수 없다. 예수 그리스도께서 실로 우리 죄의 형벌을 담당하신 것이 사실이지만, 예수님이 그 일을 하는 데는 하나님이 적극적으로 개입하셨으며, 또한 그리스도께서는 자신의 역할을 기꺼이 담당하

셨다(예를 들어, 히 10:5-10).

그러므로 우리는 하나님이 예수님을 처벌하신다든지, 혹은 예수님이 하나님을 설득하신다고 말하지 말아야 한다. 왜냐하면 그렇게 말하는 것은 마치 하나님과 예수님이 서로 제각기 행동하며, 심지어는 서로 갈등 관계에 있기라도 한 것처럼 말하는 것이 되기 때문이다. 우리는 결코 그리스도를 하나님의 형벌 대상으로 만들거나, 하나님을 그리스도의 설득 대상으로 만들지 말아야 한다. 왜냐하면 하나님과 그리스도는 모두 주체이지 객체가 아니시며, 죄인을 구원하기 위하여 함께 주도적으로 활동하시기 때문이다. '하나님의 버리심'(God-forsakenness)이라는 말로 표현될 수 있는 십자가상의 모든 일은, 속죄를 반드시 이루고자 하시는 거룩한 한 사랑 안에서 이 두 분이 자발적으로 수락하신 것이다.…만약 성부께서 "아들을 내주신" 것이라면, 아들이 또한 "자기 자신을 내주신" 것이다. 만약 겟세마네의 그 "잔"이 하나님의 진노를 상징한다면, 그럼에도 불구하고 그것은 성부께서 "주신" 것이며(요 18:11), 아들은 그것을 자발적으로 "마신" 것이다. 만약 성부께서 성자를 "보내셨다면", 성자는 스스로 "오신" 것이다. 성부께서는 성자가 꺼리는 시련을 그에게 강요하지 않으셨고, 성자는 성부께서 베풀기를 원치 않으시는 구원을 억지로 탈취하신 것이 아니다. 신약성경에는 성부와 성자 사이에 어떤 형태의 불화가 있었다는—"그것이 성자가 성부로부터 억지로 구원을 빼앗아낸다는 식의 불화가 되었든지, 성부께서 성자에게 내키지 않는 희생을 강요하는 식의 불화가 되었든지"—기미는 전혀 없다. 어느 편에서도 내키지 않는 일을 억지로 하는 일 따위는 없었다. 오히려 성부와 성자의 뜻은 사랑에서 우러난 완전한 자기희생 속에서 하나가 되었다.[4)]

도날드 맥리오드(Donald Macleod)는 같은 논점을 다음과 같이 좀더 강한 언어를 사용해 제시한다.

예수님과 성부 하나님은 하나시다(요 10:20).…갈보리에서 야웨는 죄를 심판하신다. 그분은 죄를 저주하신다. 그분은 죄를 추방하신다(히 13:12). 그러나 동시에, 그분은 죄를 짊어지신다. 그분은 죄를 자기 자신에게 돌리신다. 그분은 죄의 삯을 받으신다. 그분은 스스로 죄의 속죄제사(propitiation)가 되신다. 그분은 죄인의 속전(ransom)이 되신다. 그분은 심지어 죄인의 변호자가 되신다. 하나님과 함께하시는 하나님이신 분이 말이다. 분명히 우리는 성부 하나님과 성자 하나님의 구별을 무시하거나 흐리게 해서는 안 된다. 그러나 동시에 우리는 성부 하나님과 성자 하나님을 다른 존재들로 여기는 더 널리 퍼진 위험을 피해야만 한다. 마지막 분석에 따르면, 하나님은 우리를 향한 자신의 사랑을 표현하시면서 우리를 대신해서 고통당하신다. 그분은 우리를 용서하기 위한 모든 대가를 자신에게 요구하시면서 스스로 치르신다. 그분은 속전을 요구하시며, 속전을 제공하신다. 그분은 속전이 되신다. 여기에 사랑이 있다.[5]

죄책인가, 수치인가 – 아니면 두 가지 모두?

형벌 대속이라는 개념에 대한 또 다른 비판을 하는 사람들은 그것이 개인적이고 객관적인 **죄책**(guilt)에 대한 발전된 이해를 가지고 있는 문화들 안에서만 의미가 있다고 주장한다. 이 말이 의미하는 바는 사람들이 법을 자신들 위에 있는 어떤 것이라고 느낀다는 것이고, 그래서 만일 그들이 법을 어긴다면 그들은 객관적으로 죄책감을 느낀다는 것이다. 누가 그들의 범죄 여부를 찾아내든지 말든지 말이다. 그러나 어떤 문화에서는 (예를 들어, 아시아와 중동의 많은 지역에서는) 진짜 문제가 되는 것은 객관적인 죄책이 아니다. 오히려 주관적이고 사회적인 **수치**(shame)가 문제가 되는 것이다. 어떤 일련의 행동들이나 상황들에서 중요한 것은 내가 한 것이 어떤 외부적인 법에 따라 옳은지 그른지, 그래서 무죄인지 유죄인지 여부가 아니다. 오히려 내가 한 것이 내가 살아가는 사회적 관계의 구조 안에서 나 자신, 나의 가족, 혹은 나와 가장 가까운 사람들에게 수치를 가져오는지 아닌지가 더 중요하다. 죄책은—법이든 하나님이든—외부적인 기준에 직면해서 **양심**에 견딜 수 없는 짐으로 경험된다. 수치는 사회 내에서 타인들에 직면해서 자신의 **자존감**이 견딜 수 없게 파괴되는 것으로 경험된다. 그야말로 "체면을 잃는 것"이다.

이러한 것들을 기독교 선교와 관련해서 분석하는 사람들은 이해할 수 있고 공감할 수 있는 말로 복음의 메시지를 소통하려는 강한 동기를 가지고 있다. 서구세계에서 이것은 우리가 포스트모던적인 사고방식을 가진 사람들의 생각과 통할 수 있는 방법들을 찾아야만 한다는 것을 의미한다. 이것은 절대적으로 옳고 필요하다. 문화적인 역동성과 씨름하고 죄책과 수치의 의미를 바꾸는 것은 온전하고 적절한 복음 전도에 있어서 매우 중요한 부분이다.

포스트모더니티와 수치

포스트모던적 변화의 표지들 중 하나는 초월적인 것, 또는 적어도 기독교적 세계관에 있는 하나님과 같은 초월적인 존재의 상실이다. 사람들은 더 이상 그들이 죄를 범한 인격적인 도덕의 하나님을 의식하지 않는다. 죄에 대한 성경적 개념은 더 이상 통용되지 않거나 전적으로 하찮은 것이 되어버렸다. 그러므로 자연스럽게 죄책은 더 이상 하나님께 대한 우리의 관계에서 객관적인 실재가 아니다.

죄책은 치유 대상으로 다루어야 할 단순한 **심리적** 결손이든지, 아니면 재판에 의해 판단되어야 할 **법률적인** 세부사항이든지, 둘 중 하나다. 죄책은 주관적으로 느껴지지만 실제로는 비현실적이거나 불건전하든지, 아니면 객관적인 것이지만 사회적 관계 안에서 순전히 수평적이든지, 둘 중 하나다. **하나님 앞에서** 죄책은 고려할 가치가 없는 것으로, 종교적 억압의 도구로 여겨진다. 이렇게 생각하는 사람들에게 십자가를 설명하려고 시도하면서, 예수님이 하나님 앞에서 우리의 죄책을 스스로 취하셨고 우리 대신에 죄책의 결과로 고통당하셨다고 하는 것은 별 의미를 전달하지 못한다.

서구 사회가 이러한 방향으로 옮겨갔다는 사실에는 의심의 여지가 없다. 진정한 문화적 변화는 계속되고 있는데, 이는 항상 그랬듯이 우리로 하여금 복음을 사람들이 있는 그곳에서 그들과 "통하는" 방법으로 제시하는데 열심히 노력하기를 요구한다. 신약성경은 결국 어떻게 바울이 그의 메시지를 다른 방식으로 포장하여 구약성경에 깊이 빠져 있는 유대 청중과 또 다신교적인 전제와 풍습들에 깊이 빠져있는 이방인 청중에게 전달했는지를 보여준다. 마찬가지로, 많은 포스트모던적 서구인들이 사실상 성경 이야기에 대한 지식이 전혀 없고 성경적인 하나님을 의식하지 못하는 상황에서, 우리가 이전 세대의 복음전도자들이 가질 수 있었던 전제들을 가지고 말할 수는 없다. 그때는 불신자라도 성경에 익숙했고 성경적인 세계관에 의해 사고방식이 형성되어 있었다.

알란 만은 이러한 변화된 문화적 실재에 의미가 통하도록 속죄를 이해하고 소통하는 방법들을 찾으려는 여러 사람들 중 하나다. 『"죄 없는" 사회를 위한 속죄: 이머징 문화에 관여하기』(*Atonement for a "Sinless" Society: Engaging with an Emerging Culture*)라는 책 제목은 이러한 긍정적인 의도를 정확하게 표현한다.[6] 물론 "죄 없는"이라는 표현을 통해 만이 의미하는 것은 현대 사회가 잘못하는 것이 전혀 없다는 것이 아니다. 오히려 대부분의 사람들이 성경적인 의미에서 "죄"가 의미하는 것이 무엇인지를 전혀 알지 못한다는 것이다. 따라서 그들의 문제는 죄책이 아니라 수치라는 것이다.

그러나 이러한 포스트모던적인 "만성적 수치"는 어떤 **외적**인 권위를 범한 것에 대한 부끄러움이 아니라, 우리가 외부에 투사하는 우리 자신의 이미지와 내적으로 우리가 알고 있는 진짜 자아 사이의 불일치에 의해 **내적**으로

야기되는 수치를 의미한다. 우리는 거의 문자적인 의미에서 "우리 자신을 부끄러워"하는 것이다. 우리에게 진실성과 진정성이 결핍되어 있고 우리의 모든 관계가 왜곡되고 오염된 것은 이러한 내적인 수치 때문이다. 우리가 두려워하는 것은 내부의 자아가 외부의 세계에 노출되는 것, 그리고 그것이 가져오는 수치다. 그래서 우리는 이상적인 자아들을 만들어내고 투사한다.

이 지점에서 포스트모던 문화에 대한 만의 분석은 매우 통찰력이 있어 보인다. 그는 강력하고 잊혀지지 않는 용어들을 통해 "관계적 역기능, 곧 쇠약하게 하고 비도덕화하고 비인간화하는 만성적 수치의 효과"[7]를 묘사한다. 그는 또한 어떻게 십자가 내러티브의 속죄하는 능력이 그러한 영향력에 꽉 잡혀 있는 사람들에게 관여하는지를 정당하게 질문한다. 그러나 다시금, 수치의 실체와 만연한 힘을 강조하기 위해 죄책의 실체를 배제하는 (혹은 적어도 과격하리만큼 경시하는) 잘못된 함정에 빠진 듯하다(여기서 내가 말하는 죄책의 의미는 단지 죄를 범했다는 느낌이 아니라, 성경적인 의미에서 하나님께 범죄했다는 객관적인 사실을 말한다). 예를 들어, 그의 책에서 "죄에서 수치로"라는 장은 "죄책이 아니라 수치"라는 부제를 달고 있다. 그는 "우리가 가지고 있는 속죄 내러티브의 방향을 바꾸어, '죄'와 죄책이 아니라, 수치의 문제들을 다루도록 해야 한다"고 말한다.[8] 그는 성경 내러티브의 모든 자원들을 복음이 사람들의 모든 필요에 연관되게 하는 데 사용해야 한다고 올바르게 말하면서도, 성경적인 증언의 핵심 요소 하나를 명백하게 빼놓는다.

> 속죄의 이야기는 풍성해지고 심오해져서 모든 이야기된 개인들을 마주할 때 의미 있고 충분하게 말할 수 있어야 한다. 그리하여 잃어버린 자들을 찾고, 사회적으로 배제된 자들을 환영하고, 병든 자들을 치유하며, 억압된 자들을 해방하고, 분리된 자들을 화해시키고, 만성적으로 수치를 당한 자들은 "수치가 없게" 해야 한다.[9]

이 모든 것에 대해 우리가 말할 수 있는 것은 아멘이다! 신약성경도 분명히 복음을 이런 방식들로 묘사한다. 그러나 분명하게 이 목록에 추가해야 할 것이 있다. **죄책이 있는 자들에게는 사면과 용서가 필요하다**. 이것이 속죄의 **유일한** 차원은 아니지만(그러므로 마치 그러한 것처럼 말하고 설교하는 사람들에 대한 만의 비판은 정당하다), 빠질 수 없다는 것도 분명하다. 만일 우리가 성경적인 좋은 소식의 모든 차원에 충실하려면 말이다.

그러므로 나는 다시 한 번 "두 가지 모두"식의 접근이 필요함을 호소한다. 왜냐하면 그것이 성경 자체가 우리에게 제시하는 것이기 때문이다.

사람들은 때때로 "수치 문화"와 "죄책 문화"에 관해 말한다. 마치 그것들이 서로 배타적인 것처럼 말이다. 물론 서로 다른 문화들 속에서 어느 한쪽이 주로 강조되는 것은 사실이다. 그러나 성경은 기꺼이 두 가지 모두에 관해, 그리고 두 가지 모두를 다루어야 할 필요에 관해 말한다. 비록 수치가 다소 포스트모던 특유의 모습들을 띠어왔지만, 그렇다고 수치가 단지 포스트모던적인 현상이기만 한 것은 아니다. 그것은 에덴동산만큼이나 오래되었으며, 사실상 인간의 불순종이 가져온 첫 번째 결과였다. 하나님께 불순종했을 때, 아담과 하와는 있는 곳에서 서로 수치를 느꼈다. 그들은 자신을 가리고 숨었다. 만이 잘 지적하듯이, 포스트모던적인 사람들은 수평적인 수치는 갖고 있지만, 수직적인 불순종에 대한 의식은 잃어버렸다. 만성적 수치에 대한 그의 묘사는 단지 사회적 포스트모더니티에 관한 논평일 뿐만 아니라, 창세기 3장 이후 계속된 인간 문화의 그림이다.

> 만성적으로 수치를 느끼는 사람들은 다른 사람들에게 자기 이야기를 하는 방식이 그들 자신의 진정한 모습이 아니라는 사실을 드러내기를 두려워한다. 그들은 관계를 맺는 데 불안해하고, 사회적으로 받아들여질 수 없다는 것을 알게 될 두려움 때문에 "타자"로부터 자신을 감추어야 할 필요를 끊임없이 의식한다. 수치

를 느끼는 사람은 계속된 은폐의 상태 속에서 산다. 심지어 다른 사람들과 서로 영향을 주고받을 때조차도 말이다.[10)]

이것은 우리가 바로 에덴동산에서 발견하는 것이 아닌가?

문제는 포스트모던적인 수치가 전적으로 자아, 그리고 그것의 불충분함 혹은 불일치에만 초점을 맞춘다는 것이다. 그러나 성경은 자아의 그러한 무질서가(이것은 실재하는 것이다), 죄와 불순종이 원인이 되어 하나님과 맺은 관계가 무질서하게 된 것에서 나온 열매임을 주장한다. 죄책을 언급하지 않으면서 수치를 다룰 수는 없다. 성경은 단호하게 두 가지 모두에 문제를 제기한다.

따라서 우리는 수치라는 실재를 올바르게 말하려고 한다면서 죄책이라는 실재에 대해 말하기를 그만둘 필요가 없다. 두 가지 모두는 우리 인간이 처한 곤경과 필요의 일부다. 복음은 두 가지 모두를 다룬다.

에스겔, 수치에 관해 말하다

에스겔은 수치에 관해 심오한 분석을 제공한다. 에스겔은 **수치를 당하는 것**과 **수치를 느끼는 것**이 무엇을 의미하는지 이해한다. 놀랍게도 그는 이런 것들을 하나님께도 적용한다. 에스겔 36:16-32이 핵심 본문인데, 전체를 다 읽어볼 가치가 있다.

에스겔은 포로 생활이라는 현실로 이야기를 시작하면서, 그것을 이스라엘의 죄에 대한 하나님의 심판으로 반박의 여지없이 받아들여야 한다고 해석한다(16-19절). 그러나 야웨의 백성이 여러 나라에 흩어진 것은 야웨 자신의 이름에 수치를 가져왔다(20-21절). 진짜 이야기(하나님이 자기 자신의 백성을 벌하신다)와 민족들 중에서 입방아에 오르내리는 이야기(야웨는 바벨론의 신들에게 패한 또 다른 약한 신에 불과하다) 사이에 차이가 있었다.

야웨의 평판이 위기에 처했다. 그분은 민족들 사이에서 수치를 당하고 계셨는데, 그 수치가 너무 커서 그분은 "자기 자신의 이름에 미안함을 느끼셨다"(이것이 21절의 문자적 내용이다). 그래서 하나님은 자신의 백성을 돌이키기 위해 행동하셔서 자신의 이름을 회복하시고, 오해 때문에 생긴 수치를 제거하실 것이다(22-23절). 그렇게 하기 위해서 그분은 또한 이스라엘을 회복하시고, 깨끗케 하시고, 그들을 더럽히는 우상숭배를 제거하시고, 그들에게 새 마음과 순종의 영을 주실 것이다(24-27절).

그런 다음에 우리 주제에 관한 핵심적인 성찰이 나온다. 하나님의 용서와 "하나-됨"[at-one-ment; "atonement"(속죄)에 대한 말 풀이다—옮긴이]은, 그들과 하나님의 관계를 깨뜨린 죄뿐만이 아니라, 하나님의 노여움이 낳은 결과인 수치도 다룰 것이다. 그들은 다시 한 번 민족들 사이에서 "수치스럽지 않게" 되어서, 비난당하지 않고 고개를 들 수 있을 것이다(30절; 비교. 15절). 그래서 그들은 다른 사람들 앞에서 부끄러움을 느낄 필요가 없다. 그러나 역설적으로, 그들은 하나님의 존전에서 부끄러움을 느끼며 자기들의 죄를 기억**할 것이다**(31-32절). 여기에 모순은 없다. 첫 번째 것은 위축되게 하는 사회적 수치의 제거를 말한다. 두 번째 것은 건전한 수치를 말하는데, 이것은 하나님이 우리를 어디에서 구원하셨는지에 대한 감사의 기억에서 흘러나온다. 에스겔의 이 놀라운 본문에 관해 내가 다른 곳에 썼던 것을 여기에 옮겨본다.

> 영적으로 심리학적으로, 이 장에는 신자의 삶에서 수치가 어떤 위치를 차지해야 하는지에 대한 심오한 통찰이 담겨 있다. 이스라엘은 다른 민족들 앞에서는 수치를 느끼지 **말아야** 했으나(36:15), 하나님 앞에서 그들 자신을 기억할 때는 수치를 **느껴야** 했다(31-32절). 마찬가지로 모든 죄와 범죄를 하나님께 사함 받은 신자들은 사람들 앞에서 당당히 머리를 들 수 있다.
>
> 우리는 다른 사람들이 우리에 대해 생각하는 것을 통제할 수 없다. 하지만

하나님 자신이 단언하신 것을 앎으로써 갖게 되는 위엄과 자기 존중감을 파괴시킬 필요는 없다. 복음서에서 예수님은 용서와 회복의 은혜를 체험한 사람들을 의도적으로 대중 앞에서 인정해주셨던 것으로 보인다(예를 들어, 삭개오, 주님의 발을 씻은 여인, 혈루병을 고침 받은 여인, 깨끗케 된 나환자들, 간음하다 잡힌 여인 등). 야웨가 겸손하고 죄를 의식하는 예배자들을 공적인 수치와 치욕에서 보호하실 것이라는 강한 바람은 시편에서 종종 발견된다. 내가 오랫동안 좋아해온 시편은 시편 25편이다.

> 여호와여 나의 영혼이 주를 우러러보나이다.
> 나의 하나님이여 내가 주께 의지하였사오니,
> 나를 부끄럽지 않게 하시고
> 나의 원수들이 나를 이겨 개가를 부르지 못하게 하소서.
> 주를 바라는 자는 수치를 당하지 아니하려니와(시 25:1-3).

그리고 포로 생활 중의 이스라엘에게 그랬던 것처럼, 안심시키는 하나님의 말씀이 그 두려움을 다루시는 것을 들으면 얼마나 안도가 되는가?

> 두려워 말라. 네가 수치를 당하지 아니하리라.
> 놀라지 말라. 네가 부끄러움을 보지 아니하리라(사 54:4).

그런 약속과 함께, 그리고 깨끗하게 하시고 회복시키시는 그리스도의 사역에 근거하여, 신자는 분명 교만하지도 부끄러워하지도 않으면서 세상을 직면할 수 있다.

하지만 다른 한편으로, 그 사람이 홀로 하나님과 과거의 기억들을 대면할 때 당연히 매우 격심한 내적 수치와 치욕을 느낄 수 있다. 하지만 그것은 파괴적이거나 궤멸적인 감정이 아니다. 오히려 진정한 회개와 겸손을 위한 중요한 힘을 공급해주며, 오로지 거기서만 기쁨과 평강이 흘러나오는 것이다. **내가** 나의 죄를 기억할 때 **하나님이** 내 죄를 기억하지 않으신다는 것을 나는 안다. 그분 편에서 보면 그 죄들은 그리스도의 속죄하는 피로 가득한 바다 깊은 곳에 파묻혀서, 결코 다시는 표면에 떠올라 나를 비난하지 않을 것이다. 그리고 그 해방하는 진리를 의식할 때만 나는 나의 죄들을 기억할 수 있다(혹은 반드시 기억해야 한다). 이것은 새로이 비난받고 죄책감을 느끼게 하는 기억이 아니다. 그런 것은 참소하는 자인 사단의 역사다. 사단의 찌르고 요동치게 하는 기억은 곧바로 십자가로, 그리고 승천하신 우리의 대제사장께로 가져가야 한다. 왜냐하면,

> 사단이 나를 시험하여 절망에 빠뜨릴 때
> 그리고 내 안에 있는 죄에 대해 말할 때,
> 나는 위를 바라보고 거기에서
> 내 모든 죄를 끝내버리신 그분을 보네.

그러나 이 기억은 치욕에서 감사가, 수치에서 찬양이 흘러나오게 한다. 이 기억은 하나님의 구원하시는 사랑의 길이와 넓이와 깊이에 경탄하게 하는데, 이 사랑은 한때의 나의 모습 혹은 내가 될 수도 있었을 모습에서 나를 구해주셔서 현재의 내가 그 은혜의 자녀가 되게 하셨다.

> 차가운 유리 거울에서 나는 나의 과거가 지나가는 것을 보네.
> 한때 나의 모습이었던 어두운 그림자들.
> 자주색 눈, 진홍빛 거짓말들.
> 나는 말했네, 사랑이여 나를 구해주소서.[11]

당신은 어쩌면 이 글에서 자전적인 감정을 포착했을지 모르겠다. 수년 전에 나는 내가 죄라는 것을 아는 행동을 지속하도록 내 자신을 내버려두고 철저히 수치스럽게 생각했던 적이 있었다. 하나님의 자비로 그것은 끝났다. 그리고 나는 하나님 앞에서 철저히 회개하고 그분의 용서를 신뢰했다. 용서받았다는 것을 알면서도, 우리가 우리 자신에 대해 아는 것의 깊이가 다른 사람들에게는 알려지지 않았다는 것으로 인해 해방감과 더불어 여전히 수치심으로 허우적거리고 있을 때, 나는 십자가 내러티브를 다시 생각하게 되었다. 그리고 나는 갑자기 나 자신에게 크게 소리쳤다. "예수님이 나의 수치를 짊어지셨다! 내 것이어야 했던 그 수치를!" 왜냐하면 참으로 처형의 수단으로서 십자가형의 핵심은 견딜 수 없고, 공개적이고, 수치스럽다는 것이기 때문이다.

복음서들은 예수님이 어떻게 다루어졌는지를 제한적으로 묘사하면서도, 조롱하는 대중이 보는 앞에서 그분이 참을 수 없을 만큼 모욕을 받으셨다는 것을 분명히 한다. 그러나 그분은 그 수치를 당하시지 않았어야 했다. 잘못하신 것이 없었기 때문이다. 그것은 나의 수치였다. 내가 당해야 마땅한 것이었다. 그러나 죄 없던 그분이 그 수치를 당하셨다.

물론 나는 전에도 이것을 머리로는 알고 있었다. 속죄에 대한 이론적인 이해의 한 부분으로서 말이다. 그러나 처음으로 그것은 압도적인 실재로 다가왔다. "예수님이 나의 수치를 짊어지셨다!" 나는 감사의 눈물을 흘리며 반복하고 또 반복해서 스스로에게 말했다. 분명히 그분이 내 죄책에 대한 하나님의 정의로운 심판을 받으셨다는 것으로 충분했다. 나는 그 정도는 알고 있었고, 그래서 하나님의 용서 가운데 기뻐했다. 분명히 그분의 피를 통해 더럽고 오염된 내 습관들이 깨끗이 씻김을 받을 수 있다는 것으로 충분했다. 나는 그것도 또한 소중한 진리로 알고 있었다. 그러나 그분이 내 대신에 가장 두려운 수치를 짊어지셨다는 것, 그분이 나로서는 생각하는 것조차 감당할 수 없는 것을 나를 위해 지셨다는 것, 이것은 내 이해를 넘어서는 것이었지만 깊은 확신의 물결 속에 내 영혼을 덮었다. 앞에서 인용된 이사야 54:4의 약속, "두려워하지 말라 네가 수치를 당하지 아니하리라 놀라지 말라 네가 부끄러움을 보지 아니하리라"는 말씀이 내 가슴에 직접적인 위로의 말씀으로 다가왔다. 그러나 나는 오직 그리스도가 그 수치를 이미 짊어지셨기 때문에 내가 그렇게 주장할 수 있음을 알고 있었다.

> 수치와 무례한 조롱을 지시고
> 내 대신 저주 받아 서셨네
> 자기의 피로 용서를 확증하셨네
> 할렐루야! 놀라우신 구세주![12]

이것이 바로 내가 이해하지 못하는 하나님에 관한 목록의 맨 첫 자리에 십자가가 있다고 말한 이유다. 갈보리에서 증명된 하나님의 사랑을 경험한 것에 대한 나의 넘쳐흐르는 감사는 이 책의 제1부에서 생각해본, 우리를 당황스럽게 하는 공포들로 인한 고통과 분투보다 훨씬 더 묵직하다. 그리고 그 감사는 하나님이 늘 사랑이시라는 것을 아는 확실함 가운데 난제들을 감당하도록 돕는다.

우리는 이 장에서 십자가의 의미에 관해 이견들이 있을 때 쉽게 발견되는 잘못된 대조들 중 몇몇에 관해 생각했다. 나는 쉽게 대립되는 것처럼 느껴지는 각각의 것들을 함께 붙들어야 한다고 주장했다. 그런데 성경 전체가 함께 붙들고 있는 것으로 보이는 것을 분리시키기 때문에 앞에서 다루었던 것들만큼 문제가 된다고 생각되는 잘못된 대조가 하나 더 있다. 그것은 십자가가 인간의 악이 하나님께 할 수 있는 최악의 것을 받아들이고 패배시키기 때문에 하나님의 가장 위대한 순간인지, 아니면 죄와 악에 대한 하나님의 가득 찬 분노를 쏟아붓고 그리스도 안에서 그것을 감당하기 때문에 하나님의 가장 위대한 순간인지에 대한 질문이다. 그러나 이것들이 서로 어떻게 연관되어 있는지를 이해하기 위해, 우리는 새로운 장으로 옮겨가 성경을 더 깊이 파고들어야 할 것이다.

---

1) Steve Chalke and Alan Mann, *The Lost Message of Jesus* (Grand Rapids: Zondervan, 2003), 182.

2) Miroslav Volf, *Free of Charge: Giving and Forgiving in a Culture Stripped of Grace* (Grand Rapids: Zondervan, 2006), 138-139. 『베풂과 용서』(복있는사람 역간).

3) P. T. Forsyth, *The Work of Christ* (London: Hodder & Stoughton, 1910), 201, I. Howard Marshall, *Aspects of the Atonement* (London, Colorado Springs, Hyderabad: Paternoster, 2007), 36에서 인용.

4) John R. W. Stott, *The Cross of Christ* (Downers Grove, IL: InterVarsity Press, 1986), 150-152. 『그리스도의 십자가』(IVP 역간). 그 중간에 인용된 몇 줄은 I. H. Marshall, *The Work of Christ* (Exeter, Paternoster, 1969), 74에서 인용.

5) Donald Macleod, *Behold Your God* (Inverness: Christian Focus, 1995), 184; 또 다른 뛰어난 책 Tim Chester, *Delighting in the Trinity* (Oxford: Monarch; Grand Rapids: Kregel, 2005), 65에서 인용.

6) Alan Mann, *Atonement for a "Sinless" Society: Engaging with an Emerging Culture* (Milton Keynes: Paternoster, 2005).

7) 같은 책, 47.

8) 같은 책, 54.

9) 같은 책, 97.

10) 같은 책, 41.

11) Christopher J. H. Wright, *The Message of Ezekiel* (The Bible Speaks Today; Downers Grove, IL, and Leicester: InterVarsity Press, 2001), 301-2(『에스겔 강해』, IVP 역간). 마지막에 인용된 노래는 U2의 "Love, Rescue Me" 중에서.

12) Philip Bliss의 "'Man of Sorrows', What a Name" 중에서.

8장
십자가 - 성경의 증언

우리는 십자가의 신비에 관해 탐구해왔다. 6장에서 우리는, 비록 "왜"(Why) 하나님이 우리를 위해 자기 자신을 주시는 사랑을 베푸시는지 완전히 이해하지는 못하면서도, "무엇"(What)이든 하나님이 그리스도의 십자가를 통해서 우리를 위해 성취하신 것이라면 감사의 팔로 받아들일 수 있음을 보았다. 복합적인 그림들을 통해 신약성경은 속죄의 풍성한 광범위함을 묘사한다. 그리고 7장에서 우리는 언제나 논쟁이 되어왔던 십자가의 "어떻게"(How)라는 문제를 살펴보았다. 최근 들어 "형벌 대속"이라고 알려진 전통적인 이해가 공격을 받게 되었다. 나는 논쟁 전체에 휘말리지 않으면서, 많은 오해의 핵심에 놓여 있는 것으로 여겨지는 몇몇 잘못 짝지어진 반대 개념을 해결하고자 노력하고 있다. 7장에서 우리가 거부한 혼란스럽고 혼동되게 하는 몇 가지 대립은 하나님의 분노와 하나님의 사랑 사이에, 성부 하나님과 성자 하나님 사이에, 죄책과 수치 사이에 있었다. 이 장에서 우리는 잘못된 대립을 하나 더 살펴본다.

인간의 악함인가, 하나님의 심판인가 – 아니면 두 가지 모두인가?

어떤 사람들은 예수님을 향해 퍼부어지는데도 그분이 보복하지 않고 짊어지신 인간적이고 사탄적인 악에 모든 강조를 집중하면서 십자가에서 일어난 일을 묘사하기도 한다. 그리스도가 받으신 고난은 하나님이 가하신 형벌이 아니라, 바로 그러한 악이라는 것이다. 그래서 그들은 십자가에서 예수님이 스스로 짊어지신 것이 우리를 향한 하나님의 진노가 아니라, 하나님을 대적하는 인류의 악함이라고 주장한다. 그렇게 하면서 형벌 대속의 개념을 피하려는 것이다. 예수님은 인류가 그분께 퍼붓는 최악의 것을 받으셨고, 그것을 자기 자신 안으로 받아들이시면서 패배시키셨다. 십자가는 그리스도 안의 하나님이 인간의 악과 폭력을 받아들이시고 다루시는 방법이었다. 그리스도는 인류의 손에 고통을 받으셨고, 그런 의미에서 우리의 죄를 짊어지시는 가운데, 궁극적으로 죄의 찌르는 것을 뽑아 없애셨다. 그분은 우리를 향한 하나님의 진노가 아니라, 하나님을 향한 우리의 진노를 받으셨던 것이다.

물론 이 견해가 **긍정**하는 것에는 계시적이고, 모범적이고, 구속적인 위대한 진리가 있다. 비록 이 견해가 **부정**하는 것에 관해서는 동의하지 말아야 함에도 불구하고 말이다. 우리가 이미 3장에서 논증했던 대로, 십자가의 의미에서 본질적인 요소들 중 하나는 십자가가 두렵고 끔찍한 악의 힘이 가장 극대화되어 발휘된 지점이라는 것이었다. 인간과 사탄은 생명과 창조의 주님을 거부하고 폭행하고 고문하고 살해하면서 절대적으로 최악의 것을 행했다. 그리고 예수님은 자신을 처형한 인간 행위자들을 용서해달라고 성부 하나님께 기도하심을 통해 그 최악의 것을 감당하셨을 뿐 아니라 이겨내셨다.

그리스도께서 홀로 상상할 수 없는 증오, 불의, 억압, 폭력, 고문, 살해의 표적이 되셨다는 것이 그리스도의 고난이 내포한 측량할 수 없는 차원이었음에는 의심의 여지가 없다. 또한 예수님이 그러한 취급을 받으시면서도 반격하시거나 되받아서 저주하지 않으시고, 그저 그것을 감당하셨다는 사실에 대해 신약성경이 경탄한다는 사실에도 의심의 여지가 없다(벧전 2:23). 더군다나 신약성경은 분명하게 악의 권세가 그분께 가할 수 있는 모든 것을 예수님이 십자가에서 감내하시면서 이겨내셨음을 확언한다. 다시 말하면, 십자가는 악을 그저 수동적으로 받아들이는 것이 아니라, 그것에 대한 최고로 능동적인 승리였다(예를 들어, 골 2:15).

그러므로 우리는 이 모든 것을 기꺼이 인정할 수 있다.

그러나 죄악된 인류의 행동으로서 십자가가 가진 끔찍한 깊이를 인정한다고 해서, 십자가 위에서 그리스도가 당하신 고난이 하나님의 행위이기도 했다는 생각을 꼭 배제해야만 하는가? 그리스도 안의 하나님이 십자가에서 자기를 대적하는 **우리 죄의** 극악한 표출을 감당하셨을 뿐 아니라, **우리 죄에 대한** 하나님의 심판을 우리를 위해 받으셨다는 것을 부정해야만 하는가?

다시 한 번, 나는 이것이 또 다른 잘못된 대립이라고 말해야겠다. 십자가가 **인간의** 가장 심각한 사악함을 짊어진 예수님에 관한 것이라고 인정하는 것이, 십자가가 또한 **하나님의** 심판의 무게를 짊어진 예수님에 관한 것임을 우리로 하여금 부인하게 만드는 것은 아니다. 둘 중에 하나만 선택해야 하는 것이 아니다. 성경이 둘 다 인정하기 때문이다.

"성경대로"

여기서 다시 구약성경을 살펴보는 것이 도움이 된다고 생각한다. 정말로, 우리는 십자가를 이해하는 첫 자료로 구약성경을 살펴보아야 한다. 왜냐하면 우리는 예수님이 자신의 죽음을 우리가 지금 구약성경이라고 부르는 성경의 빛 아래서 이해하셨다는 것을 확신할 수 있고, 바울도 그랬기 때문이다. 바울이 인용하는 것은 아마도 복음에 대한 가장 초기의 요약이다. "이는 **성경대로** 그리스도께서 우리 죄를 위하여 죽으시고 장사 지낸 바 되셨다가 **성경대로** 사흘 만에 다시 살아나사"(고전 15:3-4, 라이트의 강조).

나는 이 반복된 구문("성경대로", according to the Scriptures)을 "성경이 말하는 대로"(as the Bible says)라는 말과 같은 것으로 이해하곤 했다. 아마도 다른 사람들도 대부분 그럴 것이다. 우리는 우리가 주장하는 바를 지지하는 성경의 어떤 특정한 본문을 마음에 둔다. 그래서 바울의 글을 읽을 때 마치 그가 "성경이 말하는 대로 (즉 복음서들을 확인해보면 알 수 있듯이) 예수님이 죽으시고 다시 사셨다"라고 의미한 것처럼 이해한다. 그러나 물론 바울의 그 구문은 그런 것을 의미하지 않았다. 정경의 복음서들은 그가 고린도에서 복음전도를 하고 거기에 있는 교회에 편지를 썼을 때 아직 기록되지 않았기 때문이다. 다시 말하면, 바울이 그리스도가 "성경대로" 죽으셨다고 말했을 때, 그는 신약성경이 기록되기 전에 말했던 것이다. 그러니 그가 언급한 "성경"은 구약성경이었다.

바울이 의미했던 것은 "성경이 우리에게 말해주는 것에 **일치하게, 그리고 그것의 성취로** 예수님이 죽으시고 다시 사셨다"는 것이었다. 즉 예수님의 죽으심이 성경에 **기록**되었다는 것뿐 아니라, 예수님의 죽으심이 성경과 **일치**했다는 것이다. 여기서 성경은 예수님과 바울이 알았던 성경이고, 그것은 당연히 우리가 지금 구약성경이라고 부르는 것이다. 예수님의 죽으심과 부활의 의미는 구약성경—내러티브들, 율법, 선지서, 시편 등등—에 뿌리를 두고 있음이 분명하다.

무엇보다도, 메시아 예수님의 삶과 죽음은 구약성경 이스라엘의 **이야기**라는 틀 안에서 이해되어야만 한다. 왜냐하면 예수님의 삶과 죽음은 전체 이야기의 최고점, 절정, 목적지이기 때문이다. 이것이 바로 예수님 자신이 이해하신 방식이었다.

구약성경 이스라엘의 이중적인 정체성

지루하더라도 잠시 뒤로 물러서서 구약성경에 관해 생각해보는 것을 참아주면 좋겠다. 그렇게 요구하는 것 때문에 내가 사과할 필요는 없는데, 소수의 독자들은 성가시게 느끼는 것 같다! 비록 이 작업이 약간의 시간은 걸리겠지만, 우리가 십자가의 인간적이고 신적인 측면들에 관한 질문으로 돌아올 때 정말 도움이 될 것이다. 속죄와 관련해 수세기에 걸쳐 생긴 그 많은 이론들이 가지고 있는 문제의 일부는, 그것들이 그리스도의 죽음을 결코 잘 어울리지 않는 **다른** 이야기들과 세계관들을 가지고 설명하려고 노력한다는 점이다. 그것의 진정한 배경이 되는 그 하나의 이야기를 무시하면서 말이다. 그 이야기는 하나님이 이스라엘을 다루심에 관한 것, 그리고 이스라엘을 통해 복과 구원을 세상에 전하는 하나님의 선교에 관한 것이다.[1]

구약성경의 이야기에서 이스라엘 백성은 지독한 모호함을 보여주었다. 한편으로, 그들은 세상을 향한 하나님의 **약속**을 대표했다. 하나님이 아브라함에게 하신 약속에 따르면, 그의 자손들을 통해 세상의 모든 민족이 복을 누릴 것이었다. 구원은 모든 민족에게 이를 것이었다. 하나님이 구약성경의 이스라엘이라는 하나의 민족에게 하실 것을 통해 말이다. 그들은 약속의 백성이었다. 그러나 다른 한편으로, 이스라엘은 계속해서 하나님께 **반역**을 저질렀다. 그래서 죄와 악함 가운데 심지어 하나님과 아무런 언약 관계가 없거나 하나님의 율법이 주는 유익을 누리지 못하는 나라들의 수준 이하로까지 떨어졌다. 그들은 반역하는 가문이었다. 이것이 구약성경이 우리에게 보여주는 이스라엘에 관한 이중적 진리다. 그들은 약속의 백성이면서 또한 반역하는 백성이었다.

그래서 구약성경의 이스라엘은 인류를 위한 하나님의 구원 약속을 체현했을 뿐 아니라, 또한 인류의 반역 역사에 대한 전형적인 예시가 되었다. 이스라엘은 세상을 향한 하나님 사랑의 중심이었지만, 또한 하나님께 대적하는 세상 죄의 중심이기도 했다. **예수님이 메시아, 즉 이스라엘을 몸으로 구현한 분이었다는 것을 기억할 때, 우리는 이 점을 염두에 두어야 한다.**

그래서 선지자들이 수세기 동안 경고했음에도 이스라엘이 계속해서 반역했을 때 어떤 일이 일어났는가? 구약성경의 역사 기록자들과 선지자들에 따르면, 하나님은 주전 587년에 일어난 바벨론 포로라는 사건을 통해 자신의 분노를 그들에게 쏟으셨다. 이것은 세 가지 중요한 요소를 포함했다. 첫째로, 그 사건은 언약을 깨는 그들의 축적된 악함을 하나님이 **징계**하신 행동으로 분명하게 묘사되었다. 둘째로, 그것은 가장 끔찍한 **파괴**의 형태로 나타났다. 예루살렘 성과 성전이 파괴되고 수천 명이 목숨을 잃었다. 셋째로, 그 사건으로 이스라엘은 그들의 땅에서 멀리 떨어진 바벨론에 포로로 잡혀갔다. 그것은 하나님의 임재와 축복의 장소에서 멀어지는 치명적인 **분리**였다.

이제 이 끔찍한 사건은 두 가지 방식으로 역사적인 모델 혹은 축소판의 역할을 한다. 한편으로, 이스라엘은 하나님께 반역했다는 점에서, 즉 그들을 향한 그분의 사랑과 돌보심에 반응하기를 거부했다는 점에서 인류 전체의 축소판과 같다. 그들이 하나님의 심판 아래서 고통당했던 운명도 마찬가지로 성경이 말하는 회개하지 않은 악인의 궁극적 운명에 대한 모형이 된다. 참으로 바벨론 포로는 신약성경이 가장 간결하게 묘사하는 악인들의 운명에서 찾아볼 수 있는 것과 똑같은 세 가지 요소, 즉 **징계**, **파괴**, 하나님으로부터의 **분리**를 정확하게 담고 있다. "이런 자들은 주의 얼굴과 그의 힘의 영광을 떠나 영원한 멸망의 형벌을 받으리로다"(살후 1:9; "They will be punished with everlasting destruction and shut out from the presence of the Lord and from the glory of his might"–TNIV).

다른 한편으로, 메시아로서의 예수님은 이스라엘의 축소판이었다. 복음서들은 어떻게 구약성경 이스라엘의 이야기가 예수님의 이야기 안에서 재현되는지를 계속 반복해서 묘사함으로써 이 사실을 분명하게 보여준다. 마태는 심지어 이것을 예수님의 유아기에서도 보여준다. 또한 메시아는 삶으로 이스라엘을 체현하셨던 것처럼 죽음으로도 그들을 체현하셨다. 갈보리는 주전 587년에 있었던 끔찍한 심판을 무한히 강화하여 반복한 것이었다. 예수님도 그렇게 이해하셨기 때문에 자신의 죽음을 성전의 파괴와 연결시키셨던 것이다(요 2:19-22). 왜냐하면 성전의 파괴는 예루살렘 함락이라는 절망적인 공포의 절정이자 바벨론 포로의 시작이었기 때문이다. 그러나 물론 전적으로 다른 것이 하나 있었다. 이스라엘에게 바벨론 포로는 그들의 죄로 인해 마땅히 당해야 할 것이었다. 메시아 예수님께 십자가는 전적으로 부당한 것이었는데, 그분께는 죄가 없었기 때문이다.

이제 우리는 핵심적인 질문에 이르렀다. 바벨론 포로의 책임은 누구에게 있었는가? 누가 그것을 일으켰는가? 하나님의 행위였는가, 아니면 악인들의 행위였는가?

느부갓네살인가, 하나님인가 – 아니면 둘 모두인가?

기억할 것이 있다. 지금 우리가 십자가에 관해 생각하며 묻는 것은, 그것을 일차적으로 끔찍한 인간의 악한 행위로 보아야 하는지, 즉 원수들이 예수님께 가한 것으로서 인간의 악이 하나님께 할 수 있었던 최악의 것을 대표하는지, 아니면 우리의 죄에 대한 하나님의 무시무시한 심판인 하나님의 분노의 무게를 예수님이 감당하셨던 것으로 보아야 하는지에 대한 것이다. 그리고 내가 말하고 있는 것은, 만일 우리가 성경이 예수님을 구약성경 이스라엘의 이야기에 비추어본다는 것을, 혹은 더 정확히 말하면, 메시아로서 예수님이 이스라엘을 체현하시고 이스라엘의 사명과 목적을 성취하신 이야기의 절정이자 성취로 본다는 것을 기억한다면 도움이 되리라는 것이다.

그러면 질문은 이것이다. 바벨론 포로는 인간의 섬뜩한 악함과 폭력의 결과였을까? 달리 말해, 원수 바벨론 사람들이 자신들에게 이스라엘이 반역한다는 이유로 행했던 것일까? 아니면 신적 처벌의 결과였을까? 그렇다면 이스라엘의 하나님 야웨가 이스라엘의 반역 때문에 내리셨던 것일까?

성경 자체가 우리에게 주는 대답은, 당연히 그것이 **전적으로 동시에 둘 다였다**는 것이다. 또는 성경이 실제로 설명하는 방식에 좀더 정확하고 충실하게 대답해보면, 하나님은 자신의 주권 가운데 바벨론 사람들을 자신이 내리는 심판의 대행자로 사용하셨다. 행위는 온전히 그들의 것이었고, 그들은 자신들의 잔인함과 폭력의 정도에 따르는 도덕적인 책임을 졌다(그리고 선지자들도 이것을 분명히 한다). 그러나 느부갓네살의 손 뒤에는 하나님의 손이 있었다. 하나님은 사람들의 행동을 통해 행동하고 계셨다.

이것이 바로 베드로가 사도행전 2:23에서 십자가를 묘사하는 방식이다. "그가 하나님께서 정하신 뜻과 미리 아신 대로 내준 바 되었거늘 너희가 법 없는 자들의 손을 빌려 못 박아 죽였으나"라고 말이다. 베드로는 심지어 "그가[예수님이]…**내준 바** 되었거늘"이라는 구문을 사용하는데, 이것은 이스라엘을 그들의 원수들에게 넘겨주심으로 심판하시는 하나님을 묘사하기 위해 구약성경이 종종 사용하는 구문이다(예를 들어, 겔 11:9).

나는 이것을 이해하지 못한다고 즉각 말해야만 한다. 양쪽 모두(하나님의 주권과 인간의 도덕적 책임)를 내 머릿속에서 동시에 함께 붙드는 것이 쉽지 않다는 의미에서 말이다. 그러나 성경은 분명히 둘 다를 확증한다. 하나님은, 사람들을 꼭두각시로 만들지 않으시면서, 인간의 행동들을 통해 행동하신다.

우리가 정말 이 논점을 최고로 잘 파악하기 위해, 하나님이 인간의 행동을 통해 행동하신다는 이 역설을 가지고 씨름했던 몇몇 선지자들의 이야기를 들어보자. 이 모든 것이 십자가의 신비를 이해하는 데 결정적임을, 십자가를 인간들의 행동인 동시에 하나님의 행동으로 보는 데 도움을 준다는 것을 기억하라.

하박국은 자기 민족의 죄를 몹시 슬퍼하던 중에, 하나님이 이스라엘에 대한 징계의 대행자로 바벨론 사람들을 곧 일으키실 것이라고 말씀하시는 것을 듣고 깜짝 놀랐다(합 1:5-6). 그러나 하박국은 하나님의 방식을 이해하려고 애썼음에도 불구하고 이것을 깨닫는다.

> 여호와여, **주께서** 심판하기 위하여 그들을 두셨나이다.
>
> 반석이시여, **주께서** 경계하기 위하여 그들을 세우셨나이다.
>
> _하박국 1:12 (라이트의 강조)

바벨론 사람들은 가장 악하게 행동할 것이었다. 그러나 그들을 통해 하나님은 자신이 계획하신 것을 행하고 계실 것이었다.

예레미야는 충격에 빠져 있던 바벨론 포로들에게 편지를 쓰면서 그가 "**느부갓네살**이 예루살렘에서 바벨론으로 끌고 간 포로 중…모든 백성"(렘 29:1)에게 편지를 쓰고 있음을 알았다. 그러나 그의 편지를 시작하는 하나님의 말씀은 그들을 "**내**[하나님]가 예루살렘에서 바빌로니아로 잡혀 가게 한 모든 포로"(4절—새번역, 7절과 14절에서 반복됨; 라이트의 강조)라고 묘사한다. 이것들은 정확하게 동일한 하나의 역사적 사건에 대한 두 개의 상호보완적인 시각들이다. "땅의 수준"에서는 예루살렘을 파괴하고 이스라엘 사람들을 포로로 잡아간 게 누구인지 모두가 알았다. 느부갓네살이었다. 거기 있던 사람이라면 느부갓네살과 그의 군사들이 그렇게 하는 것을 보았을 것이다. 텔레비전 뉴스 카메라가 그 사건을 녹화했을 것이다. 그러나 선지자는 인간 행위자 뒤에 신비로우시고 주권적이신 주 하나님이 서 계시다는 것을 알았다. 신앙의 눈은 텔레비전 카메라들이 결코 녹화할 수 없었을 것을 분별했다. 하나님의 뜻과 목적 말이다. 앞섰던 앗수르 사람들처럼, 느부갓네살은 하나님의 손안에 있는 막대기, 이스라엘에 대한 하나님의 심판의 대리자에 불과했다(사 10:5).

에스겔은 예루살렘의 마지막 멸망이 있기 전에 바벨론으로 끌려간 첫 번째 포로들 가운데 살았다. 예루살렘에 희망이 없다는 것을 포로들에게 보여주기 위해, 에스겔은 여러 날 동안 진흙 벽돌 위에 만든 예루살렘 모형을 옆에 두고 모로 누워서 끔찍한 마지막 포위를 몸으로 보여주었다(이 기괴한 이야기 전체는 에스겔 4장에서 읽을 수 있다). 에스겔은 그 주위에 포위 작전에 사용되는 것들의 작은 모형들을 놓았다. 그것들은 분명히 이스라엘의 적 바벨론 군사들이었다.

그러나 에스겔이 거기 누워 포위된 성읍을 노려보면서 상징한 존재는 누구였는가? 그가 우리에게 말하는 바에 의하면, 그는 인간 대적들 뒤에 있는 **진정한 대적**이셨던 하나님 자신을 묘사하고 있었다. 물리적으로 바벨론 사람들이 가했던 불과 칼, 피흘림, 죽음, 파괴는 모두 동시에 하나님의 행동이었다. 에스겔이 머리카락과 수염을 칼로 깎으면서 전체 행위 예언을 끝냈을 때 메시지는 분명했다. 칼은 느부갓네살이었지만 그것을 휘두른 손은 하나님의 손이었고, 털이 깎이는 몸은 하나님의 진노 아래 있던 이스라엘 백성이었다. "그러므로 나 주 여호와가 말하노라 나 곧 내가 너를 치며 이방인의 목전에서 너에게 벌을 내리되"(겔 5:8). 인간 대적들을 통해 실행된 이러한 하나님의 심판 선언이 가진 힘을 온전히 느껴보려면 에스겔 5장 전체를 읽어보라.

그렇다면 바벨론 사람들에 의해 가해질 수 있었던 가장 심한 폭력과 잔인함으로 고통받는 가운데, **바로 그런 환경 속에서** 이스라엘 사람들은 자신들이 축적한 악함에 대해 하나님의 중한 심판을 받고 있었던 것이다. 이것이 주전 587년에 있었던 이스라엘의 파괴와 포로에 관해 성경이 제공하는 일관된 선지자적 해석이다. 하나님의 심판이 인간 대리자를 통해 실행된 것이다.

그리고 신약성경은 이 이중적 의미를 가진 사건이 제공하는 모델을 선택하여, 예루살렘 외곽에서 로마의 십자가에 달리신 메시아 예수님의 죽음이 가진 인간적이고 신적인 차원들을 이해한다. 로마와 유대의 권력자들이 그분께 가할 수 있던 가장 악한 것들을 짊어지시면서, 그리고 불의, 반역, 폭력처럼 **인간**이 하나님을 향해 가진 분노를 대표하는 것들을 짊어지시면서, 예수님은 단지 이스라엘뿐 아니라 세상이 축적한 죄에 대해 **하나님**이 내리시는 정죄와 심판의 짐을 동시에 지셨던 것이다.

이것이 그리스도께서 "성경대로" 죽으셨다고 우리가 바울과 함께 말할 때 의미하는 것이다. 이는 곧 그리스도의 죽음을 구약성경의 이야기와 조화되게, 또 그것에 비추어서 이해해야 한다는 것이다. 인간의 악함이나 하나님의 심판, 이 둘 중에서 이것 아니면 저것을 선택해야만 하는 것이 아니다. 두 가지 모두였다. 실제로 그것은 인간의 악함이라는 대리자를 통해 주권적으로 집행된 하나님의 심판이었다.

앞에서 말했던 논점으로 돌아가보면, 두 사건 사이에는 결정적이고 변혁적인 차이가 있다. 이스라엘은 자신들의 죄로 인해 고난을 받았던 반면, 예수님의 고난은 전적으로 부당한 것이었다. 예수님이 받으셨던 심판은 자신의 죄가 아니라 우리의 죄로 인한 것이었다. 이것이 복음에 대한 바울의 정의에 나오는 모든 단어가 중요한 이유다. "성경대로 그리스도께서 **우리** 죄를 위하여 죽으셨다."

진실을 인식하기

결국 이스라엘 사람들은 선지자들의 도움으로 이 진실의 양면 모두를 인식하게 되었다. 즉 그들은 자신들에 대한 진실을 알게 되었고(그들은 자신들의 죄악들 때문에 정당하게 벌을 받았다), 오실 분이 어떤 분인지 선지자들이 말하는 것을 들었다(그분은 다른 사람들의 죄 때문에 무고하게 고난을 받을 것이다). 이런 방식으로 구약성경도 우리가 그리스도의 죽음이 가진 의미를 이해하도록 하는 길을 준비한다.

하나님의 징계에 대한 진실

예레미야는 바벨론 포로를 하나님의 관점에서 설명하여, 되도록 분명하게 그것이 하나님 자신의 행위라고 한다.

> 이는 네 악행이 많고
> 　네 죄가 많기 때문에,
> 나는 네 원수가 당할 고난을 네가 받게 하며
> 　잔인한 징계를 내렸도다.
> 너는 어찌하여 네 상처 때문에 부르짖느냐?
> 　네 고통이 심하도다.
> 네 악행이 많고 네 죄가 허다하므로
> 　내가 이 일을 너에게 행하였느니라.
> _예레미야 30:14-15

이사야는 같은 것을 보고, 왜 이스라엘이 그것을 받아들이려 하지 않는지 궁금해했다.

야곱이 탈취를 당하게 하신 자가 누구냐?

　이스라엘을 약탈자들에게 넘기신 자가 누구냐?

여호와가 아니시냐?

　우리가 그에게 범죄하였도다.

그들이 그의 길로 다니기를 원하지 아니하며

　그의 교훈을 순종하지 아니하였도다.

그러므로 여호와께서 맹렬한 진노와

　전쟁의 위력을 이스라엘에게 쏟아 부으시매,

그 사방에서 불타오르나 깨닫지 못하며

　몸이 타나 마음에 두지 아니하는도다.

_이사야 42:24-25

에스겔이 마침내 증언하듯이, 그들은 결국 이 사실을 인정하게 되었다. 그 결과 에스겔은 그들에게 위로와 희망의 말들을 전할 수 있었다(겔 33:10). **예레미야애가**는 똑같이 고통스런 인정으로 가득하다(예를 들어, 애 1:5, 8, 14 등).

하나님의 고난받는 종에 대한 진실

그러나 이사야가 이스라엘 사람들을 앞으로 오실 주님의 종(그는 다른 측면들에서 이스라엘의 정체성을 공유하셨다)의 고난에 대해 숙고하도록 초청하자, 그들은 앞을 내다보면서 충격에 휩싸였다. 그분의 고난과 죽음이 전적으로 **부당**하다는 것을 깨달은 것이다. 도리어 그는 "우리"(이스라엘과 민족들) 모두를 위해 고난받으실 것이고, 그 결과 우리가 평화, 치유, 의로움을 누릴 수 있을 것이었다.

그는 실로 우리의 질고를 지고

　우리의 슬픔을 당하였거늘,

우리는 생각하기를 그는 징벌을 받아
　하나님께 맞으며 고난을 당한다 하였노라.
그가 찔림은 우리의 허물 때문이요,
　그가 상함은 우리의 죄악 때문이라.
그가 징계를 받으므로 우리는 평화를 누리고,
　그가 채찍에 맞으므로 우리는 나음을 받았도다.
우리는 다 양 같아서 그릇 행하여
　각기 제 길로 갔거늘,
여호와께서는 우리 모두의 죄악을
　그에게 담당시키셨도다.
_이사야 53:4-6

그리고 갈보리에서 예수님과 함께 십자가에 달렸던 테러리스트들 중 하나는 세상을 변혁시키는 바로 이 진실을 인식했고, 그것이 그에게 궁극적인 구원을 가져왔다. 누가는 다음의 기록을 통해 우리가 이사야 53장의 메아리를 들을 수 있도록 의도했던 것이 분명하다.

달린 행악자 중 하나는 비방하여 이르되 "네가 그리스도가 아니냐? 너와 우리를 구원하라!" 하되, 하나는 그 사람을 꾸짖어 이르되 "네가 동일한 정죄를 받고서도 하나님을 두려워하지 아니하느냐? **우리는 우리가 행한 일에 상당한 보응을 받는 것이니 이에 당연하거니와, 이 사람이 행한 것은 옳지 않은 것이 없느니라"** 하고.
_누가복음 23:39-41 (라이트의 강조)

진정 그렇다. 강도 옆에 있던 그 무고한 분은 자신이 저지르지 않았던 범죄로 인해 로마의 불의한 형벌을 받으셨을 뿐 아니라, 바로 그 방법을 통해 우리 죄에 대한 하나님의 정의로운 심판을 우리를 대신하여 받으셨던 것이다. "**성경대로** 그리스도께서 우리 죄를 위하여 죽으셨다."

죄의 결과가 있는가?

나는 속죄에 관한 형벌 대속 이론을 둘러싼 논쟁을 따라오면서, 그것의 왜곡을 비난하는 사람들이 주장하는 좋은 논점들을 이해하고 또한 성경 전체가 가르치는 것을 면밀히 생각하려 애썼다. 그러면서 나는 계속 하나의 근본적인 질문으로 돌아오게 된다. 죄의 결과가 있는가? 내가 아는 한, 논쟁에 참여하는 모든 사람이 그렇다고 동의한다. 그러나 그 질문의 더 깊숙한 핵심은 그 결과들이 하나님의 징계를 포함하는지 묻는 데 있다. 또는 가장 단순하게 표현해보면, 사악함은 처벌받아야 마땅한가?

여기에 근본적인 문제가 있고, 정확히 징벌이 무엇이며 왜 그게 좋거나 나쁜지 등의 질문들과 관련해서 모든 종류의 철학적·신학적·윤리적 논쟁들이 있다는 것도 나는 잘 알고 있다.[2] 그러나 우리의 선한 창조자 하나님이 자신의 선한 우주를 고안하신 방식에 꼭 들어맞는, 뭔가 정당한 보응의 원리 같은 것이 있는가? 우리가 때로 "당연한 대가"라고 부르는 것에 대한, 즉 고의적으로 죄를 범하고 전혀 회개하지 않은 악에 대해 의로운 보응의 형태로 이유 있게 받는 정당한 고난에 대한, 객관적이면서 하나님과 관련된 토대가 있는가? 그리고 이것이 단지 복수에 대한 갈망과 불경건하게 더 악화시키는 보복이 아니라고 신중하고 분명하게 구별할 수 있는가?

그것을 여기서 입증할 수는 없지만, 나는 구별할 수 있다고 믿는다. 그리고 인간으로서 우리는 심원하고 근원적인 (단지 우리의 죄악으로 가득한 타락성에서 유래하는 것이 아닌) 본능이 있어서, 이것이 그렇다는 것을 인식한다고 나는 믿는다. 악행에는 받아 마땅한 고통스런 결과가 있다. 전혀 벌을 받지 않고 지나가는 악행은 우리를 철저히 불만족스러운 상태로 만든다. 그리고 이것은 내가 말했듯이 단지 복수에 대한 갈망이 아니라, 하나님과 그분의 우주에 대한 심오한 도덕적 진실을 반영하는 것이다.

만일 이것이 사실이라면, 그것은 하나님이 그렇게 되도록 의도하셨기 때문에 그런 것이다. 다시 말해, 죄의 결과들을 하나님의 인격적인 반응으로부터 "거리를 두게 하는" 것으로는, 악과 죄에 대한 하나님의 분노라는 개념에 대해 우리가 가지는 불편함을 제거할 수 없다. 어떤 사람들은 그러한 불편함을 제거하기 위해 "하나님의 진노"라는 성경의 표현이 하나님의 인격적인 분노의 문제가 아니라고 말한다. 그것은 악한 행동을 하면 결국 고통스러운 결과를 겪도록 되어 있는 도덕적인 우주에 우리가 살고 있다고 말하는 하나의 방식에 불과하다는 것이다. 도덕적 시스템 안에서는 심판이 필연적으로 작동하기 때문에 우리가 결국 대가를 지불하게 된다는 것이다.

그러한 견해에 대해서 나는 이렇게 말해야겠다. 첫째로, 그 견해는 매우 인격적이고 관계적인 용어들을 가지고 죄에 대한 하나님의 분노를 반복적으로 묘사하는 성경의 방식이 아니라, 힌두교의 철학에 있는 **업보**(karma)라는 비인격적인 철칙처럼 들린다. 그러나 둘째로, 만일 심판이 (실제로 그런 것처럼) 도덕적 우주 안에서 작동하는 과정이라면, **누가 도덕적 우주가 그렇게 되도록 만들었는가?** 만일 어떤 식으로든 악행에 결과가 따른다면, 우리가 그 결과를 하나님의 직접적인 행동 때문이라고 하든지, 혹은 좀더 추상적인 도덕적 시스템이 작동하기 때문이라고 하든지, 궁극적으로는 아무런 차이가 없다. 왜냐하면 성경이 분명하게 하나님이 주권적이시라고 가르칠 때, 그것은 하나님이 직접적으로 하시는 특정한 행동들에 있어서나 "도덕적 우주"가 일반적으로 작동하는 방식을 통해 이루어지는 통치에 있어서나 동일하기 때문이다. 우리가 죄의 고통스러운 결과들을 "시스템" 탓으로 돌린다고 해도, 하나님을 모든 의도성이나 관련성으로부터 자유롭게 해드릴 수 없다.

따라서 십자가의 모든 측면들을 숙고하고, 그리스도의 대속적인 죽으심을 우리가 이해하는 데 "형벌"이라는 단어를 포함시키는 것이 무엇을 의미하는지를 평가하려고 하면서, 나는 다시 물어야만 한다. **죄는 처벌받아야 마땅한가?** 그리고 그러한 정당한 보복이, 자신이 창조한 우주를 다스리시는 하나님의 주권적이고, 거룩하고, 사랑이 담긴 정의의 한 부분인가?

만일 아니라면, 성경의 거대한 흐름은 의미가 없거나 분명히 잘못된 것이다. 왜냐하면, 성경이 처음부터 끝까지 확증하는 바에 의하면, 하나님은 거룩한 사랑의 정의 가운데 정당하고 적절한 징벌로 인간의 악행에 반응하시기 때문이다.

만일 아니라면, 우리는 궁극적으로 도덕적인 불확정성을 가진 우주에서 표류한 것처럼 보일 것이다. 우리는 정의가 마침내 실현될 것이라거나, 하나님의 정당함이 입증될 것이라거나, 혹은 세상 역사에서 모든 악이 완전히 처리될 것이라고 확신할 수 없다.

만일 아니라면, 은혜와 자비라는 그 중요한 개념들이 의미 없이 공허해 보인다. 은혜는 우리가 받을 자격이 없는 것을 하나님이 우리에게 주시는 것이라고, 자비는 우리가 받아 마땅한 것을 하나님이 우리에게 주시지 않는 것이라고 말해왔다. 분명히 성경에서 은혜와 자비는 우리가 당할 뻔했던 것, 아니 실제로 당해야 하는 것을 모두 무효로 만든다. 그러나 만일 "우리가 당해야 하는 것"이라는 게 전혀 없다면, 즉 우리의 행위와 그것의 결과들 사이에 아무런 도덕적 관계가 없다면, 그렇다면 은혜나 자비에 대해 말하는 것은 공허해 보인다.

그러나 만일 그렇다면, 이 차원을 그리스도의 십자가가 이루는 위대한 우주적 성취에 포함시키는 것은 피할 수 없을 것이다. "예수님이 나의 죄를 십자가에서 지셨다"라고 말하는 것은, 내 죄가 그분께 가할 수 있는 최악의 것을 그분이 받으셨다는 것을 의미할 뿐 아니라, 그분이 그러지 않으셨다면

나에게 초래할 내 죄의 결과들을 그분이 지셨다는 것을 의미한다. 그것은 단지 그리스도가 나의 불의한 행위들만을 감당하셨다는 것을 의미하지 않고, 그분이 또한 내가 받아야 할 당연한 대가도 받으셨다는 것을 의미한다. 그분은 내가 그분께 행한 것을 받으셨을 뿐 아니라, 내가 하나님께 받아야 할 것도 받으셨다.

그러므로 다시금 나는 균형을 변호하고, 수사적 대조와 배제를 반박하고 싶다. 예수님이 소외된 억압의 희생자들에게 비난의 말이 아니라 사랑과 긍휼의 말을 하셨다는 사실에 나는 동의한다. 복음전도자들이 "여러분은 희생자가 아닙니다. 여러분은 반역자입니다"라며 오직 하나의 북만 치는 것을 듣기가 불쾌할 수 있다는 것에도 나는 동의한다. 사랑, 용납, 긍휼, 정의가 몹시 필요한 이 세상의 깨지고 학대받은 무리를 향해 하나님의 심장에서 피가 흐른다는 사실, 그리고 하나님이 그리스도 안에서 그들에게 주시는 것이 정확히 그것들이라는 사실에 동의한다. 그러나 예수님과 성경 전체에 의하면, 그들은 또한 용서를 필요로 한다. 모든 죄의 희생자는 또한 죄인이기도 하다. **단지** 범죄의 **대상**으로만 존재하는 사람은 없다. 구약성경의 이스라엘 사람들은 자신들이 다른 민족의 잔혹함에 희생된 자들이라고 생각했다. 사실 그랬다. 그렇지만 그들은 또한 자신들에게 하나님 앞에서 죄악된 반역의 죄책이 있다는 것을 깨달아야만 했고, 그래서 그들은 회개하고 용서를 구하며 하나님께 돌아와야 했다.

하나님의 사랑은 영광스럽고 감사한 사실, 즉 그분이 긍휼을 가지고 우리의 고통 속으로 들어오셨고, 약하고 가난하고 억압받는 자들 편에 서는 하나님이시라는 것을 (출애굽에서 갈릴리까지) 증명하신 정도로 그치지 않는다. 하나님은 자신을 **우리의** 고난과 동일시하셨고, 그래서 인간의 불의와 폭력의 고통을 겪는다는 것이 무엇인지 아신다. 진정 그렇다. 그러나 더욱더 큰 것이 하나님의 사랑이다. 억압받고 또 억압하는 자로서 우리에게 있는 죄와 반역을 감당하시고, 그 모든 정당한 결과들까지도 지실 정도로 말이다. 이것이 십자가 위에서 삼위일체 하나님의 신비로운 연합 가운데 일어난 일이다.

우리는 앞의 장을 형벌 대속에 대한 왜곡된 이해가 있으며, 그것을 거부하는 것이 정당하다는 것에 동의하면서 시작했다. 자신의 잔인함 때문에 희생자이신 성자 하나님을 대신 매 맞는 아이로 만드는 화난 하나님에 대한 개념이 그런 것이다. 그러한 "우주적 아동 학대"의 그림은 정말로 기괴한 희화다. 그러나 십자가를 축소하여 그것을 "내가 너의 고통을 나눈다"고 하나님이 친필로 쓰신 우주적 위로 편지에 불과한 것으로 만드는 것도 또한 마찬가지로 엄청나게 결함이 있는 희화화다. 하나님은 그저 우리의 고통을 나누는 것 이상의 일을 하셨다. 그리스도 안의 하나님은 우리 죄가 가져온 정당한 결과들의 고통을 짊어지셨을 뿐만 아니라, 그것들을 "우리를 위해" 짊어지셨다. 그 결과 우리는 그것들을 짊어질 필요가 결코 없게 됐다. 영원히 말이다.

더 잘 이해하기

어떻게 이 모든 것을, 십자가를 개인적인 수준에서 이해하기 위한 나 자신의 노력과 종합할 수 있을까? 우리가 가진 가장 심오한 몇몇 찬송이 하는 것을 우리도 하면서 우리가 생각해본 진실의 양면 모두를 인정하는 게 바람직한 것 같다.

한편으로, 십자가에서 그리스도는 **그분께 대한 내 모든 죄**의 짐을 짊어지셨다. 하나님께 대한 나의 모든 증오와 거부, 창조자를 거스르는 죄악된 반역 속에서 내가 지금까지 해오거나 할 수 있었던 바로 이것이 그리스도가 받으신 고난의 부분이었다. 나는 자신들의 죄로 예수님을 십자가에 달리게 한 사람들 중 하나로, 하나님의 원수들 사이에 서 있다.

조롱하는 사람들 가운데서 외치는 내 비웃는 목소리를 부끄러움 속에 내가 듣네.
다 이루시기까지 그분을 거기에 묶어둔 것, 그것은 내 죄였다네.[3)]

다른 한편, 십자가에서 그리스도는 **내 죄에 대한 하나님의 심판**이라는 짐을 짊어지셨다. 그리스도는 단지 그분께 대한 내 죄를 감당하셨을 뿐만 아니라, 나에게 돌아올 내 죄의 결과들에 대해서도 그렇게 하셨다. 그분은 내 죄가 할 수 있었던 것뿐만 아니라, 내 죄가 받아 마땅한 것까지도 받으셨다.

이 지점에서 나는, 이해를 추구하는 경건한 노력에서든지 설교하고 설명해야 하는 직업적인 의무에서든지, 아니면 좀더 흔히 공적인 예배의 찬송과 기도에서든지, 결코 완전히 파악할 수 없지만 감사하며 받아들일 수밖에 없는 십자가의 깊은 진리 앞에서 눈물을 흘리며 압도되는 내 자신을 발견하고 또 발견한다.

내 죄가, 오, 이 영광스러운 생각의 지극한 기쁨이여!
내 죄가, 일부가 아닌 전부가
십자가에 달렸네, 나는 그것을 더 이상 짊어지지 않네
내 영혼아, 주님을 찬양하라, 주님을 찬양하라![4)]

성경에 의하면, 죄는 하나님의 임재로부터 철저히 배제되는 것이 마땅하다. 그리고 그것이 진정 그리스도께서 십자가 고난의 정점(혹은 심연)에서 경험하셨던 것이다. "나의 하나님, 나의 하나님, 어찌하여 나를 버리셨나이까?" 라고 자신의 버림받음에 대해 그분이 외치신 것은 이 신비의 깊이를 드러내고, 우리로 하여금 "하나님이 죄를 알지도 못하신 이를 우리를 대신하여 죄로 삼으셨다"(고후 5:21)는 바울의 말이 의미하는 바와 씨름하도록 독려한다.

성자 하나님의 가장 큰 결핍과 고통의 순간에, 거기에 [성부] 하나님은 계시지 않았다. 성자가 울부짖으셨지만, 그분은 듣지 않으셨다. 친밀하게 의지할 분, 궁극적으로 의지할 분, 유일하게 의지할 분, 그분은 거기 계시지 않았다. 항상 거기 계셨던 그 하나님, 이전의 어떤 때보다 더 필요했던 그 하나님이 지금은 어디에도 보이시지 않았다. 성자의 외침에 아무런 대답이 없었다. 위로도 없었다. 예수님은 하나님 없이 내버려지셨다. 그분의 아들됨을 인식하지 못하신 채, 그 분의 생애에서 유일하게 단 한 번 "아바, 아버지"라고 부르지 못하시면서 달이다. 그분은 하나님의 사랑을 의식하지 못하신 채, 하나님의 목적이 시행되는 것을 느끼지 못하신 채, 내버려지셨다. 그 어둠을 메워보려는 헛된 노력 속에서 하는 "왜?"라는 질문 외에는, 아무것도 없었다. 그분은 죄가 되셨다. 그분은 무법(lawlessness)이셨고, 그래서 그런 존재로서 그분은 블랙홀로, "왜?"라는 소리 외에는 아무 소리도 흘러나오지 못하고 무법이 어울리는 곳으로 추방되셨다. 그 한마디가 성자가 외치신 유일한 말이었다. 그분이 그렇게 처절하게 필요로 했던 하나님, 그러나 죄가 되신 그분이 발견하실 수 없었던 하나님께, 하나님의 임재로부터 내쫓긴 채 마지막 고뇌 가운데 말이다. 합의는 있을 수 없었다. "자기 아들을 아끼지 않으신 하나님"! 그분은 아들(Son)이 아니라 죄(Sin)로 다루어지셔야 했다.[5)]

예수님의 그 외침 속에 얼마나 심오한 구원의 의미가 있는가! 하나님께 전적으로 버림받는 그 경험을 예수님이 겪으셨기 때문에, 그렇기 때문에 나는 그럴 필요가 전혀 없을 것이다. 이것이 카슨(D. A. Carson)의 소네트에 영감을 주었다.

어둠이 싸우고 태양을 몰아냈네
정복하는 군대처럼 재빠르게 밟았네

땅을 가로질러, 이 폭군의 막대가 맹목적인 두려움을.

정오의 어두움은 폭정을 밝혔네.

더 심한 것은 하나님에 의한 버림받음,

캄캄한 절망을 가져왔네, 피보다 더 치명적인

그분의 목숨과 함께 흘러내렸네. "나의 하나님, 나의 하나님",

예수님이 외치셨네, "어찌하여 나를 버리셨나이까?"

침묵이 천둥치고, 하늘의 고요가 다스렸네

최고로, 충격적인, 먹먹하게 하는, 잊을 수 없는 격앙.

예수님께 대답하기를 하나님이 멈추셨네,

나는 그분처럼 울부짖지 않을 거라네, 지옥으로부터의 이 외침을.

밤같이 캄캄한 황폐함의 외침이

세상을 가로질러 비추네, 광명한 빛처럼.[6)]

1) 예수님—예수님의 삶, 정체성, 자기 이해, 가르침, 목적들, 그리고 특별히 그분의 죽음과 부활—을 구약성경의 이스라엘을 통해 이루어지는 온 세상을 위한 하나님의 선교 이야기와 관련하여 해석하는 것이 매우 중요하다는 것은 N. T. 라이트(Wright)가 면밀히 논증했다. 특히 *Jesus and the Victory of God* (London: SPCK, 1996)을 보라(『예수와 하나님의 승리』, 크리스챤다이제스트 역간). 내 책 *The Mission of God: Unlocking the Bible's Grand Narrative*(『하나님의 선교』, IVP 역간)도 그리스도 안에서 성취된 하나님의 구속의 폭을 이해하기 위해서는 성경을 전체로서 읽어야 한다는 동일한 이해에 기초해 있다.

내 경우에는 십자가를 통해 하나님이 이루신 성취의 우주적인 영향을 이해하기 위한 이 포괄적인 성경의 틀이 대속적 속죄의 개인적 측면에 대한 나의 깊은 감사를 고양시킨다. 그러나 안타깝게도, 그 포괄적 틀이 그러한 측면에 대한 자신들의 견해를 위협한다고 생각하는 사람들이 있다. 나는 이것이 당혹스럽고 우려스럽다. 왜냐하면 나는 성경 전체에 대한 가장 폭 넓고 가장 깊은 이해를 추구하는 것과 성경을 성경의 빛에 비추어 해석하는 것이 복음주의적 정체성과 헌신의 본질이라고 항상 여겨왔기 때문이다. 그것이 우리가 하는 모든 연구의 목표이자 겸허한 한계다.

J. I. 패커(Packer)만큼 속죄에 대한 형벌 대속적 이해를 옹호하거나 그것을 그토록 박식한 명료함으로 설명한 복음주의자는 거의 없다. 그래서 나는 패커와 마크 데버(Mark Dever)가 자신과 다른 사람들이 수년 동안 이 주제에 관해 쓴 최고의 글들을 모은 책[*In My Place Condemned He Stood: Celebrating the Glory of the Atonement* (Wheaton: Crossway Books, 2007); 『십자가를 아는 지식』, 살림 역간]에 대해 감사한다. 하지만 나는 패커 박사가 이 책의 서론 마지막 부분에서, 십자가에 대한 이해를 더 폭넓은 성경적 배경에 자리하게 하는 것에 대해 의심을 드러낸 것이 안타깝다.

> 최근 들어 성경신학과 현대 정경적 주해의 큰 발전은, 이스라엘에 복을 주시고 이스라엘을 통해 세상에 복을 주시려는 하나님의 계획이 그리스도 안에서 그리고 그리스도를 통해 어떻게 절정에 이르렀는지에 대한 성경의 전체적인 이야기를 파악하는 데 새로운 정확성을 가져다주었다. 그러나 어떻게 신약성경의 각 권이, 그것이 어떤 다른 임무를 수행하든지 간에, 이런 저런 방식으로 루터의 일차적인 질문을 염두에 두고 있다는 사실이 부인될 수 있는지 이해할 수 없다. 그 질문은 연약하고 뒤틀리고 죄책이 있는 죄인이 어떻게 은혜로운 하나님을 만날 수 있는가에 대한 물음이다.…그리고 우리의 시야를 위대한 메타내러티브(metanarrative)로 채우는 현대의 발전들은, 루터의 질문을 개인적인 관점에서 추구하는 것

에서 우리의 관심을 돌릴 정도로, 우리가 복음을 이해하고 존중하는 것을 도와줄 뿐 아니라 방해하기도 한다(26-27쪽).

나는 성경 전체의 내러티브를 통해 가장 폭 넓은 성경적 관점을 갖는 것이 어떻게 복음에 대한 우리의 이해와 존중을 방해할 수 있는지 도무지 이해할 수 없다. 그것이 그리스도의 죽으심이 가진 개인적이고 대속적인 본질에 대한 **부정**을 동반하는 경우가 **아니라면** 말이다(내 경우에 분명히 이것이 사실이 아니라는 것을 독자들은 볼 수 있다). 그러나 나는 그 반대의 경우가 발생하는 것이 가능하다는 사실에 대해 불안하다. 다시 말해, 어떤 신학자들과 설교자들은 십자가의 형벌 대속에 너무 집착한 나머지, 그것이 자리한 전체 성경의 이야기도, 신약성경 자체가 명확하게 말하는 바 십자가가 갖는 광대하게 우주적이고 창조와 연관된 차원도, 무시하거나 거의 인식하지 못한다.

2) 하워드 마샬(I. Howard Marshall)은 성경적 관점에서 형벌과 보응의 본질에 대해, 특히 그 일차적인 요소로서 하나님께로부터의 **배제**의 위협에 관해 *Aspects of the Atonement: Cross and Resurrection in the Reconciling of God and Humanity* (London: Hyderabad; Colorado Springs: Paternoster, 2007)의 1장 "죄의 처벌"(The Penalty of Sin)에서 정교하고 면밀하게 논의했다.
3) 스튜어트 타운엔드의 찬송 "How Deep the Father's Love for Us" 중에서.
4) 허레이쇼 스패포드(Horatio Spafford)의 찬송 "When Peace Like a River" 중에서(비교. 찬송가 "내 평생에 가는 길" 3절—편집자주).
5) Donald Macleod, *A Faith to Live By* (Inverness: Christian Focus, 2002), 130-31; Tim Chester, *Delighting in the Trinity* (Oxford: Monarch; Grand Rapids: Kregel, 2005), 61에서 인용.
6) D. A. Carson, *Holy Sonnets of the Twentieth Century* (Grand Rapids, Baker; Nottingham: Crossway, 1994), 51. 허가를 받고 사용함.

제4부

종말을 어떻게 이해할 것인가?

신학자들은 다소 썰렁한 농담을 하곤 한다. 기말시험이 다가오자 "종말론에 관해선 잘 몰라요. 하지만 그렇다고 세상이 끝난 건 아니죠"라고 말했다는 신학생에 관한 농담 같은 것 말이다.

물론 우리 중 나를 포함한 많은 사람은 세상의 마지막에 관해 빙산의 일각보다 더 많이 안다고 주장하지 않는다. 그리고 많은 사람이 확신을 가지고 세상의 마지막이 어떻게 전개될지에 대한 구체적인 일정표—여기에는 "마지막 때"(End Times, 종말)라는 웹사이트들, 예행연습을 할 비디오 게임들, 당신이 그것을 맞이할 준비가 됐다는 것을 보여주는 티셔츠 등이 완비되어 있다—를 확신을 갖고 판매하지만, 사실은 하나님이 무엇을 그분이 창조하신 우주는 물론이고 특히 이 지구라는 행성을 위해 준비하셨는지 완벽하게 아는 사람은 우리 중에 없다.

나는 때때로 그것이 마치 흑백과 명암만 분간할 수 있는 눈과 뇌를 가진 존재가 총천연색의 세상이 어떠한지를 상상하려고 하는 것과 같다는 생각을 한다. 또는 3차원의 세계에 사는 우리가 4차원의 (혹은 5차원이나 50차원의) 세계에서 사는 것이 어떨지 상상하려는 것과 같다. 또는 엄마 뱃속에 있는 태아가 아직 세상으로 나오지 않은 상태에서 출생 이후의 삶을 상상하려는 것과 같다. 마치 엄마 뱃속에 있는 쌍둥이가 이런 대화를 하는 것과 같다. "그러면 너는 출생 이후의 삶이 있다고 믿는 거야? '공기', '빛', 그리고 우리가 듣는 목소리들이 말하는 그런 모든 것들도 있다고 믿어?" "물론 아니지. 모두 희망사항일 뿐이야. 여기 우리를 둘러싼 양수가 존재하는 모든 것이지. 태어나면 태어난 거야. 그리고 끝이지. 그게 다야. 할 수 있을 때 발차기나 하렴."

우리에게는 새 창조 안에 있을 삶의 실재들을 생각해낼 수 있는 수단들이 전혀 없다. 아직까지는 그렇다.

물론 요즘 다른 모든 것들에 대해 그러는 것처럼, 우리가 정말 답을 알기 원한다면 언제든지 구글 검색을 할 수 있다. 나도 해봤다. 그랬더니 "세상의 마지막"(End of the World, 말세)이라는 검색어로 8억 4천 6백만 개의 항목들이 나왔다. "세상 끝"(World's End)이라는 이름을 가진 마을들과 선술집들을 제외하더라도, 이것은 개괄적으로 조사하기에는 너무 많은 숫자다. 대충 세어봐도 이 제목을 가진 영화가 8개, 노래가 18곡이 있다. 뉴욕에는 이 이름을 가진 음악 밴드도 하나 있다. 세상의 마지막에 관한 예언을 하는 웹사이트들이 300만 개가 넘는다. 그중에는 세상의 마지막이 2012년에 있을 것이라고 믿기를 종용하는 사이트들도 여럿이 있다. 나한테는 완전히 명확하지 않은 이유를 대면서 말이다. 그러나 2012년은 내가 은퇴하는 해이기 때문에, 내 연금 계획에 대해 걱정할 필요는 없다.

이 질문을 둘러싸고 잡초처럼 자라는 오해들과 논란들이 아주 많이 있다. 우리가 그것들을 모두 다루려고 시도한다면 또 다른 책을 써야 할 것이다(누군가 이런 책을 써주면 좋겠다). 그러나 서론적인 차원에서, 내가 보기에 (매우 대중적이지만) 오해를 일으키는 세상의 마지막에 관한 생각들 중에서 적어도 몇 개의 유력한 예들에 대한 논박을 시도하는 것은 괜찮아 보인다. 우리는 이것을 9장에서 할 것이다. 그런 후에 우리는 좀더 행복하게 마지막 두 장으로 옮겨가서, 이 위대한 사건과 그 뒤에 놓여 있는 것에 관해 성경이 분명히 가르치고 있는 확실한 것들, 그리고 지금 여기에 있는 우리 자신의 삶과 행동을 위한 결론들에 대해 살펴볼 수 있을 것이다.

9장
오해와 논란들

우리가 성경만 갖고 있더라도 우리가 이해하지 못하는 하나님과 씨름하는 것은 충분히 힘들다. 그러나 우리가 더 힘들어지는 때가 있다. 그럴싸해 보이는 번들번들한 책들이 성경은 세상의 마지막과 그 외 다른 많은 것들에 대해 이러저러하게 가르친다고, 온갖 것들에 관해 수십 개의 다른 이론을 말하며 우리를 괴롭힐 때 말이다. 나도 같은 것을 하려고 하면서 이런 말을 하는 게 좀 터무니없다고 말할지도 모르겠다. 그래도 이 책은 매우 개인적인 책이라서, 나는 내 입장에서 말할 수밖에 없고 내 견해를 말할 수밖에 없다. 그리고 내가 보기에 이 주제에 관해 가장 널리 알려진 믿음들 중 몇몇은 성경이—포괄적이고 균형 있게 보았을 때—실제로 가르치는 것에서 매우 멀리 떨어져 있다.

그러나 내가 비판하려는 견해들 중에서 어떤 것들은 당신이 확신하는 것일 수 있다는 사실을 잘 알고 있다. 그래도 괜찮다. 내가 바라는 것은 베뢰아 사람들이 했던 것(행 17:10-11)을 당신도 하면서, 무엇이 맞는지 알기 위해 스스로 성경을 탐구하는 것이다. 만일 논쟁을 싫어하거나 자신이 가장 좋아하는 견해를 의심해보기를 원하지 않는다면, 편한 마음으로 이 장을 잠시 건너뛰고 다음 장으로 넘어가도 된다. 그렇게 해서라도 훨씬 긍정적이고 우리 영혼을 풍요롭게 하는 마지막 두 장은 놓치지 않았으면 좋겠다.

아직 이 책을 읽고 있는가? 그럼 몇몇 어려운 문제들에 달려들어 보자.

마지막 일들, 마지막 날들, 마지막 때

전통적으로 (앞에 언급한 혼란스러워하는 신학생을 위해 말하자면) **종말론** (eschatology)은 "마지막 일들"을 다루는 기독교 조직신학의 한 분야에 주어진 이름이다. 여기서 "마지막 일들"이란 성경이 우리 모두 앞에, 개인적인 경험의 측면으로나 우주적인 실재의 측면으로 놓여 있다고 말하는 7가지 일을 부를 때 일반적으로 사용했던 용어다. 고전적으로 7가지 마지막 일들의 목록은 이렇다.

- 죽음
- 중간 상태[1]
- 그리스도의 재림
- 죽은 자들의 부활
- 심판의 날
- 천국
- 지옥

성경은 또한 "마지막 날들"에 관해서도 말한다. 그러나 신약성경의 용례에 따르면, 이 용어는 멀리 떨어진 미래 시대만, 사도들의 시대에서 수천 년이 지난 때만 지칭하지 않음이 분명하다. 오히려 이 용어는 그리스도의 초림에서 재림까지 이르는 시대 전체를 묘사하기 위해 반복적으로 사용된다.

히브리서 저자는 예수님의 지상에서의 삶을 말하면서 "이 마지막 날에는 아들을 통하여 우리에게 말씀하셨다"라고 기록했다(히 1:2–새번역. 또한 벧전 1:20; 요일 2:18도 보라).

그러므로 마지막 날들은 예수님에 의해 시작되었고, 그때부터 우리는 그 안에서 살고 있다. 신약성경은 마지막 날들을 아직 우리 앞에 놓여 있는 시간, 즉 주 예수님이 재림(return, 다시 오심) 하시기 바로 직전의 시간으로 생각하지 않는다. 아니, 오히려 마지막 날들은 예수님과 함께 이미 임했다. 우리는 이미 그 안에서 살고 있다. 그리고 그리스도가 다시 오실 때까지 계속해서 그럴 것이다. 그렇기 때문에, 누가 나에게 겁에 질려서 "우리가 마지막 때에 살고 있다고 생각하시나요?"라고 물으면 나는 기운차게 대답한다. "그럼요. 하지만 바울도 그랬고, 아우구스티누스, 아시시의 성 프란체스코, 마르틴 루터, 테레사 수녀도 그랬지요. 신약 시대 이래로 우리는 모두 마지막 날들 가운데 살아오고 있습니다."

그러나 우리가 요즘 가장 많이 듣는 말은 "마지막 때"라는 표현이다. 그리고 이것은 완전히 추측하는 일이 되어버렸다. 예수님의 경고, 즉 주님이 다시 오시는 날이나 시간을 우리가 알지 못할 것이라는 말씀에도 불구하고(심지어 그분 스스로도 모르셨다), 그리고 우리에게 가장 중요한 임무는 그저 그분이 우리에게 하라고 명하신 것을 신실하게 행함을 통해 그때를 준비하는 것이라고 예수님이 말씀하셨음에도 불구하고, 사람들은 여전히 예수님의 경고를 무시하기를 고집한다. 그래서 그들은 정확하게 언제 그리고 어떻게 세상이 끝날지, 어떤 순서로 일들이 일어날지, 어디에서 그것들이 모두 일어날지에 대해 온갖 종류의 기발한 이론들, 추측들, 시간표들을 만들어낸다. 그것은 마치 그들이 대본을 자기들 앞에 가지고 있어서, 상황이 시작되면 뉴스 채널의 카메라들과 함께 촬영을 시작할 준비가 되어 있는 것 같다. "여러분, '세상의 마지막'을 여러분의 집에서 편안히 경험하십시오." 그러면 다른 사람들은 자기들의 추측 위에 환상과 가공의 이야기를 겹겹이 쌓아서, 성경보다 더 많이 팔리지는 않더라도 더 열렬히 탐독되는 대중적인 책들을 찍어낸다.

그러한 추측들이 물론 새로운 것은 아니다. 수세기 동안 그리스도인 집단들은 세상의 마지막에 대해 추측들을 해댔다. 그것들 모두는 흔했던 만큼 오류도 많았다. (구글이나 위키피디아에서 이것들에 관한 아주 재미있는 목록을 찾아볼 수 있다.) 엄청난 스트레스와 공포의 시대에는 그러한 열풍이 종종 큰 물결처럼 밀려온다.

첫째 천 년(millennium)이 끝나는 주후 1000년 즈음, 유럽은 세상이 그때 끝날 것이라는 기대로 꽉 차 있었다. 천 년이 분명히 왔고 또 갔기 때문이다. 그렇지 않은가?

14세기 이래로 큰 전염병이 유럽을 휩쓸 때면 비슷한 공포가 생겨났다. 문명의 운은 다했고, 그리스도는 곧 다시 오실 것이 분명했다.

마르틴 루터는 자신이 사는 동안 혹은 그 직후에 세상이 끝날 것이라고 전적으로 확신했다. 회교도였던 터키 사람들과 벌이는 아마겟돈 형태의 전쟁으로 말이다(이런 확신들은 크게 변하지 않았다).

1970년대 냉전의 정점에서, 할 린지(Hal Lindsey)의 책 『마지막 위대한 행성 지구』(*Late Great Planet Earth*)는 다음과 같은 확신을 널리 퍼뜨렸다. 큰 화재가 1980년대에 중동에 있을 것인데, 그것은 곡과 마곡에 대한 에스겔의 환상을 현대 이스라엘의 땅 위에서 성취하는 공산주의 무리와 싸우는 것이며, (세대주의적 전천년설의 일정표에 따라) 아마겟돈 전쟁과 그리스도의 재림이 그 뒤를 따를 것이라고 말이다.

주후 2000년에 있었던 셋째 천 년으로의 전환은 좀더 세속적인 종류의 (그리고 약간의 종교적인) 묵시적 추측들과 더불어 Y2K 열풍을 불러일으켰다.

요즘에는 소위 테러와의 전쟁이 그런 종류의 묵시적 시나리오를 더 많이 재활용하는 촉매제가 되어왔다. 이것은 중동의 현실에 대한 심하게 근시안적이고 편파적인 인식이 만들어낸 세계 정치의 기만적인 단순화와 왜곡된 양극화에 근거하고 있다.

나는 영국 성공회의 선조는 이런 일들에 별로 신경을 쓰지 않았다는 것을 발견했다. 『성공회 기도서』(*The Book of Common Prayer*)는 주후 2299년까지의 부활절 날짜가 적힌 표를 수록하고 있다! 만일 교회에서 두 세기 전에 미리 광고하는 부활절 집회를 계획하고 있다면 이 표가 요긴할 것이다. 심지어 이 기도서에는 다른 표도 있는데, 그 표에는 주후 8500년까지 한 세기마다 부활절 날짜를 계산할 수 있는 복잡한 공식이 담겨 있다. 게다가 그 날짜 옆에는 "기타"(etc.)라고 쓰인 작은 글 상자도 있다! 그러니 만일 주후 8599년 무렵까지 성공회 교인들이 있다면, 그 옆에 있는 작은 글 상자에 주후 8600년의 부활절 날짜를 적어 넣으며 큰 즐거움을 느낄 수 있을 것이다. 아마도 그리스도가 주후 8601년에 오신다고 여전히 자신만만하게 예언할 사람들과 논쟁하면서 말이다.

말했듯이, 여기서 나는 현대의 모든 "마지막 때" 이론들을 다 다루려는 것이 아니다. 단지, 유행하는 "마지막 때 예언 전문가들"로부터 읽거나 듣는 모든 것을 믿지 않도록 조심하게 하고, 듣는 모든 것을 성경을 면밀히 연구하면서 분별력을 가지고 점검해보라고 강권하려는 것뿐이다. 내가 상기시키고 싶은 것은, 이러한 신중함이 마지막 때를 점치는 자들이 특히 좋아하는 세 가지 주제, 즉 천년왕국, 휴거, 현대 이스라엘 국가에 관해 상세하고도 교조적인 예언을 하는 사람들과 관련해서 특히 중요하다는 사실이다.

천년왕국

일반적으로 천년왕국으로 번역되는 단어 "밀레니엄"(millennium)은 원래 천

년의 기간을 의미한다. 이 주제를 둘러싼 논쟁을 위한 신학적이고 대중적인 이론들의 양을 고려할 때, 이 용어가 실제로 성경에서는 오직 요한계시록 20장 단 한 장의 여섯 절에서만 찾을 수 있음을 알게 되면 누구라도 놀랄 것이다. 요한계시록이 상징적이고 은유적인 심상으로 가득 차 있는 것을 생각하면, 이 표현도 역시 길고 정해지지 않은 기간을 의미하기 위해 상징과 은유로 사용되었다고 보는 것이 가장 그럴듯해 보인다.

그러나 사람들은 성경의 마지막 책의 여섯 구절에서 단지 여섯 번 나오는 구문에 대한 자신들의 이해에 근거해서, 성경의 나머지 부분들을 해석하는 전체 시간표들, 신학들, 복잡한 도식들을 세웠다. 전체 교단들이 이것에 대한 의견 차이를 중심으로 형성되었다! 예수님이 천년왕국이 시작되기 전에 재림하실지(전천년설, premillennialism), 아니면 천년왕국이 끝난 후에 재림하실지(후천년설, postmillennialism), 아니면 (내가 생각하는 것처럼) 그 용어가 그리스도의 초림과 재림 사이의 기간 전체를 지칭하는지(무천년설, amillennialism)에 모든 것이 달려 있다. 그리고 내가 듣기로는 범천년주의자들(panmillennialists)이 있는데, 이들은 마지막에 모든 것이 그저 잘 될 것이라고 생각한다고 한다.

여기는 이 주장들에 답하는 곳이 아니다. 그리고 내가 생각하기에 당신이 분명히 그런 것처럼, 사람들은 이런 견해나 저런 견해를 신실한 마음으로 가지고 있다. 그렇다고 요한계시록 20장이 요한계시록의 전체 메시지 맥락에서 무엇을 소통하려고 했는지를, 면밀한 주해와 해석학적 도구에 기초해서 분별력 있게 신학적으로 이해하는 것이 중요하지 않다는 것은 아니다. 그러나 많은 사람들은 전혀 그렇게 하지 않으면서, 그저 최근의 책이나 자기 교단의 교리적 입장에 따라 이미 만들어져 있는 것을 자신들의 이론으로 채택할 뿐이다.

내가 말하려는 것은 단지, **성경 다른 곳에는 나오지 않고 한 짧은 본문에**

만 나오는 용어와 관련해서 튼튼하지 못한 가정들 위에 세워진 비밀스러운 해석들의 정글 속으로 빠지는 것을 피해야 한다는 것이다. 아무래도 좋다는 말이 아니다. 천년왕국이, 어떤 사람들이 주장하는 것처럼, 세상의 마지막에 관해 생각할 때 우리가 관심을 집중해야 할 핵심은 분명히 아니라는 의미다.

휴거

적어도 "천년왕국" 혹은 "천 년"이라는 단어는 성경에 실제로 등장한다. 그러나 휴거에 관한 이론들과 예측들이 쇄도하는 사태를 보며 할 수 있는 생각과는 대조적으로, "휴거"(rapture, 데려감)라는 단어는 성경에 전혀 나오지 않는다. 또한 내가 보기에는, 그 단어가 묘사하고 있다고 대중들이 생각하는 사건도 성경에 나오지 않는다. 적어도 그것이 일반적으로 묘사되는 방식으로는 말이다.

휴거에 대한 요즘 가장 대중적인 견해["대환난전 휴거"(pretribulation rapture)로 알려졌다]는 지구 위의 모든 그리스도인이 갑자기, 고요히, 비밀리에 땅에서 하늘로 끌어올려지는 순간이 있으리라는 것이다. 이때 휴거되는 사람들은 불신자인 사랑하는 이들을 뒤에 남겨둘 뿐 아니라, 옷이나 안경, 그리고 바로 그 휴거의 시점에 타고 있었던 자동차나 비행기 같은 것들을 뒤에 내버려두고 (전대미문의 혼란을 야기하고) 올라간다. 나머지 인류는 뒤에 남겨져서 천년왕국이 시작되기 전 7년 동안 "대환난"을 헤쳐나가게 된다. 이 시기에는 (요한계시록을 상당히 문자적으로 읽은 것에서 이끌어낸) 온갖 종류의 섬뜩한 재앙들이 가득할 것이다.

그러나 다시 짚어보면, 휴거라는 개념은 (오해되고 있음이 거의 분명한) 성경의 한 본문—그중에서도 두 절—에서 이끌어낸 것이다. 그렇기에 천년왕국의 경우처럼, 휴거에 대해서 아무것도 말하지 않는 다른 본문들이 휴거라는 독창적인 개념을 지지하게 위해 사용된다. 즉 일단 이 하나의 본문을 대중적인 휴거의 측면에서 해석하고 나면, 사실은 휴거를 언급하지 않는 다른 모든 곳에서도 "휴거를 발견"하는 경향이 생기는 것이다.

그러나 성경적으로 빈약한 이 토대 위에 거대한 추측의 건축물이 지어져서, 수백 만의 신자들이 묻지도 않고 받아들이는 일종의 "대중적인 기독교"가 되었다. 가장 두드러진 예는 (영화, 웹사이트, 게임, 그리고 관련된 상품화와 더불어) 『레프트 비하인드』(*Left Behind*, 홍성사 역간)라는 연작 소설이다. 엄청난 성공을 거둔 이 소설은 의문시되는 비교적 최근의[2] 성경 해석 위에 전적으로 공상적인 허구를 쌓아올린 것이다. 예수님이 추측조차도 하지 말라고 경고하셨던 영역에 말이다. 게다가 휴거가 얼마나 가까운지 계산하기 위한 "휴거 시계"(rapture-o-meters)를 제공하는 웹사이트들도 있다. 인자가 오시는 것은 가장 예상하지 못하는 때일 것이라는 예수님의 말씀은 우리가 그것에 신경 쓸 필요가 없다는 것인데, 이 웹사이트들은 가설에 불과한 그 사건이 얼마나 가까이 있는지를 추측해서 말하려고 한다!

데살로니가전서 4:16-17

휴거 이론의 핵심 본문은 데살로니가전서 4:16-17이다. 바울은 이제 막 시작된 데살로니가의 교회 신자들에게, 그리스도를 믿는 가운데 죽은 사랑하는 이들이 완벽하게 안전하기 때문에 그리스도가 나타나실 때 잃어버린바 되지 않을 것이라고 격려하려 노력하고 있다. 그 순간에 죽어 있든 살아 있든, 모든 신자들은 주님의 오심을 환영하는 일에 연합하게 될 것이다.

그리고 바울의 격려는 그리스도의 재림을 묘사하면서 절정에 이른다. 그는 이 묘사를 위해 두 개의 은유를, 즉 하나는 구약성경에서 다른 하나는 바울 자신의 시대에서 가져오는 듯하다. 바울은 이렇게 말한다.

주께서 호령과 천사장의 소리와 하나님의 나팔 소리로 친히 하늘로부터 강림하시리니, 그리스도 안에서 죽은 자들이 먼저 일어나고 그 후에 우리 살아 남은 자들도 그들과 함께 구름 속으로 끌어 올려[3] [**이것이 휴거라는 개념을 발생시킨 단 하나의 단어다**] 공중에서 주를 영접하게[**문자적으로, "주님과 만나도록"**] 하시리니, 그리하여 우리가 항상 주와 함께 있으리라.

16절에서 바울은 아마도 시내 산의 기억, 즉 구약성경에 나오는 가장 위대한 신의 현현(하나님의 나타나심)을 사용하고 있는 것 같다. 그때 하나님은 자신이 구속하신 백성과의 만남을 위해, 큰 목소리와 초자연적인 나팔 소리와 함께 산 정상으로 내려오셨다(출 19:17-19). 비슷하게, 단지 더 장엄하게, 주님 자신이 단지 산이 아니라 바로 이 땅으로 다시 내려오실 것이라고 바울은 말한다. 그리고 단지 장막에 거하시기 위해서가 아니라, 온 땅의 주님으로서 자신의 정당한 거처를 취하기 위해 내려오실 것이다.

17절에서 바울은 아마도 로마 제국의 도시들에서 황제가 행차할 때 행하는 일반적인 관습을 사용하고 있는 것 같다. 황제가 가까이 오면 도시의 고관들은 길에서 황제와 "만나도록" 중간까지 나가서, 그를 대동하고 도시로 환영해 들인다.[4] 그들은 황제를 만나서 함께 다른 곳으로 사라지지 않았다. 그들은 자신들의 충성을 보이고 황제를 그의 제국의 한 부분으로 영접하기 위해 그를 만났다. 그들은 황제가 다스리는 도시로 그를 환영해 맞아들이였던 것이다. 주님이 온 땅의 주님이자 왕으로서 자신의 합법적인 자리로 돌아오실 때 신자들이 자신들의 주님을 환영하는 것이 그와 같다고 바울은 말한다. 우리는 어딘가 다른 곳으로 사라지기 위해서가 아니라, 환영하고 다시 맞아들이기 위해 주님을 만난다.

그러므로 바울이 표현하는 심상의 움직임과 방향은 예수님이 중간 정도 내려오시고 우리는 그분께 끌려 올려지고, 그다음에 그분이 다시 돌이켜 위로 올라가시며 우리를 그분과 함께 하늘로 데려가신다고 하는 것이 **아니다**. 사실 하늘(heaven, "천국"으로도 번역될 수 있다—옮긴이)은 **주님이 떠나오신 장소**로 언급될 뿐, 우리가 가는 곳으로는 전혀 언급되지 않았다. 오히려 바울의 심상에서는 **우리**가 방향을 돌린다! 바울이 묘사하는 순서는 이렇다. 예수님이 이 땅으로 돌아오시고, 그분이 오시면 우리가 공중에서 그분과 만나도록 끌어올려지고, 그다음에 우리는 예수님을 그분의 합법적인 처소인 **여기로**—그분의 왕국, 그분의 기업, 그분의 새로워진 창조 세계, 그분의 구속받은 백성에게로—맞아들인다. 그런 다음에 우리는 주님과 함께 영원히 함께할 것이다. **우리**가 하늘로 가지 않고, **주님**이 우리와 함께 거하기 위해서 집으로 돌아오실 것이기 때문이다(계 21:3이 분명히 말하듯이 말이다).

따라서 바울은 왕이신 예수님의 영광스럽고 **공적인** 귀환을 말하고 있지, 성도의 **은밀한** 휴거를 말하고 있지 않다(그리고 어떤 경우에든, 어떻게 16절이 묘사하는 것보다 덜 은밀한 것이 있을 수 있겠는가?). 그것은, 하나님이 시내 산에서 천둥이나 나팔 소리처럼 말씀하셨을 때나 로마 황제가 자신의 영토를 방문했을 때처럼, 공공연하고 회피할 수 없을 것이다.

마태복음 24:40-41

은밀한 휴거를 정당화하기 위해 때때로 사용되는 다른 본문은 마태복음 24:40-41이다.

> 그 때에 두 사람이 밭에 있으매 한 사람은 데려가고 한 사람은 버려둠을 당할 것이요, 두 여자가 맷돌질을 하고 있으매 한 사람은 데려가고 한 사람은 버려둠을 당할 것이니라.

보통 이 본문은 한 사람은 옮겨지고(천국으로 휴거), 다른 한 사람은 남겨

짐을 당해서[그래서 연작 소설의 제목이 『레프트 비하인드』(*Left Behind*, 남겨짐)이다] 땅에서 어떤 일이 그 다음에 벌어지든지 그것을 견뎌야 함을 의미한다고 해석된다.

그러나 바로 인접한 문맥에서 예수님은 (인자가 예기치 못하게 돌연히 오는 것을 보여주는 그림으로) 홍수가 갑작스럽게 왔다는 것을 말씀하신다. 거기에서는 "데려간"(taken away, 휩쓸려간) 사람들이 홍수로 **멸망당한**(destroyed) 사람들이었다[39절; 우리말 성경들이 39절에서는 "멸망당한"으로, 40-41절에서는 "데려간"으로 각각 다르게 번역한 두 개의 신약성경 그리스어 단어는 사실 모두 "데려간"(taken)으로 번역될 수 있다—옮긴이]. "휴거"되는 것은 이러한 의미에서 분명히 환영할 만한 탈출이 아니라 심판 행위였다.

40-41절에서 예수님은 아마도 자신의 재림을 적이 갑작스럽고 예기치 못하게 마을에 공격해옴에 비유하고 계신 것 같다(자신의 재림을 밤에 오는 도둑과 비교하셨던 것처럼 말이다). 어떤 운이 나쁜 사람들은 (앞 구절에 나오는 홍수의 희생자들처럼) 잡혀서 멀리 끌려가고, 다른 **운이 좋은** 사람들은 뒤에 남겨질 것이다(즉 목숨을 부지하거나 구원받을 것이다). 휴거에 초점을 맞춘 사람들은 상징을 완전히 뒤집어버린다. 데살로니가전서 4장에서 이미 잘못 찾아낸 의미, 즉 예수님이 사람들을 천국으로 데리고 가는 것에 대해 말씀하시고 있다는 생각을 이 구절들에 집어넣어서 읽기 때문이다. 예수님은 그저 인자가 돌연히 그리고 분명히 다시 나타날 것을 묘사하고 계실 뿐이다.

이스라엘 땅

1900년대 초에 있었던 유대인 정착민들의 팔레스타인 땅 점유와 1947-1948년의 전쟁에 이은 현대 이스라엘의 건국 이래, 이스라엘 땅과 국가는 마지막 때에 관한 몇몇의 시나리오에서 두드러진 역할을 해왔다. 종종 이 견해들이 기초하는 이스라엘 땅에 관한 구약성경 예언들의 해석은 그 본문들이 신약성경의 그리스도와 어떻게 연관되는지 전혀 고려하지 않은 것이다. 다시 말해, 그 견해들은 마음 편하게 에스겔서의 지면을 떠나 20세기에 안착한다. 예수님의 삶, 죽음, 부활에서 구약성경의 소망들이 성취된 것에 대해 신약성경이 무엇을 가르치는지에 대해서는 언급하지도 않고 말이다.

물론 구약성경에서는 땅의 약속과 선물이 이스라엘 신앙의 중요한 부분을 형성한다. 바울은 구약성경의 모든 약속들에 대한 "예와 아멘"이 그리스도 안에 있다는 것을 우리에게 상기시킨다(고후 1:20). 이방인이든 유대인이든, 그리스도를 믿는 사람들은 아브라함의 영적 자손을 이루고 언약과 약속의 상속자들이다(갈 3:26-28; 참고. 롬 4:11-12). 그러나 아브라함에게 주어진 약속에서 땅은 중요한 요소였다. 만일 구약성경의 신앙과 의식에 있는 위대한 주제들이 예표적으로 그리스도께 수렴된다면, 그렇다면 땅은 어디에 들어맞는가?[5)]

신약성경은 팔레스타인 땅에 별다른 신학적 위치를 부여하지 않는다. 단지 **영토**일 뿐이다. 거룩한 **장소**로서의 땅은 그리스도인들에게 의미를 잃었다. 복, 거룩함, 약속, 선물, 유업, 안식 등의 용어들은, 구약성경에서 자주 그랬던 것과는 달리, 신약성경 어디에서도 유대인들이 거주하는 영토와 관련해서 사용되지 않는다. "땅과 관련된" 이 모든 실재들은 (희생제사, 제사장, 성전, 왕권처럼) 그리스도께로 옮겨졌다.

그리스도 안에서 이방인들이 가지는 새로운 지위에 대한 바울의 가르침(엡 2:11-3:6)에는 구약성경의 땅과 관련된 심상이 풍성하다. 그리스도께로 오기 전에 이방인들은 "이스라엘 나라 밖의 사람이며 약속의 언약들에 대하여는 외인"이었다. 즉 그들은 이스라엘 땅과 관련된 친족 관계의 지분이 전혀 없었다(2:12). 그러나 그리스도의 십자가를 통해 이방인들은 더 이상 "외인도 아니요 나그네[땅 없는 식객]도 아니고…성도들과 동일한 시민이요 하나님의 권속"이 되었다(2:19). 이것은 영속성, 안전, 포용, 실천적 책임에 관해 말하는 것이다(참고. 3:6). "그 땅에 있다"는 것이 구약성경의 이스라엘에게 의미했던 것은 정확하게 바로 이것이다. 그러나 이제 동일한 안전을 유대인 신자뿐 아니라 이방인 신자들까지, 그리스도 안에 있는 모든 사람이 누리고 있다. 이스라엘이 그들의 땅을 통해 가졌던 것을, 모든 신자들이 이제는 그리스도를 통해 갖는다. 이전에 땅과 관련된 친족 관계가 주었던 자격의 의미와 기능을 이제 그리스도가 소유하신다. "**그리스도 안에**"(in Christ) 있는 것이 "**그 땅에**"(in the land) 있는 것과 같은 지위와 책임들을 부여한다.

히브리서의 저자는 예수님을 믿는 유대인 신자들이 그들의 위대한 유업 중 어떤 것도 잃어버리지 않았고, 오히려 그 모두를 그리스도 안에서 더욱 풍성하고 영원히 갖게 되었음을 다시 확신하게 되기를 원했다. 그가 유대인 신자들에게 "**우리에게 있다**"고 말하는 것들을 보라. 여호수아조차 이스라엘을 위해 결국 성취하지 못했지만 우리는 그리스도를 통해 들어갈 수 있게 된, "안식"으로 묘사된 땅이 우리에게 **있다**(히 3:12-4:11). 우리에게 대제사장이 **있다**(4:14; 8:1; 10:21). 우리에게 제단이 **있다**(13:10). 우리는 언약을 통한 소망을 가지고 **있다**(6:19-20). 우리는 성소에 들어갈 확신이 **있기** 때문에 성막과 성전의 실재를 가지고 **있다**(10:19). 우리는 시온 산에 와 **있다**(12:22). 우리에게 나라가 **있다**(12:28). 참으로 히브리서에 의하면, **우리가 가지고 있지 않은** 유일한 것은 여기 땅 위에 있는 영토적인 도시뿐이다(13:14). 다른 모든 긍정적인 "있다"에 비추어 생각해보면, 이 분명한 부정은 더욱 더 의미심장하다. 그리스도인들에게는 "거룩한 땅"(성지)이나 "거룩한 도시"가 없다. 우리에게는 그런 것들이 필요하지도 않다. 우리에게 그리스도가 있기 때문이다.

또 반드시 짚고 넘어가야 할 것이 있다. 신약성경은 어느 곳에서도 그리스도인이나 유대인이나 세계의 미래에 관한 가르침을, 그 땅에서 다시 새롭게 독립 국가가 되는 이스라엘이 연루된 미래 사건들과 관련해 제시하지 않는다. (신약성경 시대에는 물론 이스라엘이 국가가 아니었다. 유다와 그 땅의 다른 지역들은 로마 제국의 지배를 받았다. 주전 721년에 앗수르에 의해 사마리아가 멸망한 이래, 그 땅에 이스라엘이라 불리는 독립 국가는 존재한 적이 없다.) 물론 바울은 유대인들을 향한 하나님의 계속되는 사랑에 관해 분명히 말하고, 그들이 원래의 감람나무에 "다시 접붙임"을 받게 되는 것에 관해 말한다. 하지만 이것은 예수님께 대한 믿음을 통해서 이루어지는 일이다. 유대인 일반에 대한 신약성경의 가르침을 단지 현대의 이스라엘 국가와만 동일시하는 것은 범주적인 오류다.

물론 많은 **유대인**이 선조의 땅에 깊은 애착을 가지고 있거나, 아브라함에게 주어진 땅의 약속에 대해 계속해서 영토적인 이해를 갖는 것은 놀라운 일이 아니다. 왜냐하면 그들은 기독교의 근본적인 전제, 곧 바울이 말한 것처럼 "하나님이 예수를 일으키사 우리 자녀들에게 [조상들에게 주셨던] 이 약속을 이루게 하셨다"(행 13:32-33)는 것을 받아들이지 않기 때문이다. 그렇지만 분명히 해야 하는 것이 있는데, 결코 모든 유대인들이 이스라엘의 건국을 지지했거나 혹은 이스라엘이 지난 반세기 동안 계속해온 행위들을 인정했던 것은 아니라는 점이다. 많은 신실한 유대인이 정치적으로 그리고 신학적으로 시오니즘을 거부한다. 더욱이, 많은 사람이 이스라엘의 행동에 사회적으로 군사적으로 경악한다.

그러나 **그리스도인에게** 특별하거나 거룩한 의미를 가진 땅이나 도시는 하나도 없다. 우리 신앙의 중심은 어떤 장소가 아니라 인격이다. 메시아 예수님이라는 인격이 우리 신앙의 중심인 것이다. 그리고 그분은 온 세상의 주님이시고, 온 세상에 대한 권리 주장을 위해 다시 오실 것이다.

어떤 "마지막 때" 시나리오들은 예수님이 예루살렘에 지역적으로 재림하신다거나, 거기에 성전을 재건하신다거나, 또는 현대 이스라엘 땅에서 최후의 아마겟돈 대전투가 문자적으로 벌어질 것이라고 예측한다.[6] 이러한 선정적인 예언들은(이들 중에 어떤 것들은 대규모 인명 피해를 포함하는 시나리오를 아무렇지도 않게 말해댄다) 대중적인 기독교 소설이나 대중 신앙에 들어온다. 그러나 그런 시나리오들은 또한 강력한 정치 의제들에 영향을 미치고, 이로써 그 시나리오들을 잠재적으로 훨씬 더 위험하게 만든다. 그것들은 의문의 여지가 많은 성경 해석들에 근거해서, 세계 역사를 향한 하나님의 마지막 계획이라고 추정하는 시나리오 속의 특권적인 위치를 현대 이스라엘 국가에 부여한다. 그런 후 그러한 견해를 지지하는 사람들로 하여금 현대 이스라엘 국가의 압제적인 정책들과 행위들에 대해서 어떠한 선지자적 비판도 하지 못하게 만든다. 그런데 이렇게 비판을 막는 것이야말로 비성경적인 것이다.

어떤 그리스도인들이 보기에 현대 이스라엘 국가는 어떠한 도덕적이거나 국제적인 책임으로부터도 자유롭다. 왜냐하면 그것이 "예언을 성취"하는 것이기 때문이다. 그러한 맹목적인 "이스라엘 지지"는 성경에 있는 대부분의 실제 선지자들, 그리고 심지어 예수님의 말과 대조되며 충돌한다. 나는 현대 이스라엘 국가에 대해 용감하게 비판의 소리를 내는 사람들이 (몇몇의 유대인들은 물론 그리스도인들에게도) 반유대주의로 비난받은 것이 이상하다고 생각한다. 그러나 그러한 기준에 의하면 예수님, 바울, 선지자들도 모드 같은 비난을 받았어야 했을 것이다. 물론 그랬다면 매우 우스꽝스러운 일이 되었겠지만 말이다. 그들은 모두 자기 민족을 아주 깊이 사랑했지만, 이스라엘 안에 있던 우상숭배, 압제, 인종차별적 국가주의에 저항해 선지자적 고발을 가장 통렬히 행했다. 실제로 예수님이 그 시대 유대인들의 영토적이고 정치적인 민족주의를 단도직입적으로 거부하셨고 거침없이 대항하신 것은 분명하다. 그때 그러셨던 분이 어떻게 그 현대적 형태를 인정하실 수 있을 것이라고 생각하는지 이해하기 어렵다.

결론: 점검하라

지금 당신은 이 앞에 언급한 세 가지 문제 모두에 관해, 혹은 그중에 어떤 것에 관해 나에게 동의하지 않을 수 있다. 그래도 괜찮다. 이 문제들에 관해서는 많은 신실한 사람들이 매우 강하고 다른 확신들을 가지고 있다. 구약성경을 가르치는 교사로서 살아온 시간 동안, 나는 이러저러한 방식으로 그런 많은 확신에 직면했다. 그런 대중적인 확신들의 흐름을 거스르기는 쉽지 않은 일이다. 대중적인 견해들, 책, 영화, 웹사이트, 수백만 달러짜리 광고들도 세상의 마지막과 관련된 어떤 시나리오들이 오류가 없고 필연적이라는 분위기를 만드는 데 차지하는 비중이 엄청나다. 그것들은 너무나 그럴싸하게 포장되어 있어서 설득력이 대단하다.

그러나 그리스도인들이 허구적인 소설들이나 심지어 만화와 할리우드 영화들로부터 자신들의 신앙을 취한다면, 그것은 비극이 아닐 수 없다. 성경 자체에 대한 면밀한 연구와 교회가 긴 세월 동안 형성한 기독교 신앙의 굳건한 전통들은 무시하면서 말이다. 이 주제들에 관한 우리의 믿음이 우리를 둘러싼 문화 속에서 최근 유행하는 "대중적인 기독교"에 의해서 형성되었는지, 아니면 우리 스스로 성경을 사려 깊게 이해하면서 형성되었는지 물어보아야 한다.

내가 권하는 것은 단지 (나와 의견이 달라서 이 책을 던져버리기 전에, 그래서 마지막 두 장을 놓치기 전에!) 주의 깊고 분별력 있게 되라는 것, 그리고 전체로서 해석된 성경이 주장하는 것에 의해 다스려지기를 구하라는 것뿐이다.

그러면 이제 논쟁이 되는 의견들에 대한 불일치의 웅덩이를 더 깊게 파고 들어가는 대신, 더 앞으로 나아가 성경이 마지막 때에 대해 분명하고 반복적으로 가르쳐주는 것을 살펴보도록 하자. 우리 앞에 놓여 있는 성경적으로 **확실한 것**들과 그것들이 가져오는 실제적인 **결과들**, 즉 우리가 지금 어떻게 살아야 하는지에 대해 살펴보자.

성경은 세상의 마지막(end of the world; 사실은 정확하지 않은 애매한 표현이지만 그냥 계속 사용한다)에 대해 말할 때 두 가지에 우리가 주목하게 한다. 끝(ending)과 시작(beginning) 말이다. 첫 번째 것은 하나의 사건이며, 두 번째 것은 새로운 상황이 계속되는 것이다. 사건(event)은 모든 역사의 위대한 절정인데, 그리스도가 다시 오실 때 있는 것이다. 새로운 시작은 새 창조인데, 그리스도의 재림으로 인해 시작되는 것이다. 하나님이 영원히 통치하시는 새로운 시대, 하나님이 새롭게 된 창조 세계 안에서 자신이 구속하신 인류 가운데 다시 거처를 취하시는 때가 바로 이때다.

우리는 다음 두 장에서 이것들을 하나씩 살펴볼 것이다.

1) 이것은 각 개인의 죽음과 그리스도의 재림 사이에 있는 "간격"에 처한 개개인의 상태를 묘사하기 위해 사용되는 용어다.

2) 이것에 대한 현대적 형태의 가르침은 19세기 중반, 특히 존 넬슨 다비(John Nelson Darby)의 가르침에서 유래한다. 그에게서 전천년적 세대주의(premillennial dispensationalism)로 알려진 도식이 나왔다. 성도가 대환난 전에 휴거될 것이라는 개념("pretribulationism", 환난전 휴거설)은 1930년에 예언적 환상을 보고 그것을 에드윈 어빙(Edwin Irving)에게 말했던 스코틀랜드의 어린 소녀 마가렛 맥도날드(Margaret McDonald)에게까지 거슬러 올라간다고도 한다. 그러나 그녀와 세대주의의 초기 창시자들 사이를 직접 연결하는 것에는 논란의 여지가 있다. 미국의 많은 복음주의적 대중 신앙에서 지배적인 가설로서 그것이 누리는 지금의 인기는 주로 스코필드 성경과 할 린지의 책 *The Late, Great Planet Earth* (Grand Rapids: Zondervan, 1970)가 거둔 경이로운 성공에 기인한다.

3) 이것이 휴거라는 개념을 만들어낸 단 하나의 단어다. 휴거로 번역되는 영어 단어 "rapture"는 성경의 라틴어 번역(Vulgate)이 *rapiemur*(*rapio*, *rapere*, *rapui*, *raptum*, "잡아채 가다")를 사용한 데서 왔다.

4) 이 관습은 로마 제국이 무너진 이후에도 많은 왕국에서 계속됐다. 영국 왕들의 성대한 "왕의 행진"(Royal Progresses)도 그러한 절차를 포함했다. 헨리 8세가 1541년에 요크를 방문했을 때 있었던 왕의 행진을 잘 묘사한 것을 C. J. 샘슨(Samson)의 역사 소설 *Sovereign* (London: Pan Books, 2007)에서 찾아볼 수 있다.

5) 나는 이 주제를 *Old Testament Ethics for the People of God* (Downers Grove, IL: InterVarsity Press, 2004) 6장에서 훨씬 더 깊이 다루었다(『현대를 위한 구약윤리』, IVP 역간).

6) 소위 아마겟돈 전투에 관해 그토록 많이 말하고 쓰고 상상했음에도 불구하고, 요한계시록에서 그것이 **결코 치러지지 않은 전투**라는 사실을 많은 사람들이 전혀 인식하지 못한다. 아마겟돈 전투가 언급될 때마다 하나님, 그리스도, 그분의 백성에 적대적인 모든 군대가 대규모로 모였지만, 대중적인 소설에 많이 나오는 것 같은 전투나 군대들의 대규모 무력 충돌은 어느 때에도 **없었다.** 오히려 하나님의 대적들은 그저 지진이나 하나님의 입에서 나오는 칼, 또는 하늘에서 내려오는 불에 의해 참패당하거나 멸망당했을 뿐이다(계 16:12-21; 19:19-21; 20:7-10을 보라). 이 모든 추측의 원래 그림인 에스겔 38-39장조차도 실제 전투를 전혀 묘사하지 않고, 그저 독자들에게 하나님이 자신의 대적들의 모든 군사들을 멸망시키실 것을 확신하게 할 뿐이다. 하나님의 백성은 마지막 전투를 싸우지 않을 것이다. 오직 하나님 자신만이 싸우실 것이기 때문이다.

10장

위대한 절정

"그날이 언제야?" 우리는 이 질문을 매일의 삶에서 꽤 자주 한다. 약혼한 젊은 커플에게 이미 결혼식 날짜를 잡았는지 알아보기 위해 이 질문을 하기도 하고, 또는 만일 가족 중에 운동선수가 있다면, 모든 것이 결정되는 어떤 흥미진진한 대회의 대단원이 될 마지막 경기에 관해 묻는 것일 수 있다.

성경에도 "그날"이 있다. 그리고 그것은 오래전부터 계속해서 관심을 끌어왔다.

하나님을 기다림

"주님의 날"은 구약성경에서 자주 등장하는 표현이다. 처음에 이 표현은 이스라엘 사람들의 소망을 묘사했는데, 이스라엘의 하나님이신 야웨가 개입하셔서 그들의 대적을 물리치시고 그들을 압제에서 구해내시리라는 것이었다. 그러나 아모스는 그 개념을 완전히 뒤집어서, 하나님이 "주님의 날"에 개입하실 때 빛이 아니라 어둠이 될 것이라고 말했다(암 5:19-20). 실제로 하나님은 자신의 대적들을 심판하기 위해 오셨다. 그러나 누가 그분의 대적들이었는가? 단지 이방 나라들만이 아니었다. 이스라엘과 유다가 그들의 언약 의무들을 거부하여 우상 숭배를 하고, 특히 사회적 불의와 가난한 자들에 대한 착취를 통해 하나님의 대적이 되어서, 주님의 날이 왔을 때 하나님의 심판이 폭발하는 바로 그 자리에 서 있었다는 것은 정말 충격적인 사실이다. "그날"은 기대를 가지고 기다릴 날이 아니었다.

다른 선지자들은 아모스의 선도적 예언을 따라 주님의 날에 대한 자기들만의 묘사를 했다. 임박한 하나님의 심판이라는 의미로서 주님의 날은 예루살렘이 파괴되고 하나님의 백성이 주전 587년에 바벨론에 포로로 잡혀갔을 때 구약성경의 역사 가운데 일차적으로 성취되었다. 그러나 어떤 예언자들은 또한 이 용어를 좀더 멀리 바라보기 위해 사용했으며, 긍정적이고 부정적인 의미를 결합해서 사용했다. 주님의 날은 분명히 심판을 가져올 것이다. 그러나 그것은 또한 하나님을 향해 한결같이 신실했던 사람들에게 구출과 기쁨을 의미했다. 예를 들어, 스바냐 1:14-18을 진노와 심판의 날로서 주님의 날에 대한 무시무시한 그림으로 읽어보라. 그러나 스바냐 3:9-17을 치유·회복·기쁨으로 가득 찬, 바로 이어진 후편으로 보라. 이것들이 모두 "그날"의 일부다.

신약성경에서 주님의 날은 그리스도의 재림과 관련해 좀더 분명히 최종적인 의미를 갖게 된다. 실제로 바울은 "그리스도의 날"로 표현을 바꾸었다 (예를 들어, 빌 1:6, 10; 2:16; 참고. 고전 1:8). 그리스도의 날은 역사 안에 있는 모든 하나님의 사역의 위대한 절정이며 대단원의 마지막이다. 그날은 전체 구원 이야기를 완성하는 날이다. 이 위대한 사건에 관한 분명한 계획이 성경에 미리 세워져 있다. 세 가지 위대한 일이 벌어질 것이다. 그리스도의 재림, 죽은 자들의 부활, 마지막 심판이 그것이다.

보통 이것들은 분명히 자연스러운 논리와 순서로 제시된다. 그러나 이 일들은 모두 하나의 위대한 마지막 사건의 부분으로 함께 붙들어야 한다.

"마지막"은 이 세 가지 요소를 모두 포함한다. 그러므로 우리는 각 요소를 차례로 살펴볼 것이다. 그렇게 하는 중에도, 이것들 모두가 같은 위대한 절정의 사건에서 서로 밀접하게 연결되어 있는 국면들이라는 것을 명심해야 한다.

그리스도의 재림

신약성경은 예수 그리스도가 지상에서의 생애 동안 이루셨던 일들을 완성하기 위해 다시 오실 것이라고 가르친다. 우리는 우리의 사고방식, 예전, 교회력에서 초림과 재림을 분리하는 경향이 있다. 그리스도의 초림 이후 땅에서 많은 시간이 지났는데 우리는 아직도 그리스도의 재림을 기다리고 있기 때문이다. 전통적인 교회력은 정말 이상하게도, 성탄절에 그리스도의 초림을 축하하기에 앞서서 강림절에 그분의 재림을 숙고한다! 그러나 신약성경의 저자들은 그리스도의 초림과 재림을 하나님의 단일한 위대한 성취의 두 부분으로 훨씬 더 밀접하게 붙든다.

잠시 숨을 돌리면서 세 본문, 즉 디도서 2:11-13, 히브리서 9:26-28, 요한일서 3:2, 5을 읽어보면, 각각의 본문에서 그리스도의 초림과 재림이 완전히 함께 연결되어 있는 것을 알 수 있을 것이다.

그렇다면 어떻게 그 일이 일어날까? 그리스도가 다시 오실 때 그것은 어떤 모습일까? 글쎄, 이 책을 지금 여기까지 읽었다면 그리 놀랍게 들리지 않겠지만, 분명 우리가 자세하게 이해하기를 바랄 수도 없는 심오한 것들이 있다. 만일 하나님이 과거에 하신 일이나 현재 허락하시는 것들에 관해 하나님을 이해하는 것이 매우 어렵다면, 궁극적인 미래를 위한 하나님의 계획들에 관해 성경이 말하는 모든 것들을 이해하는 것은 더욱더 어렵다. 심지어 예수님 자신도 그것을 상세히 설명하는 것을 삼가시고, 심상과 비교에 의지하셨다. 그러니 우리는 분명한 가르침 너머로 우리의 질문들을 밀어붙여서는 안 된다.

그러나 신약성경의 가르침에서 최소한 세 가지는 분명해 보인다. 그리스도의 재림이 인격적이고, 가시적이고, 영광스러울 것이라는 점이다. 우리는 최소한 이 말들이 어떤 의미인지는 이해할 수 있다. 비록 그것들이 실현될 방식에 대해서는 이해할 수 없더라도 말이다.

인격적

무엇보다도 먼저, 다시 오시는 분은 진짜 예수님일 것이다. 신약성경이 "예수님이 여기 계시다"라는 신비적 임재나 주관적인 내적 느낌에 대해 말하는 방식은, 이제는 죽어버린 전설적인 영웅의 지속적인 현존에 관해 사람들이 말하는 방식과 다르다. 그렇다고 유족들이 종종 고인이 된 사랑하는 사람에 대해 "그녀는 우리와 항상 함께 있을 것입니다"라고 말하면서 표현하는 감상적이거나 감정적인 위로도 아니다. 그렇지 않다. 예수님이 부활하신 후에 제자들이 그분을 만났을 때 그분의 첫 제자들이 알아볼 수 있었던 것처럼, 그분이 다시 오실 때에도 알아볼 수 있을 것이라고 신약성경은 확언한다. 제자들이 부활하신 예수님을 보았을 때, 그들은 분명히 그분, 진짜 예수님, 이전보다도 더욱더 생생한 진짜 예수님을 보았음을 알았다.

승천에 대한 묘사를 상기해보라. 예수님은 제자들을 축복하시고 하나님의 선교를 지속하라는 사명을 다시 주신 후에, 그들이 보는 앞에서 들리셔서 구름 속으로 사라지셨다. 이것은 하늘에 계신 하나님의 온전한 임재로의 귀환을 상징했다. 그들은 하늘을 응시했다. 예수님은 어디로 가셨을까? 그분을 다시 볼 수 있을까? 누가는 이어서 이렇게 기록한다.

올라가실 때에 제자들이 자세히 하늘을 쳐다보고 있는데, 흰 옷 입은 두 사람이 그들 곁에 서서 이르되 "갈릴리 사람들아, 어찌하여 서서 하늘을 쳐다보느냐? 너희 가운데서 하늘로 올려지신 이 예수는 하늘로 가심을 본 그대로 오시리라" 하였느니라.

_사도행전 1:10-11

"이 예수님"이 다시 오실 것이다. 그분의 혼, 혹은 그분의 영향력, 혹은 그분에 관한 추억이 아니라, 제자들이 알고 사랑했던 예수님이 말이다. 그리스도의 재림은 인격적이고, 알아볼 수 있고, 헷갈리지 않을 것이다(또한, 약 5:7-9; 요일 2:28도 보라).

가시적

둘째로, 그리스도의 재림은 가시적일 것이다. 은밀하거나 신자들만을 위한 것이 아닐 것이다. 그것은 번개가 치는 것이 그렇듯이 "은밀하지 않을" 것이다. "번개가 동편에서 나서 서편까지 번쩍임 같이 인자의 임함도 그러하리라"(마 24:27). 하늘 전체를 가르는 번개는 그 아래에 있는 모든 사람들에게 보인다. 그렇게 예수님도 자신의 오심이 모든 사람에게 오해 없이 보일 것이라고 말씀하셨다. 그것을 인식하지 못할 사람은 없다.

몇 구절 뒤에 예수님은 땅 위의 모든 나라들이 자신이 오시는 것의 영향을 느낄 것이라고 말씀하시면서 이 사실을 다시 강조하신다. 모든 사람이 그분의 재림을 목격할 것이다. "그 때에 인자의 징조가 하늘에서 보이겠고 그 때에 땅의 모든 족속들이 통곡하며 그들이 인자가 구름을 타고 능력과 큰 영광으로 오는 것을 보리라"(마 24:30).

같은 방식으로, 요한계시록의 시작 부분에 있는 높여지신 예수님에 대한 묘사도 "볼지어다 그가 구름을 타고 오시리라 각 사람의 눈이 그를 보겠고"(계 1:7)라고 선언한다. 신약성경은 때때로 예수님이 "나타나실" 것이라고 말한다. 이것은 그분이 진정 어떤 존재인지 모든 사람이 분명하게 볼 것임을 의미한다(고전 1:7; 살후 1:7).

그리스도의 재림이 가시적일 것이기 때문에, 또한 공적이며 우주적일 것이다. 그것을 놓칠 사람은 없다. 그분의 초림은 로마의 어떤 신문도 각주로조차 다룰 만하지 않았다. 예루살렘에 있던 헤롯은 심지어 외국인 방문자들을 통해 들어야 했다. 그러나 예수님의 다시 오심은 세계적이고, 즉각적이고, 전적이고, 압도적인 공적 인식의 사건이 될 것이다. 그때 어떤 일들이 벌어지고 있었든지, 그것들에 관한 관심을 몰아낼 것이다. 누구도 "제가 이것을 끝낼 때까지만 기다려주십시오" 혹은 "카메라 좀 가져오겠습니다"라고 말하지 않을 것이다. 모두가 볼 수밖에 없는 왕의 귀환을 위해, 반드시 모든 것이 길을 양보할 것이다.

이것에 대한 생각은 물론 우리가 일반적으로 자연스럽게 인식하는 영역 너머에 관한 것이다. 정상적인 물리학의 법칙에 따르면 어떤 사건도 둥그런 행성 위의 모든 지점에서 동시에 볼 수 없다고 이의를 제기할 수 있다. 위성과 텔레비전 화면을 포함하여(어떤 사람들은 이것이 재림을 그렇게 오랫동안 기다려야 했던 이유라고 한다!) 제안된 해결책들은 우스울 정도로 기술에 집착하는 것으로 보인다. 설령 땅 위의 모든 사람이 실제로 텔레비전을 볼 수 있는 날을 상상한다고 하더라도(의심할 바 없이 이것이 판매원의 꿈이겠지만, 문화적으로는 악몽일 것이다), 그리스도의 재림이 모든 사람이 텔레비전을 동시에 시청하는 것에 달려 있다는 생각은 어처구니가 없다. (만일 어떤 사람이 자기의 텔레비전 전원을 끄기로 한다면, 그는 그 사건으로부터 면제되는 것인가?)

그렇다. 이 일들이 벌어지는 방법에 대해서는 이해하지 못할 수 있다. 하지만 나는 우주의 창조자께 그분의 아들의 재림을 이 행성 위의 모든 인간이 즉각적으로 볼 수 있고 진짜로 느낄 수밖에 없도록 만드실 능력과 방법이 있다고 확신한다. 그리스도께서 다시 오시는 날, 당신이나 다른 누가 지구의 표면 어디에 있든지, 그분을 볼 것이다. 지구의 한 부분에서 다른 부분으로 여행하느라 많은 시간을 보내는 사람에게 이것은 여행자보험보다 더 큰 위안이 된다. 나는 내가 집에서 멀리 떠나 있는 동안 벌어지는 일들을 많이 놓치곤 한다. 그러나 그리스도의 재림을 놓치는 일은 없을 것이다!

영광스러운

예수님은, 처음에 겸손과 감추어짐 가운데 오셨던 것과는 대조적으로, 신적인 위엄의 충만한 영광 가운데 다시 오실 것이다. (몇 개의 성경 구절들에 나오는 구름에 대한 언급이 이것을 상징한다. 구름은 종종 하나님 임재의 증거다.) 예수님이 처음 오셨을 때 그분은 어머니의 태로, 빌린 구유로, 목수의 의자로, 십자가로 오신 것이었다. 그분이 다시 오실 때 그분은 신적 영광의 충만함 가운데 자신의 합법적인 왕국으로, 하늘과 땅에 있는 그분의 모든 유업으로 오실 것이다.

그래서 바울은 "복스러운 소망과 우리의 크신 하나님 구주 예수 그리스도의 **영광**이 나타나심을 기다린다"(딛 2:13, 라이트의 강조)고 기록한다. 바울은 필시 여기서도 로마 제국의 외교 의례적인 언어를 반영하며 사람들을 놀라게 하는 것 같다. "우리의 크신 하나님 구주"는 로마 황제를 묘사하는 문구였다. 도시들은 "우리의 크신 하나님 구주"의 방문을 기대할 것이다. 이를테면, 바울은 이렇게 말하는 것이다. "우리도 그렇게 한다. 그러나 우리는 훨씬 더 위대하고 훨씬 더 영광스러운 분, 곧 **우리의** 위대한 하나님과 구원자이신 예수 그리스도의 나타나심을 기다린다"(또한 살후 2:8도 보라).

성경의 이러한 세 가지 위대한 확언들을 함께 묶어보면, 그리스도의 재림은 지금은 우리에게 물리적으로 부재하시는 분의 **인격적인 임재**, 지금은 우리에게 보이지 않으시는 분의 **가시적인 임재**, 지금은 우리에게 숨겨진 영광을 가지신 분의 **영광스러운 임재**를 의미한다. 이것이 성경이 이 엄청난 사건을 묘사하는 시야와 규모다. **때**에 대한 환상과 추측으로 시간을 낭비하지 말자. 믿고 즐거워하면서 그 **확실함**을 위해 준비하자.

이것이 나에게 무엇을 의미하는가?

최근에 나는 이사야 52:7-10에 대한 설교를 준비하고 있었다. 이 흥분으로 가득한 멋진 본문에서 선지자가 묘사하는 것은 황폐한 예루살렘에 있는 외로운 파수꾼들인데, 이들은 어떤 사람이 뛰어오면서 동쪽으로부터 좋은 소식, 즉 하나님이 드디어 돌아오고 계시다는 소식을 가져오는 것을 보고 있다. 포로의 때는 끝이 나고, 하나님은 고향으로 돌아오고 계신 것이다.

> 좋은 소식을 전하며
>   평화를 공포하며,
> 복된 좋은 소식을 가져오며
>   구원을 공포하며,
> 시온을 향하여 이르기를
>   "네 하나님이 **통치하신다**" 하는 자의
>   산을 넘는 발이 어찌 그리 아름다운가!
> 네 파수꾼들의 소리로다.
>   그들이 소리를 높여 일제히 노래하니,
> 이는 여호와께서 시온으로 **돌아오실** 때에
>   그들의 눈이 마주 보리로다.
> 너 예루살렘의 황폐한 곳들아,
>   기쁜 소리를 내어 함께 노래할지어다!
> 이는 여호와께서 그의 백성을 위로하셨고,
>   예루살렘을 **구속**하셨음이라.

여호와께서 열방의 목전에서
　　그의 거룩한 팔을 나타내셨으므로,
땅 끝까지도 모두
　　우리 하나님의 구원을 보았도다.
_이사야 52:7-10 (라이트의 강조)

어떤 설교자라도 했을 것처럼, 나는 영어 본문에서 (강조하여 표시한) "r"로 시작하는 세 단어를 주목했다[통치하다(reign), 돌아오다(return), 구속하다(redeem)]. 그리고 선지자가 포로로 잡혀간 사람들을 어떻게 격려하고 있는지를 설교했다. 그들의 하나님은 다스리시고, 돌아오시고, 구속하시는 왕이셨다는 것이다. 그리고 그 본문을 신약성경으로 가져가서, 거기서 그 본문이 그 다음 차원의 성취를 어떻게 이루는지를 짚었다. 왜냐하면 나사렛 예수는 (초림 때) 다스리시는 왕, 다시 오시는 왕, 구속하시는 왕이셨고, 이제 (주권적 통치 가운데) 왕이시며, 앞으로도 (재림 때) 왕이실 것이기 때문이다.

이 본문을 어떻게 적용할까 생각하면서, 나는 나 자신에게 이런 질문을 했다. **예수님이 다스리시는 주님, 다시 오시는 왕, 세상을 구속하시는 구원자이심이 지금 여기에서 나에게 무엇을 의미하는가?**

▶다스리시는 그리스도

내게 예수님이 다스리심을 믿는 것은, 세상의 뉴스를—즉 국제적인 삶의 예측 불가능한 복잡함들, 주장들과 그에 대한 반대 주장들, 그리고 군사력과 경제적 지배의 가식과 교만함을—숙고할 때, 그 모든 일 가운데서 그리스도 안의 하나님이 다스리신다는 징표를 어디에서 어떻게 볼 수 있는지 끊임없이 물어야 함을 의미한다.

그러나 우리의 미치고 뒤죽박죽인 세상에서 그렇게 하는 것은 너무 어려운 일이 아닌가? 아마도 앗수르, 다음에 바벨론, 그리고 그 다음에 페르시아가 세상을 지배하는 것처럼 보였던 선지자들의 시절보다 더 어렵지는 않을 것이다. 혹은 로마 제국이 유일한 초강대국으로 무자비한 군사적 우위, 경제적 이해, 긍정적인 성취들의 모호한 혼합을 통해 제국의 뜻을 강제하며 세상을 지배하던 예수님과 사도들의 시대를 생각해보라. 많은 것이 변하지는 않았다. 그러나 우리는 이러한 모든 모호함 가운데 "우리 하나님이 다스리신다. (황제나 황제의 후계자들이 아니라) 예수님이 주님이시다!"라고 확언하도록 부름을 받았다. 나는 이 사실에 내 확신과 소망을 둔다.

▶ **다시 오시는 그리스도**

내게 예수님이 다시 오심을 믿는 것은, ("예루살렘의 폐허"와 같은) 지구의 "황폐한 장소들"—하나님이 아름답게 창조하신 것들의 폐허, 우리 행성의 다양성과 아름다움의 파괴, 악한 자들의 잔인함 아래 겪는 인간 고통의 황량함, 에이즈로 인한 삶과 소망의 파괴적인 소모 등—을 생각할 때, 예수님이 또한 다시 오시는 왕이시라는 사실을 기억해야 함을 의미한다. 그리고 나는 시편 96편의 놀라운 절정을 기억한다.

하늘은 기뻐하고 땅은 즐거워하며
　바다와 거기에 충만한 것이 외치고,
밭과 그 가운데에 있는 모든 것은 즐거워할지로다.
　그 때 숲의 모든 나무들이 여호와 앞에서 즐거이 노래하리니, **그가 임하시되**
　땅을 심판하러 임하실 것임이라.
그가 의로 세계를 심판하시며
　그의 진실하심으로 백성을 심판하시리로다.
_시편 96:11-13 (라이트의 강조)

온 창조 세계가 하나님의 오심을 고대한다. 그분이 다시 오실 때 모든 것들을 바로잡으실 것이기 때문이다(이것이 "그가 의로 세계를 심판하실 것이다"라는 말씀의 의미다). 그리스도가 다시 오실 때 정의와 회복이 있을 것이다.

▶구속하시는 그리스도

내게 예수님이 구속자 하나님이심을 믿는 것은, 온갖 종류의 노예 상태와 억압—가난, 기아, 불의에 의해, 그리고 폭력, 살인, 강간에 의해, 또한 중독의 마수에 의해, 혹은 복음이 주는 해방의 진리에 대한 단순한 무지에 의해 생겨난 속박들—속에 살고 있는 엄청난 수의 사람들을 생각할 때, 땅의 모든 끝이 우리 하나님의 구원을 보는 날을 고대해야 함을 의미한다. 모든 사람들이 자신들의 필요와 절망 가운데 예수님께 돌아와서 그분의 나타나심을 고대하는 가운데, 그들의 구속자를 있는 그대로—주님, 왕, 민족들의 구원자로—볼 그날을 나는 고대한다.

영화 〈반지의 제왕〉 3부작을 보았는가? 나는 세 편을 모두 보러 갔고, 3부를 보기 위해 줄을 섰던 군중을 기억한다. 사실 원작 소설을 읽었든지 읽지 않았든지, 그 이야기가 어떻게 끝날 줄 우리 모두는 알고 있었다. "왕의 귀환"으로 끝날 것을 말이다. 자, 우리는 하나님의 책을 읽었고, 우주의 이야기가 어떻게 끝날지도 알고 있다. 그것은 왕의 귀환과 구원으로, 그러나 "호빗 마을"만이 아니라, 온 창조 세계와 지구 위의 모든 나라 중에서 하나님이 구속하신 인류의 구원으로 끝난다.

그런데 어떻게? 나는 나 자신에게 묻는다. 언제 어떻게 이 일들이 이루어질 수 있는가? 이렇게 엄청난 확신들의 본질이나 함의를 내가 어떻게 감히 이해할 수 있는가? 그저 풀러톤(W. Y. Fullerton)의 잊을 수 없이 아름다운 찬송 "나는 말할 수 없네"(I Cannot Tell)[1]에 나오는 표현들로 대답할 수 있을 뿐이다. 각 절은 우리가 이해할 수 없는 것과 확실히 아는 것의 균형을 맞추고 있다(강조한 부분들을 보라). 마지막 두 절은 그것을 이렇게 표현한다.

나는 말할 수 없네 어떻게 그분이 민족들을 얻으실지
그분이 어떻게 지상의 유업을 주장하실지
어떻게 동쪽과 서쪽 세상에 있는 죄인과 지혜자의
필요와 갈망을 만족시키실지
그러나 이것은 내가 안다네 모든 육체가 그분의 영광을 보고
그분은 자신이 뿌린 것을 추수하시고
어느 기쁜 날 그분의 태양이 영광 가운데 빛날 것이라는 사실을
구원자이신 그분, 세상의 구원자가 알려질 때

나는 말할 수 없네 어떻게 모든 땅이 경배할지
그분의 명령에 모든 폭풍이 잠잠해질 때
그 기쁨이 얼마나 놀라운지 누가 말할 수 있을지
우리 온 가슴이 그분을 향한 사랑으로 가득할 때
그러나 이것은 내가 안다네 하늘이 그분을 찬양하고
천만의 사람들이 목소리로 노래를 부르고
땅은 하늘에게, 하늘은 땅에게 이렇게 대답할 것을
"마침내 구원자, 세상의 구원자가 왕이시다!"

자, 이것이 바로 내게 의미하는 것이다. 그러나 이것이 **청중**에게는 어떤 의미일까? 나는 이사야 52:7-10에 대한 설교를 준비하면서 생각했다. 그리고 (자주 그러는 것처럼) 산책을 하며 본문을 묵상했다. 집 근처 토트넘코트 길을 걸으며 생각했다. "런던 거리에 있는 수천 명의 사람들에게는 어떤가? 예수님이 역사를 다스리시는 주님, 다시 오시는 창조 세계의 왕, 세상의 구속

자며 구원자시라는 사실이 그들에게는 어떤 의미일까?"

대답이 건물들 벽에서 튕겨 나오는 것 같았다. **아무런 의미도 없다**. 전혀 없다. 만일 아무도 그들에게 말해주지 않았다면, 만일 그들이 예수님에 대해 들어본 적이 없다면, 만일 그들이 그 사실에 대해 모른다면, 그렇다면 어떻게 그것이 그들에게 의미가 있겠는가?

그러자 내 본문도 벽에서 튕겨나오는 것 같았다. 이번엔 바울의 말을 통해서였다. 바울은 비슷한 질문들 속에서 이사야 52:7을 인용했다.

> 유대인이나 헬라인이나 차별이 없음이라. 한 분이신 주께서 모든 사람의 주가 되사 그를 부르는 모든 사람에게 부요하시도다. 누구든지 주의 이름을 부르는 자는 구원을 받으리라.
>
> 그런즉 그들이 믿지 아니하는 이를 어찌 부르리요, 듣지도 못한 이를 어찌 믿으리요? 전파하는 자가 없이 어찌 들으리요, 보내심을 받지 아니하였으면 어찌 전파하리요? 기록된 바 "아름답도다 좋은 소식을 전하는 자들의 발이여!" 함과 같으니라.
>
> _로마서 10:12-15

사실 발은 아름다울 게 전혀 없다. 발을 아름답게 만드는 유일한 것은 복음의 운동화를 신고 있을 때다(엡 6:15). 그럴 때 그 발들은 다음의 일들을 기꺼이 하려는 사람들의 발이다.

> "가서 산 위에서 외쳐라"
>
> 인간적인 교만의 산에서, 예수 그리스도가 태어나셨고 다스리신다고.
>
> "가서 산 위에서 외쳐라"
>
> 인간적인 절망의 산에서, 예수 그리스도가 태어나셨고 다시 오고 계신다고.

"가서 산 위에서 외쳐라"

인간적인 속박의 산에서, 예수 그리스도가 태어나셨다고

그분은 구속자, 구원자, 주님이시라고.

나는 이렇게 설교를 마쳤다.

죽은 자들의 부활

그리스도가 다시 오실 때 죽은 자들이 일으킴을 받을 것이다. 죽은 자들의 부활에 대한 믿음은 유대인들에게만 있는 독특한 확신이었다. N. T. 라이트가 방대한 연구를 통해 보여주었던 것처럼, 부활이라는 개념은 단지 죽음 이후의 삶에 대한 생각과는 매우 다르다. 사람이 죽음 이후에 어떤 다른 형태로 어떤 다른 장소나 영역에서 생존할 것이라는 믿음은 인간의 여러 문화에 걸쳐 흔하다. 그리고 예수님의 오심 전과 후에 유대인들을 둘러싼 문화들에서도 그런 믿음은 분명히 존재했었다. 그러나 라이트가 "죽음 이후의 삶 **이후의** 삶"이라고 부르는 것—새로워진 땅 위에서 새 몸을 입고 사는 부활의 삶—에 대한 믿음은 다양한 성경적(즉, 구약성경의) 토대 위에 세워진 이스라엘의 신앙 밖에서는 찾아볼 수 없다.[2)]

이 주제와 관련된 신약성경의 추가적인 가르침으로부터, 우리는 이 위대한 마지막 사건의 필수적 요소인 죽은 자의 부활에 관해 두 가지를 확언할 수 있을 것이다. 부활은 모든 인류에게 보편적이고, 또한 하나님의 확고한 행위일 것이라는 사실이다.

보편적

지구라는 행성 위에서 살고 죽었던 모든 인간은 마지막 날에 다시 일으켜져 살아날 것이다. 다시금 이것은 우리의 이해력을 넘어가는 믿음의 선언이다. 모든 죽은 자가 일으킴을 받는다! 이것이 어떻게 이루어지는지에 대해서는 그 실행 계획은 고사하고, 세부적인 사항을 시각화하려는 시도조차 하지 않는 것이 낫다. 오직 하나님만이, 우리의 이해를 넘어서는 능력을 가지신 그분만이 그러한 규모의 사건을 총지휘할 수 있는 무한한 역량을 가지고 계신다. 그럼에도 불구하고 성경은 하나님이 그렇게 하실 것이라고 분명히 가르친다. 마지막 날에 대한 요한의 환상은 다음의 것을 포함한다.

> 또 내가 크고 흰 보좌와 그 위에 앉으신 이를 보니, 땅과 하늘이 그 앞에서 피하여 간 데 없더라. 또 내가 보니 죽은 자들이 큰 자나 작은 자나 그 보좌 앞에 서 있는데, 책들이 펴 있고 또 다른 책이 펴졌으니 곧 생명책이라. 죽은 자들이 자기 행위를 따라 책들에 기록된 대로 심판을 받으니, 바다가 그 가운데에서 죽은 자들을 내주고 또 사망과 음부도 그 가운데에서 죽은 자들을 내주매 각 사람이 자기의 행위대로 심판을 받고.
>
> _요한계시록 20:11-13

어떤 사람도 시야에서 벗어나지 않을 것이다. 모든 생명은 하나님의 손안에 있고, 하나님이 기억하신다. "큰 자나 작은 자나"라고 요한은 말한다. 누구도 이 부활을 면할 수 있을 만큼 크지 않다. (이것이 부활이 땅 위의 권력자들에게 위협이 되는 이유다. 그러므로 로마 통치와 결탁한 사두개인들이 부활을 무서워하고 부인했던 것도 놀랄 일이 아니다.) 누구도 부활에서 잊혀질 만큼 작거나 무의미하지 않다. (이것이 사는 동안 발아래 짓밟히면서도 하나님을 믿었던 사람들에게 부활이 큰 위로가 되는 이유다.)

모두에게 부활이 있을 것이다. 그들이 어떻게 죽었든지, 어디서 죽었든지, 죽는 동안 혹은 죽은 이후 그들의 육체에 어떤 일이 있었든지 상관이 없다. 부활은 단지 최근에 죽은 자들의 시체를 소생시키는 것이 아니다. 그런 것은 공포영화에나 나오는 것이지, 부활에 대한 성경의 가르침이 아니다. 성경적 부활은 사람들을 가시적인 몸의 삶으로 회복시키는 하나님의 기적 행위다. 그 사람들의 유해가 수세기 전 혹은 심지어 수천 년 전에 티끌로, 불길 속에서, 바다 물속에서 사라졌다고 할지라도 말이다. 하나님의 형상으로 만들어진 모든 인간은 그리스도께서 다시 오실 때 일으킴을 받을 것이다. 죽음은 한 개인이 지금 세대의 세상 역사 속에 존재하고 참여하는 것의 마지막이지, 그 개인 자체의 끝이 아니다.

하나님의 행위

다시금 우리는 성경이 전혀 대답하지 않는 것들이 궁금하다. 예를 들어 이런 것들 말이다. 부활의 때에 우리는 몇 살일까? 육체적으로 죽었을 때와 같은 나이일까? 그렇다면 태어날 때, 혹은 태어난 지 얼마 안 돼서 죽은 유아들은 어떻게 되는가? 땅에서 충분히 삶을 살아보지 못하고 아주 어려서 죽은 사람들은 어떠한가? 혹은 육체적으로 정신적으로 완전히 쇠약해진 채 몇 년을 산 다음에 죽은 사람들은? 하나님이 어떻게 모든 사람을 의미 있게 새로운 인격적 존재, 즉 어떻게 땅에서 나이가 든다는 것이 의미하는 모든 것(예를 들어 지혜를 얻는 것)을 포함하면서 또 다른 의미에서는 나이가 드는 것을 초월하는 (쇠약해지는 노화를 경험하지 않는) 존재로 살리실지, 우리는 할 수 있는 말이 전혀 없다.

부활의 몸은 어떤 종류의 몸일까? 바울은 한 곳에서 그 질문에 대해 짧은 답을 준다. "[예수님이 가지신] 영광의 몸의 형체와 같을" 것이다(빌 3:21). 다른 곳에서는 농사와 관련된 복잡한 비교를 포함하는 훨씬 더 긴 대답을 제공한다(고전 15:35-43). 심지어 예수님도, 부활이라는 생각 자체를 말이 안 되는 것처럼 들리게 만들 수 있다고 생각했던 사람들에게 질문을 받으셨다. 배우자들이 죽어서 결혼을 여러 번 했던 사람에게 어떤 일이 벌어지는가?(마 22:23-33) 예수님의 수수께끼 같은 대답 일부는 회의주의자들에게 "하나님의 능력"을 상기시키려는 것이었다. 그리고 그것이 그러한 모든 질문에 대하여 우리가 내놓을 수 있는 전부다. 살아 계신 하나님이 죽은 자를 살리실 능력이 있다는 것은 구약성경에까지 거슬러 올라가는 성경적인 믿음의 근본적인 요소다.

새로운 차원의 삶과 잠재력을 가진 상태로 부활하는 것이 어떤 것인지, 혹은 어떻게 지금 삶의 모든 실재가 유지되면서도 동시에 초월할지를, 우리가 지금 여기에서 현재의 몸을 가지고 물질 세상에 살면서 상상하는 것은 말 그대로 불가능하다고 이미 말했다. 우리가 가진 성경적 신앙의 이 부분을 이해하려고 애쓰면서 내가 할 수 있다고 생각하는 최선은 이것이다. 즉 하나님의 구속하시고 회복시키시는 능력이 크셔서, 우리의 삶을 현재 가치 있고 복되고 온전하게 만든 **모든 것**이 그때 영광스럽게 실현되고 우리가 되어야 할 것의 부분이 되리라고 믿는 것이다. 또한 이 믿음에는 여기에서 우리 삶을 망치고 못 미치게 하고 약탈하고 깨뜨렸던 것들 중에 **아무것**도 그때 우리가 누리게 될 것에 영향을 미치지 않으리라는 것도 포함된다.

우리는 새 창조 안에서 사는 삶에 관해 생각해보는 마지막 장에서 몸의 부활에 관해 다시 살펴볼 것이다.

더 나아가, 성경은 모든 사람이 하나님의 심판을 직면할 인격적인 삶의 형태로 부활할 것이라고 가르친다. 그리고 부활은 그러한 하나님의 임재—보좌에 앉으신 하나님—로의 부활이기 때문에, 그것은 또한 결정적인 순간이다.

예수님이 말씀하신 바에 의하면, 모든 사람은 오직 두 가지 운명 가운데 하나로 부활할 것이다.

> 진실로 진실로 너희에게 이르노니, 죽은 자들이 하나님의 아들의 음성을 들을 때가 오나니 곧 이 때다. 듣는 자는 살아나리라. 아버지께서 자기 속에 생명이 있음 같이 아들에게도 생명을 주어 그 속에 있게 하셨고, 또 인자됨으로 말미암아 심판하는 권한을 주셨느니라.
>
> 이를 놀랍게 여기지 말라. 무덤 속에 있는 자가 다 그의 음성을 들을 때가 오나니, 선한 일을 행한 자는 생명의 부활로, 악한 일을 행한 자는 심판의 부활로 나오리라.
>
> _요한복음 5:25-29

죽은 자들은, 그리스도의 부활에서 본 것처럼 예수 그리스도의 충만하고 영원한 부활의 삶으로 들어가도록 부활하든지, 아니면 정죄함과 멸망을 직면하기 위해 부활한다. 이러한 구분이 진정 이 우주적 사건의 진행표에 있는 세 번째 위대한 항목, 즉 심판의 날에 행해질 것이다.

심판의 날

성경이 주님의 날이나 그리스도의 날에 관해 이미 말했던 모든 것을 앞서 인용한 요한계시록 20장의 위대한 이미지—**하나님의 크고 흰 보좌**—가 압축해서 보여준다. 심판의 자리에 앉아 계신 하나님은 역사와 인류의 주님이시다. 다시 말해, 생명·우주·만물의 주님이시다.

우리가 심판의 날에 대해 먼저 말해야 하는 것이 놀랍게 느껴질 수 있다. 바로 그것이 좋은 소식이라는 것 말이다! 심판은 실제로 복음의 한 부분이다. 참으로 바울은 "**곧 나의 복음에 이른 바와 같이** 하나님이 예수 그리스도로 말미암아 사람들의 은밀한 것을 심판하시는 그 날"에 관해 말한다(롬 2:16, 라이트의 강조). 심판의 날은 비록 우리가 그것을 전망할 때 두려움에 떨게 된다고 하더라도 우리가 기뻐해야만 하는 것이다. 왜 그런가?

하나님이 마침내 모든 것을 바로잡으실 것이다

첫째로, 심판의 날은 악과 불의가 끝내 이기지 못하는 도덕적 우주 안에 우리가 살고 있다는 것을 확인시킨다. 이것은 우리를 3장으로 다시 데려간다. 역사의 온 과정을 통해 하나님의 백성에게 큰 위로를 주는 확신이 있는데, 그것은 곧 하나님이 창조 세계를 향한 자신의 사랑의 목적에 저항하고 모순되는 모든 것들을 확고히 그리고 돌이킬 수 없게 처리하심으로 자신의 정의를 마침내 입증하시리라는 것이다. 우리는 그날을 고대한다. 악이 궁극적으로 승리하지 않으리라는 것을 앎은 **좋은** 것이다. 복음은 우리에게 그 확신을 좋은 소식으로 전해주는데, 이 좋은 소식은 물론 그 외의 모든 것들, 즉 어떻게 그리고 왜 그렇게 될 것인지에 대한 것을 함께 말해준다. 주위 세상을 바라볼 때마다, 우리에게는 다가오는 심판의 날에 관한 이 좋은 소식이 필요하다.

1장과 2장에서 보았듯이, 우리는 불의의 편만함과 필사적으로 싸우고 있다. 가증한 행위를 한 사람들이 벌을 받지 않고 무사히 빠져나가는 것 같을 때, 우리는 시편과 선지서의 수많은 성경 저자들과 더불어 정당하게 분노한다. 우리가 보는 사람들은 잔인하고, 잔혹하고, 탐욕스럽고, 냉혹하고, 수치를 모른다. 그들이 은행으로 가는 내내 약한 자들을 속이고 짓밟으면서 웃는 것을 우리가 본다. 그들이 죽을 때까지 벌을 피해 간다면 **우리**는 뭔가 우롱당한 느낌을 받는다. 그들이 **반드시** 정의의 심판을 직면해야 했었다고 우리는 불평한다. 죽음만으로는 뭔가 부족해 보인다. "그들이 정의를 농락했다"는 생각이 든다.

물론 경건하지 못한 분노나 복수하고 싶은 충동적인 욕구가 그러한 느낌 속에 묻혀 있는 경우가 종종 있다. 그러나 그 느낌 속에도 또한 진리를 깊이 반영하는 무엇이 있다고 나는 생각한다. 악을 행하는 사람들이 자기 행위의 결과를 전혀 보지 못한다면 그것은 뭔가 잘못된 것이라는 진리 말이다.

동시에 우리의 가슴이 슬픔과 절망으로 깨지기도 하는데, 이는 가난하고 취약하고 보호해주거나 대변해줄 이도 없는 사람들이 가장 끔찍한 억압과 폭력, 그리고 잔인함으로 고통받을 때다. 우리는 "정의는 없는가?" 하고 외친다. 그들은 결코 배상이나 옹호를 받을 수 없을 것인가? 자기 주위의 세상에서 그러한 일들을 목격하며 욥이 했던 비난의 질문에 우리는 동의한다. "어찌하여 전능자는 때를 정해 놓지 아니하셨는고 그를 아는 자들이 그의 날을 보지 못하는고"(욥 24:1).

욥은 계속해서 지금 우리 시대에도 너무나 익숙한 여러 사회적 참사들을 열거한다. 그리고 처음에는 절망적인 냉소로 결론을 내린다.

> 성 중에서 죽어가는 사람들이 신음하며
> 상한 자가 부르짖으나,
> 하나님이 그들의 참상을 보지 아니하시느니라.
> _욥기 24:12

그러나 그 후에 욥은 이어서 (시편 73편의 저자가 그랬던 것처럼) 확신으로부터 위로를 찾는데, 이 확신은 겉으로 보이는 것이 어떻든 간에 결국 하나님이 공정하게 행동하시리라는 것, 그리고 그러한 극악무도함을 저지른 사람들은 결국 창조주의 심판대 앞에 서게 되리라는 (그리고 엎어지리라는) 것이다.

> 그러나 하나님이 그의 능력으로 강포한 자들을 끌어내시나니
> 일어나는 자는 있어도 살아남을 확신은 없으리라.

하나님은 그에게 평안을 주시며 지탱해 주시나

그들의 길을 살피시도다.

그들은 잠깐 동안 높아졌다가

천대를 받을 것이며

잘려 모아진 곡식 이삭처럼 되리라.

_욥기 24:22-24

물론 그러한 사람들도 우리와 같은 인간이며, 우리도 그저 은혜로 구원받은 죄인일 뿐임을 우리는 안다. 복음은 회개와 용서의 가능성을 넘어설 정도로 악한 사람은 없다고 우리에게 가르친다. 따라서 우리는 하나님이 그러한 사람들을 겸손한 회개 가운데 하나님의 발 앞으로, 용서하시는 은혜 앞으로, 삶의 변화와 영원한 생명의 약속으로 이끄시기를 기대하고 기도한다. 십자가에 달렸던 강도는 (유대인들의 관점에서) 자유를 위한 투사요 (로마의 관점에서) 테러리스트로서, 그의 시대에 (거의 확실히) 잔인한 살인자였다. 그는 자신이 범죄에 대해 정당하게 벌 받는다는 것을 인정하면서도 놀라운 믿음의 행위로 그리스도께 돌이켜서, 죽어가는 구원자의 입술에서 은혜로운 약속을 받았다. 그것은 회개하는 죄인을 위한 복음의 진리와 구원하는 행위가 드러나는 가장 빼어난 순간이다. 그리스도가 우리에게 명령하신 것은, 그분처럼 우리가 원수들을 사랑하고 그들을 위해 기도하는 본을 따르고, 그들의 용서를 위해 기도하면서 그들의 구원을 추구하라는 것이다. 다소 출신의 바울은 그것을 누구보다도 더 잘 알았다.

그러나 회개하는 한 죄인을 위한 기쁨이 하늘에 있다고 말씀하셨던 바로 그 예수님은 또한 무서운 심판이 있다고도 말씀하신다. 돌이키지 않고 용서받지 않은 악함을 질질 끌고 가면서도 회개하기를 거절하고, 하나님과 화해하지 않은 채 무덤으로 가는 사람들에게 말이다.

왜냐하면 하나님의 심판 날에 모든 잘못이 드러날 것이기 때문이다. 숨을 곳이 더 이상 없을 것이다. 착취의 열매들을 숨길 비밀 계좌는 더 이상 없을 것이다. 삼엄한 경비, 방탄 자동차, 은신처들은 더 이상 없을 것이다. 우리 자신이나 다른 사람들을 위한 변명은 더 이상 없을 것이다. 절차상의 문제들에 호소하는 노련한 변호사들도 더 이상 없을 것이다. 노령이나 질환에 대한 감성적인 관용은 더 이상 없을 것이다. 자살로 인한 잊혀짐조차 더 이상 의지할 수단이 되지 못할 것이다. 회피는 더 이상 없을 것이다. 어떤 수단이든, 어떤 장소든, 결코. 심판의 날은 모든 것을 드러내고, 모든 것을 평가하고, 모든 것을 다룰 것이다. 모든 회개하지 않은 완고한 악함은 하나님의 완전한 정의의 판결을 받을 것이다. 그리고 하나님의 그 판결은 공적이고, 증거에 의해 유효하고, 반박의 여지없이 정당하고, 항고나 상소의 여지가 없고, 뒤집을 수 없고, 피할 수 없을 것이다. 하나님은 모든 것을 바로잡으실 것이다.

앞에서 본 시편 96편이 소리 높여 경축하는 것처럼 그것은 온 창조 세계를 위해 즐거워할 일이다. 모든 것을 바로잡기 위해 하나님이 오신다! 그것이 바로 성경이 "심판하시는" 하나님에 대해 말할 때 의미하는 것이다. 그것은 단순히 처벌하는 행위가 아니라, 모든 잘못된 것을 바로잡고 모든 관계를 바르게 하고 평화와 조화를 회복하는 행위다. 그것을 위해 그리스도가 다시 오시는 것이라고 신약성경은 말한다. 그러므로 그것은 대단히 좋은 소식이며 복음의 한 부분이다.

예수님이 심판자시다

둘째로, 심판의 날이 좋은 소식인 것은 심판자가 되실 분 때문이다. 요한이 요한계시록에 나오는 그의 위대한 환상에서 본 보좌는 당연히 하나님의 보좌다. 그러나 그는 또한 그 보좌에 "죽임을 당한 어린 양", 즉 십자가에 달리신 그리스도가 계신 것을 보았다(계 5:6). 예수님 자신이 선언하셨듯이, 십자가에 달리시고 부활하시고 승천하신 예수 그리스도가 바로 하나님이 심판의 날에 모든 심판을 맡기신 분이다(요 5:22-23).

베드로는 고넬료에게 예수님이 "하나님께서 살아 있는 자와 죽은 자의 재판장으로 정하신 자"라고 말한 후에, 바로 그 동일한 예수님을 통해 그가 죄 용서를 받을 수 있었다고 말했다(행 10:42-43). 바울은 사도행전 17:31에서 아테네 사람들에게 같은 것을 말했다(참고. 딤후 4:1).

"우리가 다 반드시 **그리스도의** 심판대 앞에 나타나게 되어"라고 바울은 말했다(고후 5:10, 라이트의 강조). 그렇기에 우리는 심판이 하나님의 사랑과 자비를 하나님의 완전한 정의와 결합시킬 것이라고 확신할 수 있다. 예수 그리스도가 자신의 몸으로 하셨던 것처럼 말이다. 모든 사람을 심판하실 분은 모두를 위해 죽으신 분이다.

심판은 완전히 정의로울 것이다

하지만 만일 심판의 날이 그렇게 포괄적이고 최종적일 것이라면, 하나님의 심판 기준은 무엇이 될 것인가? 그리고 그분의 심판은 공정할 것인가? 이것들은 중요한 질문이다. 왜냐하면 인간의 정의에 대한 우리의 모든 경험은 가장 최선의 상태에서조차 흠이 있고 잠정적이기 때문이다. 인간 법정에서 우리는 재판관들이나 배심원들이 모든 사실을 알지 못할까 걱정한다. 우리는 변호사들이 무죄나 유죄를 증명하기 위해 최선을 다한다는 것을 알며, 증거가 이쪽 혹은 다른 방향으로 왜곡될 수 있다고 의심한다. 우리는 사람들의 말과 행동을, 그리고 더 힘들게 그들의 동기를 가늠하고 해석하기 위해 씨름한다.

이런 모든 한계를 가지고도 우리는 여전히 정의로운 판결과 선고를 내리기 위해 최선을 다한다. 그리고 항소심들을 통해서라도 논박은 계속된다.

우리는 정의를 행해야만 한다는 것을 알고 있다. 우리는 정의에 대한 헌신으로 입법자·경찰·변호사·판사로서 자신들의 삶을 정직하게 바치는 사람들을 칭송한다. 그러나 결국 모든 인간의 "정의로운" 결정들은 이 세상에서 부분적이고 잠정적이라는 것을 안다.

그러나 하나님과 심판 날의 마지막 결산은 그렇지 않다. 모든 증거가 확보될 것이다. 왜냐하면 하나님은 그분의 무한한 지식으로 각 사람의 말과 행동뿐만 아니라, 마음의 생각과 동기들까지도 아시기 때문이다. 사실을 모르기 때문에 정의를 이루지 못할 가능성은 전혀 없다. 그날에는 어떤 것도 고의적으로 숨기거나 우연히 잊혀질 수 없을 것이다. 성경의 하나님은 모든 것을 보시고 모든 것을 아시는 하나님이시다. 그분의 지각이 놓칠 것은 아무것도 없다.

> 여호와께서 하늘에서 굽어보사
> 　모든 인생을 살피심이여,
> 곧 그가 거하시는 곳에서
> 　세상의 모든 거민들을 굽어살피시는도다.
> 그는 그들 모두의 마음을 지으시며
> 　그들이 하는 일을 굽어살피시는 이로다.
> _시편 33:13-15 (참고. 시 139:1-6)

달리 말하면, 누구도 불공정하게 취급받았다고 정당하게 불만을 제기하면서 하나님이 심판하시는 보좌를 떠나지 않으리라고 우리가 완전히 확신할 수 있다는 것이다. 하나님의 정의는 무한히 바르고 참되고 비난의 여지가 없을 것이다.

내게는 영국에서 순회 재판 판사(circuit judge)로 일하는 그리스도인 친구가 하나 있다. 그가 매일 하는 직업상의 일은 온갖 끔찍한 분열의 영역—특히 가족들과 관련된 경우들—에서 적절한 정의가 집행되도록 하는 것이다. 그는 미래에 있을 최후의 심판에 대한 이러한 전망이 자신이 그 일을 계속하게 하는 이유 중 하나라고 내게 말한다. 최선을 다한다고 하더라도 어쩔 수 없이 모호하고 잠정적인 모든 인간의 정의 가운데서, 그는 마지막 판결은 하나님의 것이 되리라는 것을 확신하며 안심할 수 있다. 우리가 모두 전적으로 신뢰할 수 있는 완벽한 판결이 있을 것이다.

이것은 정의를 추구해야 하는 엄청난 책임과 의무를 잠시라도 축소하지 않기 때문에, 법정에서 해온 평생의 일을 통해 얻은 모든 기량과 지혜를 가지고 임해야 한다. 하지만 그것은 뒤얽힌 복잡한 것들과 어려운 결정들을 더 넓고 위로가 되는 맥락 속에 자리하게 한다. 마지막에는 "세상을 심판하시는 이"가 옳은 것을 행하시리라는 사실을 알기 때문이다.

심판은 우리가 받은 빛에 따라 내려질 것이다

하나님은 모든 사람이 살아왔던 환경과 그들이 그때 가질 수 있었던 지식까지도 아신다. 그분은 그들이 알았던 것과 몰랐던 것을 아시며, 그에 따라 심판하실 것이다. 우리는 우리가 가졌던 기회에 따라서, 그리고 우리가 받은 빛에 따라 심판받을 것이다.

요한은 그것을 이렇게 말한다.

> "그 정죄는 이것이니, 곧 빛이 세상에 왔으되 사람들이 자기 행위가 악하므로 빛보다 어둠을 더 사랑한 것이니라. 악을 행하는 자마다 빛을 미워하여 빛으로 오지 아니하나니 이는 그 행위가 드러날까 함이요, 진리를 따르는 자는 빛으로 오나니 이는 그 행위가 하나님 안에서 행한 것임을 나타내려 함이라" 하시니라.
>
> _요한복음 3:19-21

따라서 문제는, 어떤 사람에게 (창조 세계에 있는 하나님의 계시를 통해서든지 예수님의 복음에 대한 더 온전한 지식을 통해서든지) 하나님의 계시의 빛이 왔을 때, 그 사람이 그것을 이해한 만큼 받아들였는가 하는 것이다. 아니면 그들은 어둠에 머물기를 선호하며 그 빛을 꺼리고 거부했는가? 하나님의 심판은 우리가 무엇을 알았는지, 그리고 우리가 알았던 것에 비추어 과연 무엇을 행했는지를 고려할 것이다.

바울도 비슷하게 이해하고 있었다. (하나님의 율법의 빛을 소유했던) 유대인들과 (그러지 못했던) 이방인들이 가질 수 있었던 다른 기회들에 대해 생각하면서 말이다. 어떤 것들은 두 경우 모두 분명했고, 하나님의 심판은 각 사람의 상황을 고려할 것이다.

> 이는 하나님을 알 만한 것이 그들 속에 보임이라. 하나님께서 이를 그들에게 보이셨느니라. 창세로부터 그의 보이지 아니하는 것들 곧 그의 영원하신 능력과 신성이 그가 만드신 만물에 분명히 보여 알려졌나니, 그러므로 그들이 핑계하지 못할지니라.
>
> _로마서 1:19-20

> 무릇 율법 없이 범죄한 자는 또한 율법 없이 망하고, 무릇 율법이 있고 범죄한 자는 율법으로 말미암아 심판을 받으리라.…곧 나의 복음에 이른 바와 같이, 하나님이 예수 그리스도로 말미암아 사람들의 은밀한 것을 심판하시는 그 날이라.
>
> _로마서 2:12-16

그러므로 핵심은 이것이다. 아무도 그들이 **알지 못했거나 할 수 없었던** 것 때문에 심판받지 않을 것이다. 오히려, 우리는 우리가 가진 빛에 어떻게 반응했는지에 의해 심판받을 것이다. 하나님이 우리에게 갖게 하셨던 진리와 계시가 어느 정도였든지, 자연적이었든지 인간의 증언을 통해서였든지 말이다. 우리는 우리가 **알았던** 것에 대한 반응으로 **했거나 하지 않았던** 것에 의해 심판받을 것이다.

모든 인간은 어느 정도의 빛을 창조 세계와 양심으로부터 받는다. 어떤 사람들은 성경을 통해 예수 그리스도 안에 있는 하나님의 계시의 지식으로부터 더 온전한 빛을 받는다. 하나님은 우리가 무엇을 알고 있는지, 우리가 받은 빛과 우리가 들은 말씀 그리고 우리가 이해한 진리에 대해 어떻게 반응했는지 아신다. 그리고 하나님의 심판은 이 모든 것들과 관련해 완벽하게 공정하고 자비로울 것이다.

하나님의 심판은 **공정**할 것이다. 왜냐하면 성경은 더 큰 기회와 더불어 더 큰 책임이 온다는 것을 분명히 하기 때문이다(예를 들어, 암 3:2; 마 7:1-2; 눅 12:48). 따라서 우리 중에서 하나님이 우리에게 무한한 기회로 복을 주셨다는 것을—성경에 대한 지식과 우리에게 제공된 온갖 자원들을 통해—아는 사람들은 정신이 번쩍 들게 하는 이 사실을 기억할 필요가 있다. 우리는 우리가 받은 것을 가지고 무엇을 했는가?

하나님의 심판은 **자비**로울 것이다. 왜냐하면 하나님은 우리의 창조자시며, 우리가 피조물로서 가진 한계를 완전히 그리고 상세하게 알고 계시기 때문이다. 하나님은 자비로우셔서 우리의 단점과 약점을 기억하신다("이는 그가 우리의 체질을 아시며 우리가 단지 먼지뿐임을 기억하심이로다", 시 103:14). 그리고 그분은 자비로우셔서 우리의 무지를 아신다. 예수님은 십자가에 달리실 때조차 우리의 무지를 변호하셨다(눅 23:34; 참고. 딤전 1:13).

심판은 우리가 살아온 삶에 따라 내려질 것이다

심판의 날은, 말에 대한 날이 아니라, 행위라는 형태를 띤 증거들에 대한 날이 될 것이다. 주장들에 대해서는 신경 쓰지 마라. 기록이 실제로 보여주는 것이 무엇인가? 성경에 있는 심판의 날에 대한 마지막 묘사는 이 점을 모호하지 않게 분명히 한다.

> 또 내가 보니 죽은 자들이 큰 자나 작은 자나 그 보좌 앞에 서 있는데, 책들이 펴 있고 또 다른 책이 펴졌으니 곧 생명책이라. 죽은 자들이 **자기 행위를 따라** 책들에 기록된 대로 심판을 받으니 바다가 그 가운데에서 죽은 자들을 내주고 또 사망과 음부도 그 가운데에서 죽은 자들을 내주매 각 사람이 **자기의 행위대로** 심판을 받고.
>
> _요한계시록 20:12-13 (라이트의 강조)

바울도 동의한다. "이는 우리가 다 반드시 그리스도의 심판대 앞에 나타나게 되어 각각 선악간에 그 몸으로 행한 것을 따라 받으려 함이라"(고후 5:10).

당신은 "하지만 우리는 행위가 아니라 믿음으로 의롭다 함을 받았다고 생각했는데요?" 하고 저항할지도 모른다.

당연히 그렇다. 우리는 믿음으로 **의롭다 함을 받았다**. 그러나 우리는 우리의 행위로 **심판**을 받을 것이다. 내 설명을 들어보라.

내 죄에 관해 성경이 말하는 것을 내가 받아들일 때, 내가 죄를 회개하고 십자가에서 내 죄를 지신 예수님을 신뢰할 때, 그때 실제로 하나님의 은혜로 믿음을 통해 나와 하나님의 관계가 바로잡힌다. 내 죄들이 용서받았기 때문에 내가 완전히 확신하며 바로 지금 여기에서 아는 것이 있다. 바로 내가 그 마지막 날에 그리스도의 구속받은 백성의 일원으로 그분의 의로우심 가운데 서리라는 것이다. 그래서 나는 그리스도를 믿는 믿음을 통해 하나님의 진노에서 구원받았다. 나는 믿음을 통해 은혜로 의롭다 함을 받았다. 의롭다고 선언된 것이다.

그러나 말했듯이, 심판의 날은 증거에 근거한 하나님의 판결이 내려지는 날이지, 믿음에 관한 주장들을 듣는 날이 아니다. 그렇다면 내 믿음의 증거는 무엇이 될 것인가? 내가 믿음을 가졌다고 단지 **말하는** 것이 아니라, 내 삶이 보여주는 것이 증거다. 우리의 삶이 우리 믿음의 실재를 증명한다(혹은 경우에 따라서 증명하지 못한다). 나는 증거(내 행위들)에 근거해 심판받을 것이며, 그것들은 내 삶이 그리스도에 대한 신뢰(나의 믿음) 위에 지어졌는지 아닌지를 공공연히 그리고 의심의 여지없이 보여줄 것이다.

예수님은 이 문제에 대해 그분이 하신 말씀 중 가장 정신이 번쩍 들게 하는 방식으로 가차 없이 말씀하셨다.

> 나더러 주여 주여 하는 자마다 다 천국에 들어갈 것이 아니요, 다만 하늘에 계신 내 아버지의 뜻대로 행하는 자라야 들어가리라. 그 날에 많은 사람이 나더러 이르되 "주여 주여, 우리가 주의 이름으로 선지자 노릇 하며 주의 이름으로 귀신을 쫓아 내며 주의 이름으로 많은 권능을 행하지 아니하였나이까?" 하리니, 그 때에 내가 그들에게 밝히 말하되 "내가 너희를 도무지 알지 못하니, 불법을 행하는 자들아 내게서 떠나가라" 하리라.
>
> _마태복음 7:21-23

이 말씀을 통해 예수님은 중요한 것이 단지 우리가 **말하는** 것만이 아님을, 또한 우리가 **한** 것만 중요한 것도 아님을 분명히 하신다. 만일 그것이 아버지의 뜻을 행한 것이 아니라면 말이다. 예수님이 미리 내다보시는 것은 자신의 이름으로 온갖 종류의 열광적인 사역들과 위대한 일들을 하는 것처럼 보이는 사람들 중에도 가짜가 많이 있으리라는 것이다. 그들의 거짓 사역들은 "그날에" 예수님을 속일 수 없을 것이다. 굉장해 보이는 사역들이 그 자체로는 진정한 믿음의 증거가 아니다.

이렇게 말할 수 있다. 심판의 날은 결국 판결로 이어질 법정에서의 공방을 위한 때가 아니다. 협상이나 탄원을 위한 때는 더더욱 아니다. 이미 내려져 있을 결정을 하나님이 진술하시고 선언하시는 때이며, 그 결정의 근거가 된, 반박의 여지가 없이 이미 드러난 증거를 공포하는 때다. 그리고 그 증거는 죽음 이전의 우리 삶이 충분히 제공할 것이다.

존 스토트는 이것을 이렇게 정리했다. "심판의 날은 공적인 계기가 될 것입니다. 그것의 목적은 우리의 운명을 **결정**하는 것이라기보다는 **공포**하는 것입니다. 그리고 그것을 공포하는 가운데 그 공포의 근거가 된 증거들을 공개하고, 그것을 통해 하나님의 정의를 옹호하는 것입니다."[3)]

사실 심판의 과정은 이미 시작되었다. 왜냐하면 지금 여기에서 우리의 삶은 하나님이 계시하신 진리와 하나님이 우리에게 주시는 구원을 거부하고 있는 것이어서 **우리가 살아가는 방식으로 그것을 입증하든지**, 아니면 우리의 죄에 대한 하나님의 판결을 받아들이고, 구원을 위한 그리스도의 죽으심을 신뢰하고, 그래서 믿음을 통해 하나님의 의로우심 가운데 서 있는 것이든지—그래서 **우리가 살아가는 방식으로 그것을 입증하든지**—둘 중 하나이기 때문이다. 심판의 날은 우리가 모든 삶 속에서 했던 선택의 최종적이고, 공적이고, 논쟁의 여지가 없고, 번복할 수 없는 확증이 될 것이다. 그렇기 때문에 그날은 하나님의 완전한 정의를 보여주고 옹호할 것이다.

또는 존 스토트가 이어서 정리했듯이, 우리의 영원한 운명은 삶으로 **결정**되고 죽음으로 **봉인**되고 심판의 날에 **공포**된다.

그렇다면 판결은 우리의 행위들에서 드러나는 선택에 달려 있을 것이다. 그것은 삶을 선택하는 것이든지, 즉 그리스도를 통해 새 창조 안에서 영원히 하나님과 함께 살아가는 삶을 선택하는 것이든지, 아니면 하나님을 거부하기로 선택해서 결국 정죄, 하나님으로부터의 끝없는 배제, 영원한 멸망으로 끝나든지, 둘 중 하나다.

하나님을 모르는 자들과 우리 주 예수의 복음에 복종하지 않는 자들에게 [하나님이] 형벌을 내리시리니, 이런 자들은 주의 얼굴과 그의 힘의 영광을 떠나 영원한 멸망의 형벌을 받으리로다.

_데살로니가후서 1:8-10

비록 바울이 여기서 지옥(hell)이라는 용어를 사용하지는 않지만, 이 본문은 아마도 지옥이 포함하는 세 가지 가혹한 현실에 대한 가장 간결한 요약일 것이다. 그 현실은 **징벌**, **멸망**, **하나님으로부터의 단절**이다. 두려워 떨게 하는 이러한 전망들은 우리가 이해한다고 주장할 수 있는 것 너머에 있다. 그러나 성경이 그것들을 우리 신앙의 가려진 눈에 그토록 두드러지게 또 자주 제시하기 때문에, 우리는 그것들을 회피하거나 혹은 그것들이 얼마나 중요한지 보지 않을 수 없다. 악인들 가운데 고집스럽게 남아 있는 자에게는 끔찍하고 뒤집을 수 없는 결과가 따른다. 사람들에게 그에 관한 긴급한 경고를 피할 수단과 함께 제시하는 것은 예수님과 사도들이 선포한 좋은 소식에서 필수적인 요소였다.

그러므로 주님의 날, 그리스도의 날은 분명히 올 것이다. "위대한 절정"이 있을 것이다. 그날이 오면 세 가지 위대한 순간들이 일정과 의제가 될 것이다. 그 세 가지는 그리스도의 재림, 죽은 자들의 부활, 그리고 심판의 날이다.

하지만 그다음은 무엇인가? 이 중대한 사건의 다른 측면에는 무엇이 놓여 있는가? 이제 우리는 성경과 함께 위대한 마지막을 지나 새로운 시작으로 옮겨간다.

1) (아일랜드 사람인 내가 가진 편견 없는 견해에 의하면) 잊을 수 없을 만큼 세상에서 가장 아름다운 "런던데리의 노래"[The Londonderry Air; 이 노래는 북아일랜드의 국가(國歌)다-편집자주]의 멜로디에 따라 부르는 찬송가.

2) N. T. Wright, *The Resurrection and the Son of God* (Minneapolis: Fortress, 2003). 『하나님의 아들의 부활』(크리스챤다이제스트 역간). 라이트가 고대 이교도, 구약성경, 구약성경 이후의 유대교에 있었던 죽음 이후의 삶에 대한 개념들을 포괄적으로 연구한 것을 보려면 특히 2-4장을 보라.

3) 존 스토트의 미간행 설교문 중에서.

11장
새로운 시작

존 스토트가 이미 여든이었을 때 나는 그와 함께 비행기를 타고 여행을 했다. 착륙한 후에 비행기가 활주로에서 탑승구까지 이동하는 데 긴 시간이 걸렸다. 덜컹거리며 가는 동안 조종사는 조용히 자리에 앉아 있으라고 하면서, "우리는 아직 마지막 안식처(final resting place)에 도착하지 않았습니다"라고 덧붙였다. 나는 그를 쳐다보며 "그렇다면 안심이군요!"라고 말했다. 그러나 그때 그가 내가 그런 것보다 더 천국을 갈망할 즈음이라는 생각이 들면서 부끄러움을 느꼈다. 그러면서 "안타깝군요!"라고 말해야 했던 것은 아닌가 하고 생각했다.

물론 만일 당신이 비행기를 갈아타야 한다면 승무원들은 종종 이렇게 말한다. "여러분의 최종 목적지(final destination)까지 안전하고 즐거운 여행이 되시기를 바랍니다." 그렇다면 성경이 말하는 우리의 "최종 목적지"는 어디인가? 대부분의 그리스도인은 "물론 당연히 천국이지요" 하고 대답할 것이다.

전도할 때 종종 사용되는 질문은 이런 식이다. "만일 당신이 오늘 밤에 죽게 된다면 천국에 갈 확신이 있습니까?"

사실 나는 오랫동안 이 질문을 받아보지 않았다. 그러나 만일 그런 질문을 받는다면 내 대답은 이럴 것이다. "그렇습니다. 하지만 거기 머물러 있을 거라고는 기대하지 않습니다."

진지한 전도자에게 이 대답은 꽤 충격일 것이다. 어디 다른 곳에 갈 수도 있다는 것인가? 아니면, 대신에 어디에 가고 싶다는 말인가? 물론 나는 사도 바울이 그랬던 것처럼, 내가 죽었을 때 천국에서 그리스도와 함께 있게 될 것이라고 믿는다. 그리스도와 함께 있는 것에 대한 생각은 바울이 죽기를 바라야 할지, 아니면 그가 해야만 했던 일들을 위해 계속 살아가야 할지에 대한 선택을 어렵게 만들었다. 그러나 여기에 핵심이 있다. **내가 죽었을 때 갈 천국**(heaven)**은 나의 최종 목적지가 아니다**.

"당신이 죽었을 때의 천국"은 단지 새 창조로 가는 여정의 환승 라운지일 뿐이다. 그리스도 안에서 죽은 사람들에게 천국은 안식하며 기다리는 장소 혹은 상태다. 앞 장에서 살펴보았던 위대한 사건들—그리스도의 재림, 몸의 부활, 최후의 심판—이 벌어질 때까지 말이다. "당신이 죽었을 때의 천국"은 우리가 영원히 있을 곳이 아니다. 그곳은 하나님이 구약성경과 신약성경 전체에서 약속하신 새 창조의 일부로서, 이 땅의 변혁을 이루시기까지 우리가 안전하게 있을 곳이다.

내가 십대였을 때 우리 교회의 학생부 모임은 오래된 흑인 영가 "이 세상은 내 집이 아니네, 나는 그저 지나갈 뿐이네"를 부르는 것을 무척 좋아했다. 그때 나는 피아노를 연주했다. 왜냐하면 그 곡이 연주하기에 재미있는 곡조이기도 했지만, 무엇보다 연주를 하면 노래를 부르지 않아도 됐기 때문이다.

이 세상은 내 집이 아니네 나는 그저 지나갈 뿐이네

내 보화는 저 푸른 곳 너머 어딘가에 쌓여 있네

열린 천국 문에서 천사들이 나를 부르니

나는 이 세상에 정들 수 없도다

아직 어린 그리스도인이었던 내게도 이 노래는 삶과 세상에 대해 건강하지 않은 태도라는 인상을 강하게 주었다. 물론 나는 (그 당시에 사용했던 표현으로) 내가 죽으면 천국에 갈 것이고 또 우리가 "여기 아래에서 순례자"라는 것을 알았다. 그러나 나는 "이 세상은 내 집**이다**. 하나님은 어떤 목적을 가지고 나를 여기 이 땅 위에 두셨으며, 나는 여기서 하나님을 위해 살기를 원한다. 천사들은 다른 사람을 부르러 가면 된다. 나는 여기에 있을 것이다" 하고 생각했던 것을 여전히 기억한다.

이제 성경이 실제로 무엇이라고 말하는지를 더 잘 알게 되면서, 나는 이런 생각을 하는 것을 좋아한다. (그리스도가 다시 오시기 전에 내가 죽는다면) 내가 죽어서 천국에 가면 "이 **천국**은 내 집이 아니네, 나는 그저 지나갈 뿐이네"를 연주하는 활기찬 공동체 속에서 나도 피아노(또는 하프)를 연주하며 마음을 다해 노래도 할 것이라고 말이다. 천국은 하나님의 새 창조인 새 하늘과 새 땅이 우리의 영원한 집이 될 때까지만 우리의 집일 것이다.

마치 그것이 그들의 최종적인 최고의 소망인 것처럼 "천국 가는 것"에 관해 계속 이야기하는 그리스도인들은 아무래도 성경이 마무리되는 방식이 보여주는 가르침 전부를 놓치는 것 같다. 요한계시록 21-22장의 놀라운 광경을 다시 보라. 그것은 우리가 천국이나 다른 어디로 떠나가버리는 것에 대해 전혀 말하지 않는다. 오히려 그것은 **땅으로 내려오시는 하나님**, 온 창조 세계를 이사야 65:17에서 약속하신 새 하늘과 새 땅으로 변화시키시는 하나님, 여기에서 우리와 함께 거하시는 하나님을 보여준다. 이 땅 위에서 말이다.

다른 말로 하면, 성경의 마지막 위대한 환상은 우리가 저기 "위"로 (천국으로) 올라감이 아니라 하나님이 여기 "아래"로 (땅으로) 내려오심에 관한 것이다. 그렇기 때문에 나는, 만일 내가 그리스도가 다시 오시기 전에 죽는다면, 천국에 가는 것을 고대한다고 말했다. 하지만 일단 그리스도가 다시 오실 때 나는 내 부활의 몸을 받을 것이다. 그래서 이 땅 위의 구속받은 인류에 합류하는 데 필요한 시간보다 조금이라도 더 오래 천국에 머물러 있지 않을 것이다. 요한계시록 21-22장이 그리스도의 신부와 하나님의 도시가 있는 곳으로 분명히 보여주는 장소는 저기 "위"가 아니라 여기 "아래"다!

임마누엘은 "우리와 함께하시는 하나님"을 의미한다. 그리고 성경은 그렇게 끝난다. 하나님이 우리와 함께하시기 위해 내려오시지(이것이 요한계시록 21:3에서 세 번 반복된다), 우리가 하나님과 함께하기 위해 떠나는 것이 아니다.[1]

나중에 할 말을 벌써 했다. 그럼 먼저 이 새 창조에 관해 생각해보자.

새 창조

> "보라 내가 새 하늘과 새 땅을 창조하나니
> 이전 것은 기억되거나 마음에 생각나지 아니할 것이라"(사 65:17).
> "또 내가 새 하늘과 새 땅을 보니 처음 하늘과 처음 땅이 없어졌고
> 바다도 다시 있지 않더라"(계 21:1).

용어를 이중으로 사용하는 것은 보편성을 표현하는 하나의 방법이다. "하늘과 땅"은, 창세기 1:1이 보여주는 것처럼, 하나님의 원래 창조 세계 전체를 아우르는 표현이다. 따라서 하나님의 구속하시는 사역의 범위는 그분이 창조하신 우주 전체만큼이나 광활하다. 또한 "하늘과 땅"이라는 표현은, 비록 우리가 **새로운** 실재를 향하고 있지만, 그것이 근본적으로 **다른** 실재는 아니라는 것을 분명하게 말하는 방식이다. 우리는 창조된 질서를 떠나서 뭔가

다른 "영적" 질서를 향하는 것이 아니다. 오히려 우리는 오래된 **죄악된** 것들의 질서를 떠나서 새로워졌고, 회복됐고, 구속된 창조 세계에 있게 될 것이다. 그러나 그것은 여전히 "하늘**과** 땅"이지, "땅을 **대신하는** 하늘"이 아니다. 다시 반복해서 말하자면, 성경은 언젠가 우리가 땅을 **떠나** 대신에 "천국에 갈" 수 있다고 약속하지 않는다. 오히려 성경이 약속하는 것은 땅을 포함하는 온전히 새로운 창조 세계다.

그러므로 종말론을 이해하지 못하지만 그것으로 세상이 끝난 건 아니라고 말했던 신학생은 옳았다. 혹은 최소한 부분적으로는 옳았다. 세상의 마지막은 행성의 마지막이 아니라, 죄와 악의 옛 세상 질서가 끝나고 새 창조가 발현하는 것이다. 혹은 커크 선장(스타트렉의 등장인물—편집자주)이 말했을 법한 표현을 쓰자면, "지구다, 짐. 하지만 우리가 아는 지구는 아니다."

3장에서 우리는 요한계시록 21-22장에 나오는, 새 창조에 **없을** 것들 몇 가지를 열거했다.

- **더 이상 바다가 없을 것이다**(21:1). 구약성경의 상징체계에서 바다는 무질서하고 쉼 없는 악을 상징했다. 다니엘이 본 환상 속에서 난폭한 짐승들은 나라들을 짓밟기 위해 바로 바다로부터 나타났다. 이러한 통제할 수 없는 모든 반역적인 적대감은 사라질 것이다.
- **더 이상 사망, 애통, 곡, 고통이 없을 것이다**(21:4). 모든 고통과 단절은 끝날 것이다. 왜냐하면 그것들을 야기하는 것이 더 이상 없을 것이기 때문이다.
- **더 이상 죄가 없을 것이다**. 더 이상 죄인들이 없을 것이기 때문이다(21:7-8). 새 창조는 포용뿐 아니라 배제도 포함한다. 회개하지 않고 완고한 악인들은 배제된다.
- **더 이상 어둠과 밤이 없을 것이다**(21:25; 22:5). 이것들이 상징하는 모든

것들이 없다는 의미에서 그렇다. 하나님의 임재의 빛이 가장 어두운 악들을 쫓아버릴 것이다.

- **더 이상 불순, 수치, 기만이 없을 것이다**(21:27). 우리의 타락을 보여주는 원초적인 표지들에 속한 것들이 없을 것이다.
- **더 이상 나라들 사이의 다툼이 없을 것이다**(22:2). 나라들이 생명나무와 생명의 강을 통해 치료를 경험할 것이기 때문이다.
- **더 이상 저주가 없을 것이다**(22:3). 에덴의 불명예가 마침내 씻겨서 땅이 저주로부터 해방될 것이고, 구속받은 땅의 거주자들이 땅에 내려진 저주의 굴레로부터 풀려날 것이다.

그러나 거기에 무엇이 **있을** 것인가? 요한계시록 21-22장과 함께, 요한이 본 환상의 성경적 토대가 되었음이 분명한 구약성경의 본문인 이사야 65:17-25을 다시 보도록 하자. 이 책을 읽어나갈 때 이 본문들을 옆에 펴놓으면 도움이 될 것이다. 먼저 이 본문들이 그 **장소** 자체에 관해 뭐라고 말하는지 생각해보자. 그러고 나서, 이어지는 단락의 본문들이 거기서 살게 될 **사람들**에 대해 뭐라고 말하는지 볼 것이다.

정원 도시

성경이 정원에서 시작해 도시에서 끝난다는 것을 알고 있었는가? 모든 사람이 이런 생각을 좋아하는 것은 아니다. 많은 이들이 도시를 싫어하고 정원을 좋아하기 때문이다. 자연 세계의 자그마한 소우주를 보여주는 정원들 말이다. 그렇지만 앞에 말한 것은 사실이다. 성경 이야기가 시작될 때 하나님은 그분이 만드신 사람들을 그들을 위해 준비하신 에덴에 있는 한 정원에 두셨다. 그 성경 이야기의 마지막에서 하나님은 하나님의 도시에서 그분이 구속하신 인류 전체와 함께 거하기 위해 오시는 것이다.

그러나 상황이 그렇게 단순하거나 대조적이기만 한 것은 아니다. 요한계시록에 나오는 도시에 대한 묘사가 실제로 창세기에 나오는 정원의 본질적 요소들을 포함하고 있기 때문이다.

- 그 정원에는 금과 귀한 보석들이 있었다(창 2:12). 그 도시에도 마찬가지로 귀한 보석들이 빛나며 길에는 금이 깔려 있다(계 21:11, 19-21).
- 네 강이 그 정원에 물을 공급했다. 그 도시에도 마찬가지로 하나님의 보좌에서 흘러나와 중심가로 흘러가는 생명수 강이 있다(계 22:1-2; 이 그림은 요한이 에스겔 47:1-12에서 가져온 것이다).
- 가장 중요하게, 그 정원의 가운데에 생명나무가 있었지만 사람들은 그들이 처한 죄와 반역의 상태에서 영원한 생명의 근원에 접근하는 것이 금지되었다(창 3:22-24). 하나님의 도시에 있는 생명의 강에는 생명나무가 걸쳐 있고(계 22:2), 한때 그 나무에 접근하는 것이 금지되었던 자들이 영원토록 그 나무에 접근할 수 있을 것이다(22:14). 이것은 새 창조에 죽음이 결코 없을 것이라는 놀라운 약속을 선명하게 보여주는 그림이다.

나는 정원과 도시의 조합에 또 다른 중요성이 있다고 생각한다. 원래의 정원은 **하나님이 조성하신** 것이었다. 그러나 최초의 도시들은 **인간의 창조물이었다**(창 4:17; 10:8-12). 어떤 의미에서 도시는 죄인인 인류가 불안하고 취약한 삶을 살아가면서 보여주는, 안전을 향한 인간적 갈망의 중심이다. 그래서 최초의 도시는 최초의 살인자였던 가인이 세웠던 것으로 묘사된다. 도시와 죄는 거의 동의어가 될 정도로 서로에게 스며든다.

그러나 도시는 또한 여러 면에서 인간의 협동적 성취의 절정이다. 큰 도시들은 협동·조화·창조성·문화에 대한 인간의 능력이 믿기지 않을 정도로 뛰어나다는 것을 보여주는 기념물들이다. 도시들은 조직·문제 해결·상상력·창의를 위한 특별한 솜씨들을 요구한다. 개미들은 개미집을 만들 수 있다. 벌들은 벌집을 만들 수 있다. 그리고 우리는 이것들이 대단한 협동 작업임을 안다. 오직 인간들만이 도시를 만들 수 있다.

나는 영국의 런던에 산다. 종종 주변을 산책하거나 차를 타고 다니면서, 나는 모든 사람이 당연하게 여길 것에 놀라곤 한다. 이 도시가 잘 돌아간다! 우리 모두는 지하철이 연착되거나 너무 붐빌 때 불평한다. 그러나 사실 눈에 띄지 않으면서 매일 성공적으로 이루어지는 일들의 엄청난 복잡성을 생각해보면, 잘못된 것들은 아주 미미하다. 나는 지금 통신·교통·하수처리·조명·상수도·전기·도시가스·식량 공급·쓰레기 처리·거리 미화·긴급 구호·치안 등을 위한 체계들, 일하고 쇼핑하고 즐기기 위한 모든 시설들, 스포츠 및 문화 센터들, 모든 학교·공장·병원, 그리고 온갖 건축물, 공원과 정원들, 그리고 미술과 음악의 창조성 등에 대해 생각하고 있다. 이런 것들은 계속 지속되는데, 풍요로운 인간의 역사가 지난 수세기 동안 계속되어왔다. 모든 도시는 인간의 탁월성에 대한 아주 놀라운 기념물인 것이다! 심지어 지구상에서 가장 볼품없이 퍼져 있고 혼란스러운 도시들조차 어떻게든 돌아간다. 내가 인도에 사는 동안 놀랐던 것처럼 말이다.

물론 우리는 도시가 인간의 교만과 죄에 대한 기념물이라는 사실에도 즉시 동의해야만 한다. 관광객들의 시선을 끄는 동상들과 기념물들은 종종 천박한 탐욕과 압제로 얼룩진 사람들과 사건들을 경축한다. 또한 도시들은 탐욕·폭력·부도덕·착취를 비롯해, 농촌의 가난보다 뭔가 더 나은 것을 찾아 도시로 흘러들어온 수백만 명의 연약함으로 가득 차 있다. 그 안에 사는 사람들과 마찬가지로 도시들도 근본적인 구속의 필요를 외치며 서 있다.

그러나 이것이야말로 바로 내가 말하려고 하는 것이다. 하나님의 계획이 바로 도시를 구속하는 것이다. 그것은 인간의 모호성에 대한 가장 거대

한 상징을 모호하지 않은 하나님의 구속하는 능력의 승리로 바꾸는 것이다.[2)]

그런 면에서 하나님이 구약성경 시대에 보통의 지상 도시를 땅 위에 있는 자신의 "거주지"의 중심으로 만드셨다는 사실에 굉장한 의미가 있다. 예루살렘은 이미 존재하던 도시였다. 그것이 "거룩"한 것은 하나님이 직접 기적적인 방식으로 건설하셨거나, 혹은 심지어 다윗이 세웠기 때문도 아니다(다윗은 예루살렘을 확장했지 세우지 않았다). (가나안 민족인) 여부스 사람들이 그 도시를 건설했다. 그러나 하나님은 그것을 택하시고, 이 인간의 발명품을 "하나님의 도시"로 구속하려는 자신의 계획에 대한 축소판으로 변화시키셨다.

그러므로 "예루살렘"은—성경 시대와 현대에 지독한 악이 행해진 끔찍한 모호함의 역사를 가지고 있는—한 지상 도시의 이름일 뿐 아니라, 하나님의 영원한 도시의 이름이 된다. 그리고 그것은 실질적으로 온전한 새 창조를 의미한다. 이사야 65:18-19과 요한계시록 21:2 모두 그 이름을 이러한 구속의 방식으로 사용한다. "새 예루살렘"이라는 표현은 그 도시를 구속하는 것이 하나님의 계획이라는 사실을 성경이 우리에게 말하는 방법이다.

따라서 성경은, 정원과 도시를 그 마지막 그림 속에 함께 넣음으로써, 하나님이 창조 세계를 원래 만드시면서 의도하셨던 모든 것의 **회복**을 하나님의 형상으로 만들어진 피조물 인간이 자신의 능력을 발휘해 성취한 모든 것들의 **구속**과 결합한다. 그 성취한 것들이 죄로 인해 얼마나 결함이 있고 죄가 스며들었든지 간에 말이다.

인간 역사에서 우리는 **안전**을 위해 도시들을 건설한다. 우리는 모든 사람에게 충분한 **공간**을 창조하고자 애쓴다. 우리는 도시에 **아름다움**을 더하려고 노력한다. 건축물과 정원 등을 통해서 말이다. 물론 현실에서 도시에서의 삶은, 고대로부터 현대에 이르기까지, 수많은 사람에게 안전, 공간, 아름다움과는 거리가 먼 것이다. 도시 빈민에게 도시는 연약함과 폭력의 장소, 상상할 수 없을 정도로 과밀한 장소, 영혼을 파괴하는 추악함의 장소다.

그래서 요한이 우리에게 제시하는 새 창조의 정원 도시에 완벽한 **안전**(144규빗 두께의 벽이 상징하는 것), 무한한 **광대함**(12,000스타디온이 상징하는 것), 숨이 멎는 듯한 **아름다움**(보석과 귀금속이 상징하는 것)이 있다는 사실은 놀랍도록 좋은 것이다. 우리가 몹시 애통해하는 모든 것은 영원히 없고 우리의 도시에 있기를 갈망하는 모든 것은 풍성한 곳이 바로 새 창조일 것이다.

문명의 영광

그렇다면 새 창조에 있을 하나님의 정원 도시에는 무엇이 있게 될까? 예수님이 말씀하신 신랄하고 충격적인 몇몇 이야기들에 따르면, **누가** 그곳에 있을지에 대해(그리고 누가 없을지에 대해) 엄청난 놀라움이 기다리고 있다. 그러나 나는 많은 그리스도인이 거기에 **무엇**이 있을지에 대해 더 놀라게 될 것이라고 생각한다. 왜냐하면 우리 중 그토록 많은 이들이 우리가 지금 이 땅에서 알고 있는 어떤 것도 본질적으로 "천국"에 없을 것이라고 생각해왔기 때문이다. 이러한 공허한 환상에는 두 개의 주요한 원천이 있다. 그 두 가지 모두 성경이 실제로 가르치는 것과는 다르며, 심지어는 성경의 가르침에 해가 되는 것들이다.

▶잘못된 이원론

플라톤과 그 후의 영지주의로부터 영향을 받으면서, 대중적인 기독교는 자주 물질적인 영역과 영적인 영역을 양극화해왔다. 모든 물질적인 창조가 "선하다"는 것을 긍정하는 성경과는 대조적으로, 이러한 대중적인 견해는 (우리의 몸을 포함한) 물질적인 세계가 본질적으로 악하며 오직 영적인 세계만이 선하다고 여긴다. 또는, 좀더 복음주의적인 표현을 사용해보면, 오직 영적인 세계만이 진정으로 영원하다고 생각한다. 왜냐하면 영적인 세계는 어떤 방식으로든 "하나님께 속한 것"인 반면, 물질적인 세계는 일시적이고 썩어가고 있고 영원한 의미가 없다고 여기기 때문이다.[3)]

따라서 이런 사고방식에서는 땅에 속하거나 땅 위에 있는 어떤 것도 "세상의 마지막" 이후에 있을 영원한 미래에까지 살아남지 못할 것이라는 생각이 자연스럽게 따라온다. 그런 것들이 어떻게 남을 수 있겠는가? 오직 영적인 세계(하나님, 천사들, 그리고 천국에 있는 구속받은 영혼들)만이 영원할 텐데 말이다. 물질적인 것은 나쁘고 영적인 것은 좋다는 생각, 이것은 매우 플라톤적이다. 그리고 매우 성경적이지 **않다**.

▶ 소멸의 시나리오

또 다른 대중적인 믿음은 온 땅이 어쨌든 멸절로 향하고 있다고 생각한다. 불로 태우는 큰 소멸을 통해 현재 세상의 어떤 것도 남기지 않으리라는 것이다. 오직 영혼들만 천국에 가는데 땅이 무슨 필요가 있겠는가? 우주적 소각로가 땅의 운명인 것이다.

이 견해는 "주님의 날"에 관한 베드로후서의 본문을 오해한 데 기초한다. 베드로는 이렇게 묘사한다. "그러나 주의 날이 도둑 같이 오리니 그 날에는 하늘이 큰 소리로 떠나가고 물질이 뜨거운 불에 풀어지고 땅과 그 중에 있는 모든 일이 드러나리로다"(벧후 3:10).

킹제임스역(KJV) 시절에는 이 문장의 마지막 동사가 "불타 없어질 것이다"(will be burnt up)로 되어 있는 그리스어 사본만 있었다. 그래서 그런 생각이 기독교적 기대들 안으로 들어왔다. 그 후에 발견된 훨씬 더 오래된 사본들은 원래의 단어가 "발견될 것이다"(will be found)임을 보여준다. 아마도 이것은 하나님의 심판하시는 정화의 불이 그 할 일을 할 때, 땅과 그 위에서 행해진 모든 행위가 진정 어떤 것들인지 완전히 드러나고 "찾아질"(found out) 것이라는 의미일 것이다. 같은 그리스어 단어 "발견되다"(found)가 비슷한 방식으로 베드로전서 1:7에서 사용되는데, 여기도 불로 정화하는 심판의 맥락이다. "너희 믿음의 확실함은 불로 연단하여도 없어질 금보다 더 귀하[게 **증명되어**(발견되어)] 예수 그리스도께서 나타나실 때에 칭찬과 영광과 존귀를 얻게 할 것이니라"[같은 그리스어 단어가 "증명되어"(be proved)와 "발견되어"로 번역될 수 있다(라이트의 강조)].●

따라서 좀더 최근의 번역들은 베드로후서 3:10에 이런 의미를 담는다.

"the earth and every deed done on it will be laid bare"(NET).
"the earth and everything that is done on it will be disclosed"(NRSV).
"the earth and the works that are done on it will be exposed"(ESV).
"땅과 그 중에 있는 모든 일이 드러나리로다"(개역개정).
"땅과 그 안에 있는 모든 일은 드러날 것입니다"(새번역).
"땅과 그 안에서 이루어진 모든 것이 낱낱이 드러나 심판을 받을 것입니다"(메시지).

따라서 우리는 이 본문에 나오는 파괴적인 불을 하나님의 도덕적인 심판의 불로 이해해야만 하는데, 그것은 모든 악한 것을 파괴할 것이다. 이런 의미에서 그것은 홍수 시대에 있었던 하나님의 파괴적인 심판의 물과 정확한 평행을 이룬다. 베드로는 선행하는 구절에서 그것을 다가올 최후 심판에 대한 위대한 역사적 원형으로 사용한다. "이로 말미암아 그 때에 세상은 물이 넘침으로 **멸망하였으되**[10절과 11절에 나온 것과 같은 단어] 이제 하늘과 땅은 그 동일한 말씀으로 불사르기 위하여 보호하신 바 되어 **경건하지 아니한**

● 지은이의 주장을 드러내기 위해 개역성경의 "귀하여"를 "귀하게 증명되어(발견되어)"로 번역했다—옮긴이.

사람들의 심판과 **멸망**의 날까지 보존하여 두신 것이니라"(벧후 3:6-7, 라이트의 강조).

멸망이라는 표현은 같다. 그러나 홍수로 멸망한 것이 무엇이었는가? 땅 자체가 아니라, 그때 땅 위에 있던 악한 사람들이었다. 마찬가지로, 불로 멸망할 것이 무엇인가? 땅 자체가 아니라 그 위에 있는 모든 죄악된 것이다. 이것이 베드로가 그의 편지를 읽는 사람들에게, 다가올 멸망을 염두에 두면서 세상에서 탈출하려 하지 말고, 그 안에서 도덕적으로 경건한 삶을 살라고 권고할 수 있었던 이유다(벧후 3:11). "의가 있는 곳인"(벧후 3:13) 새 창조를 준비하면서 말이다. 따라서 이 본문에서 우리는 우주의 **소멸**이 아니라, 우주의 도덕적이고 구속적인 **정화**가 모든 죄와 악의 존재와 영향들을 깨끗하게 하는 것을 보아야 한다.

그러나 그 다음에는 무엇이 있는가? 무엇이 살아남는가? 죄가 제거된 그 새로운 창조로 "이어지는" 것은 무엇인가? 다시 한 번 여기서 이사야서와 요한계시록 둘 다 우리에게 도움을 준다. 이사야는 민족들이 구원을 위해 이스라엘의 하나님께로 돌아오는 날을 예견했다. 그때 그들이 돌아오면서 자신들이 가진 모든 부와 자원들을 하나님께 드릴 예물로 가져올 것인데, 그것이 하나님의 백성들에게 유익이 될 것이다(예를 들어, 이사야 23:18에 보면 일반적인 무역의 열매들에 대한 예언적인 상징으로 두로를 사용한다; 60:5-11).

어쩌면 우리는 신약성경 기자들이 이러한 "물질적인" 예언들의 의도를 복음 전도를 통해 많은 나라에서 사람들이 모여드는 것을 묘사하는 영적인 의미로만 인식하리라고 예상할 수 있다. 분명히 그러한 의미는 바울이 자신의 복음 사역을 그러한 예언을 성취하는 수단으로 보는 방식에 들어 있다(롬 15:16). 그러나 요한계시록은 구약성경의 환상이 가진 위대한 현세성을 그저 영적으로만 이해하지 못하게 한다. 새 창조에 있는 하나님의 도시는 많은 나라로부터 온 사람들의 구출된 영혼들로만 가득하지 않을 것이다. 그것은 인간 문명을 통해 축적된 문화적 풍성함으로도 가득 차 있을 것이다.

> 만국이 그 빛 가운데로 다니고 땅의 왕들이 자기 영광을 가지고 그리로 들어가리라. 낮에 성문들을 도무지 닫지 아니하리니 거기에는 밤이 없음이라. 사람들이 만국의 영광과 존귀를 가지고 그리로 들어가겠고, 무엇이든지 속된 것이나 가증한 일 또는 거짓말하는 자는 결코 그리로 들어가지 못하되.
> _요한계시록 21:24-27

이것은 놀라운 약속이다. 그러나 조심스럽게 물어야 하는 것이 있다. 왕들의 "영광"과 "만국의 영광과 존귀"를 구성하는 것은 무엇인가? 이것은 천국으로 들어가는 권력자들의 장대한 행진 속에서 자신들의 허식과 교만을 과시하는, 왕관을 쓴 왕들의 화려함을 상징하는 것일 수 없다. 나는 성경이 큰 자들의 교만을 거부하는 하나님에 대해 잔뜩 말한 후에, 그리고 예수님이 "나중 된 자가 먼저 된다"고 말씀하셨다고 한참 말한 후에, "우리 모두가 천국에 갔을 때" 땅에서 크고 힘 있던 자들이 계속 그렇게 있게 될 것이라는 식으로 끝나리라고 생각하지 않는다.

왕들을 (지금 그들이 누리는 만큼) 영광스럽게 만든 것은 백성이 한 수고가 쌓아온 것이다. 왕국의 토대가 되는 부를 만들어가면서, 또는 (우리의 죄악된 세상에서) 그 부를 보호하거나 확장하기 위해 싸우는 가운데 말이다. 민족들을 명예롭게 하는 것은 여러 세대 동안 축적된 문화적인 성취다. 미술, 문학, 음악, 건축, 음식과 의복 양식, 언어와 문화의 풍성함, 그리고 그 외의 더 많은 것들은 한 나라의 독특함을 이루는 토대가 되고, 최선으로는 우리 인류를 풍성하게 하고, 사소하게는 관광 산업을 지탱한다. 이런 것들은 모든 인류가 아무리 변변찮게라도 참여하고 공헌하는 것들이다. 내 생각에는 이것들이야말로 "땅의 왕들"로 대표되는 민족적인 영광과 존귀라는 표현이 의미하는 것이다. 요한의 환상에 의하면, 그들은 바로 이것들을 하나님의 도시로 가지고 들어가는 것이다.

물론 그러한 모든 민족적인 영광과 존귀는 또한 인간적인 교만, 탐욕, 폭력, 부도덕으로 가득 차 있다. 문화적인 영광들은 문화적인 참사들과 함께 간다. 모든 문명의 화려함은 수치스런 토대 위에 세워져왔다. 타락한 세상에서 우리는 이 사실을 너무나 잘 안다. 그러나 만일 인간 문명이 그러한 타락의 흔적들로부터 깨끗해질 수만 있다면, 그렇다면 그것이 얼마나 영광스럽겠는가! 그렇다면 그러한 모든 민족적인 문화의 성취들에서 단지 교만한 인간들의 자고하는 태도뿐 아니라, 여러 세대 동안 인간의 창조성이 만들어 낸 경탄할 만한 산물을 볼 수 있을 것이다. 이 모든 것이 우리를 그러한 무한한 능력을 지닌 자신의 형상으로 창조하신 하나님에 대한 찬양 속에서 드러날 것이다. 인류의 영광과 하나님의 영광이 마침내 조화를 이루고 서로 대립하지 않을 것이다. 그러나 요한계시록에 있는 것은 단지 이것이 사실이기만을 바라는 갈망에 그치지 않는다. 성경은 이것이 그렇게 **될** 것이라고 약속한다. “그렇게 되기만 한다면”이 아니라 “그렇게 되었을 때!”에 관한 것이다.

모든 역사에서 모든 민족의 삶을 풍성하고 존귀하게 한 모든 것이 새 창조를 풍성하게 하기 위해 받아들여질 것이다. 새 창조는 백지와 같지 않을 것이다. 마치 하나님이 지금 이 창조 세계 안에 있는 모든 인간의 역사적 삶을 그저 구겨서 우주의 휴지통에 던져버리시고, 우리에게 처음부터 모든 것을 다시 시작하라고 새 종이를 주시는 것 같지 않으리라는 말이다. 새 창조는 옛 창조 안에서 인간 문명이 성취한 모든 상상할 수도 없는 문명적 보고를 가지고 시작할 것이다. 정화되고 깨끗케 되고 살균되고 거룩하게 되고 복을 받아서 말이다. 그리고 우리는 영원을 소유해서 그것을 누리고 그 위에, 지금은 우리가 꿈도 꿀 수 없는 방법으로, 구속된 인류의 창조력을 발휘해서 세워가게 될 것이다.

개인적인 이야기를 하자면, 나는 이러한 생각에서 엄청난 위안과 소망을 발견한다. 그것들이 내가 이해할 수 있는 것을 넘어서기 때문이다. **어떻게** 그렇게 될 수 있는지 나는 이해하지 못한다. 그러나 그렇게 될 **것**이라는 성경의 분명한 확증이 나를 대단한 흥분과 기대로 가득 채운다.

이미 말했듯이 나는 런던에 산다. 영국 도서관은 내가 집필하러 가기 제일 좋아하는 장소 중 하나인데, 이는 그곳이 단지 집에서 15분 만에 걸어갈 수 있기 때문만은 아니다. 거기에는 수백만 권의 책이 소장된 수백 킬로미터에 이르는 지하 서가가 있고, 그 책들 중 상당수가 책이 처음 발명되었던 시기까지 거슬러 올라간다. 거기에는 여러 인간 문명과 언어의 축적된 지식, 지혜, 재치, 문학이 담겨 있다. 그리고 그것은 전 세계의 도서관과 박물관이 가지고 있는 것의 작은 부분일 뿐이다. 이따금씩 나는 앉아서 생각해 본다. 이 도서관 하나가 가지고 있는 보물들을 이해하고 향유하기 위해 얼마나 많은 삶이 필요할까? 그리고 그리스도가 다시 오실 때, 하나님의 형상으로 만들어진 인간들이 여러 세대에 걸쳐 들인 노고인 이 모든 문화적 성취는 어떻게 될까? 그것들이 모두 소멸되고 한 순간에 사라지고 상실되고 잊혀질까? 영원히? 나는 그것이 하나님의 계획이라고 믿을 수 없다.

어떻게 (하나님이 하시리라고 성경이 말하는 대로) 하나님이 풍요로운 인간 문명을 구속하시고 정결케 하셔서 새 창조 안에 있는 하나님의 도시로 들어가게 하실지, 나는 모른다. 나는 이것이 먼지 쌓인 오래된 책들에 관한 것이라고 생각하지 않는다. 내가 거기서 먼지투성이의 옛 몸을 입고 있지 않을 것처럼 말이다. 그러나 나는 내가 거기에 부활한 몸의 영광 가운데 있을 것을 안다. 지금의 그리고 지금까지의 내가 그때에는 구속되고 죄가 제거되고 무언가를 하고자 하는 열망으로 가득할 것이다. 그래서 창조 명령을 성취하면서 사람들이 이룩한 모든 것에 구속되었고 실제적인, 뭔가 비교할 만한 부활의 영광이 있을 것이라고 믿는다.

우리는 지난 수천 년 전의 "잃어버린 문명들", 즉 고고학적 유물을 통해서나 서사 영화들에서 단지 부분적으로만 재구성할 수 있는 문명들에 대해 매우 안타까워한다. 그러나 만일 우리가 요한계시록 21장을 진지하게 받아들인다면 그것들은 영원히 "잃어버린" 것이 아니다. 자기들의 영광을 하나님의 도시로 가져올 왕과 나라들은 아마도 그리스도가 다시 오실 세대에 어쩌다 살아남아 있는 자들로 제한되지 않을 것이다. 어느 나라들이 흥하거나 망할지, 어느 문명이 그때에 지난 수천 년 동안 잃어버린 문명들처럼 "잃어버린" 문명이 될지 누가 말할 수 있겠는가? 그럴 수 없다. 약속은 인간 역사에 있었던 모든 시대, 모든 대륙, 모든 세대에 미친다. 시편 기자의 기도가 과거, 현재, 미래의 모든 역사를 위해 언젠가 응답될 것이다.

> 여호와여, 세상의 모든 왕들이 주께 감사할 것은
> 　그들이 주의 입의 말씀을 들음이오며,
> 그들이 여호와의 도를 노래할 것은
> 　여호와의 영광이 크심이니이다.
> _시편 138:4-5

앞으로 있을 일을 생각해보라! 실제적이고 잠재적인 인간의 모든 문화, 언어, 문학, 미술, 음악, 과학, 사업, 스포츠, 기술적 성취 등 모든 것이 우리에게 있을 것이다. **이 모두를 악과 죄의 독은 영원히 제거된 상태로**, 이 모두를 하나님을 영화롭게 하면서, 이 모두를 하나님의 사랑스럽고 만족스러운 미소 안에서, 이 모두를 우리가 하나님과 함께 누리며, 또 하나님이 진정으로 이것들을 즐기시면서 말이다. 그리고 우리는 영원히 그것을 탐구하고 이해하고 향유하고 확장시킬 것이다.

만일 이것이 성경이 약속하는 새 창조라면, 왜 내가 단지 "죽으면 천국에 가는 것"만을 원하지 않는지 이해할 수 있을 것이다. 하나님이 하늘과 땅을 약속하셨는데, 누가 그저 하늘만을 원하겠는가?

민족들의 치유

나는 나이가 들어갈수록 우리가 살고 있는 국제적인 세계에 대해 냉소적이 되려는 유혹에 저항하기가 점점 더 어려워진다. 내가 냉소주의를 거부하는 이유는 성경의 확증, 즉 궁극적으로 모든 인간의 역사는 하나님의 주권적인 섭리 아래에 있다는 것 때문이다. 그래서 나는 하박국처럼 그 사실을 믿는 믿음으로 산다. 비록 벌어지는 사건들이 종종 그 반대를 외치는 것 같아 보일 때조차도 말이다. 그리고 실제로도 그렇다. 우리가 살아가는 세상은 폭력, 피흘림, 전쟁이 반복되며 한 세대에서 다른 세대로 비틀거리며 나아가는 것처럼 보이기 때문이다. 매년 우리는 성탄절이면 "땅에는 평화"를 노래하고, 새해를 맞이하면서는 인간적인 갈등의 계속되는 상처들 중에 최소한 몇몇에 대해서는 어떤 해결책이 있으리라는 소망을 가진다. 그러나 매년 오만한 침략, 끈질긴 증오, 끝없는 고난이 점점 강해지는 똑같은 당혹스러움을 견뎌낸다.

갈등은 이 행성 위에 있는 인간의 삶과 너무 얽혀 있어서, 갈등 없는 삶을 상상하기란 거의 불가능하다. 실제로 순전히 인간적인 수준에서는, 세계 경제의 엄청난 부분이 세계 여러 곳에서 계속되는 갈등에 의존하고 있다.

> 연간 1조 달러 이상에 이르는—이 이해할 수 없는 수치는 계속해서 증가한다—전 세계의 군비와 무기거래는 다른 모든 범주에 대한 전 세계적인 지출을 초과한다. 통계 수치들은 충격적이다. 2005년에 전 세계의 군사적 비용은 1조 1,180억 달러를 넘었다. 이것은 세계 GDP의 2.5퍼센트를 꽉 채우는 것인데, 1인당 평

균 173달러를 지출한 셈이다. 전 세계 군비 지출의 43퍼센트를 차지하는 미국은 이러한 세계적 흐름의 가장 주된 결정 요인이다. 4,200억 달러에 이르는 미국의 군비는 중국, 러시아, 영국, 일본, 프랑스 등 다른 높은 지출을 하는 국가들의 군비를 왜소해보이게 한다. 이들은 각각 6퍼센트에서 4퍼센트 정도를 차지한다.[40]

이 모든 것은 하나님의 새 창조의 새로운 시대에 나라들 사이에 궁극적인 평화가 있으리라는 성경의 약속을 직관에 어긋나는 환상으로 만든다. 평화를 갈망할 수는 있다. 그러나 평화를 하나님이 (그리고 오직 하나님만이) 이루시는 최종적인 실재로 선포하는 것은 다른 일이다. 그리고 바로 그것이 성경이 하는 일이다.

구약성경의 선지자들은 하나님의 기름 부음을 받은 왕이 민족들의 세계를 통치하는 시대에 대한 환상을 붙들었다. 그의 통치가 가져오는 여러 유익 중에는 정의와 함께하는 평화가 있을 것이다. 파괴적인 전쟁 무기들이 배고픈 자들을 먹이는 생산적인 도구들로 바뀔 것이다. 전쟁이 더 이상 없기만 한 것이 아니다. 하나님이 개입하실 때에는, "평화를 원한다면 전쟁을 준비하라"는 식의 분별 있는 이유로도, 전쟁을 대비할 필요조차 없을 것이다. 심지어 폭력에 대한 교육마저 쓸데없어질 것이다(사 2:4; 미 4:3). 전쟁과 전쟁이 동반하는 모든 것을 하나님이 영원히 멸망시키실 것이다. 이것이 인류가 마침내 하나님이 어떤 분이신지 알게 될 때 성경이 기대하는 것의 일부다(시 46:8-10).

그래서 성경을 마무리하는 새 창조에 대한 묘사 부분에 이 모습이 매우 아름다운 그림으로 표현된다. 땅의 왕들이 자신들의 부유함을 하나님의 도시로 가져올 때, 그들은 옛 질서에서 그랬던 것처럼 그것을 놓고 다투지 않을 것이다. 더 이상 죽음이 없을 것이기 때문에 더 이상 전쟁도 있을 수 없다. 오히려 생명의 강 옆에 우거진 생명나무가 풍성한 열매와 잎을 제공할 것이다. "그 나무 잎사귀들은 **만국을 치료**하기 위하여 있더라"(계 22:2, 라이트의 강조).

민족들을 치료하는 이 아름다운 그림은 우리가 현재 살아가는 국제적인 세계가 근본적으로 **병**들어 있음을 상기시킨다. 민족들 간의 관계는 개인들 간의 관계들처럼 깨져 있고 역기능적이다. 민족들 사이의 전쟁은 인간의 몸과 마음과 정신을 괴롭히는 장애와 질병을 거울처럼 반영한다. 우리에게는 고침과 치료가 필요하다. 인간이 처한 모든 단계에서, 민족들의 세계에 이르기까지 말이다.

다시 말하지만, 흘러온 역사 내내 고집스러운 증오, 편견, 불의, 모진 반목 가운데 존재하고 사라졌던 민족들이 새 창조의 생명나무로부터 받는 치료에 대해 상상하는 것은 참으로 놀라운 기대가 아닌가! 바울은 하나님과 사람 사이에, 그리고 사람들 사이에 막힌 담을 허물고 원수들을 친구로 변화시키는 십자가의 화목하게 하는 능력에 관해 말한다. 여기에 국제적인 차원까지 확대된 풍성한 신학이 담겨 있다. 그리고 요한계시록은 그것을 "만국을 치료한다"는 잊을 수 없을 만큼 아름다운 표현 하나로 담아낸다.

창조 세계의 조화

우리는 현재의 창조 질서 속에 있는 고통과 우리의 탐욕스럽고 파괴적인 태도들이 그 위에 부과한 고통에 대해 이미 살펴보았다. 바울이 모든 피조물이 "탄식"한다고 말한 것은 옳았다(롬 8:22). 다행히 바울은 행복한 결말을 가진 탄식, 즉 출산하는 여인의 탄식을 생각하고 있었다. 미래는 새로운 탄생, 새로운 생명에 대한 기대로 밝다. 마찬가지로 이 창조 세계의 미래는 옛 창조 세계의 수축하는 태에서 나오고 있는 새 창조의 소망으로 이미 밝다.

우리가 현재의 세계 질서에서 동물들이 다른 동물을 잡아먹는 사실에 대해 어떻게 생각하든지(즉 그것이 인간 타락의 결과이든지, 아니면 그에 앞서는 근본적인 것이든지), 우리는 그것이 창조 세계의 최종적인 상태가 아닐 것임을 명확하게 듣는다. 인간들 사이에 더 이상 죽음이 없게 될 것처럼, 동물들 사이에서도 더 이상 폭력이 없을 것이다.

이것이 우리가 일차적으로 이사야에게서 얻는 그림이고, 비록 암시적이기는 하지만, 내 생각에는 요한계시록에서도 볼 수 있다. 이사야는 새 창조에 있을 인간 삶에 대한 멋진 묘사를 잘 알려진 표현으로 마무리한다.

> "이리와 어린 양이 함께 먹을 것이며
> 　사자가 소처럼 짚을 먹을 것이며
> 　뱀은 흙을 양식으로 삼을 것이니,
> 나의 성산에서는
> 　해함도 없겠고 상함도 없으리라."
> 　　여호와께서 말씀하시니라.
> _이사야 65:25

동물들을 짝을 지은 것, 즉 잡아먹는 동물과 잡아먹히는 동물(이리와 양), 야생 동물과 가축(사자와 양)을 함께 언급한 것은 의미심장하다. 새 창조에는 그러한 대립이 더 이상 없을 것이다. 동물과 사람 사이뿐 아니라, 동물들 사이에도 평화로운 공존이 있을 것이다. 왜냐하면 새 창조에는 해함이나 상함이 더 이상 없을 것이기 때문이다. 더 이상 죽음이 없다는 것이 사람에게는 물론 동물들에게도 약속으로 주어졌다. 새 창조에서는 모든 형태의 죽음이, 심지어 기억에서조차 더 이상 존재하지 않을 것이다.

요한계시록이 새 창조의 이러한 차원—즉 생태적인 온전함과 조화의 회복—을 직접적으로 말하지는 않는다. 그러나 두 군데에서 분명히 이 방향을 가리킨다. 첫째, 하나님과 보좌에 앉으신 어린 양의 통치 아래에 있는 온 우주에 대한 너무나 놀라운 환상에서 요한은 네 "생물"(living creatures, 살아 있는 피조물)을 본다. 그것들은 인간을 포함한 모든 생명 있는 피조물을 대표하는 것으로 보인다. "생물"이라는 단어는 창세기 1장의 언어를 연상시킨다. "그 첫째 생물은 사자 같고 그 둘째 생물은 송아지 같고 그 셋째 생물은 얼굴이 사람 같고 그 넷째 생물은 날아가는 독수리 같은데"(계 4:7).

이 생물들은 야생 동물, 가축, 조류, 인간을 대표하는 것으로 보인다. 게다가 그것들은 하나님의 보좌를 둘러싸고 온전히 하나를 이루어 하나님께 찬송과 영광을 드리는 데 참여한다. 창조와 함께 의도되었던 대로 말이다. 따라서 여기 사용된 고도로 상징적인 요한의 언어에는 새 창조의 거주자들이 단지 성도들과 천사들로만 제한되는 것이 아니라, 자신의 방식으로 하나님을 찬양하는 일에 온전히 참여하는 새롭게 된 동물 왕국도 포함하리라는 함의가 있는 것 같다.

우리가 요한의 첫 환상의 절정에 이르면 이러한 인상은 강화된다. 여기에 구속받은 인류의 노래나 수없이 많은 천사 같은 무리의 경배만 나오지 않기 때문이다. 오히려 요한이 목격한 점점 고조되는 장엄한 최후 찬양은 온 창조 세계에서 온다. 하나님이 창세기 1장에서 모든 것이 매우 좋다고 선언하셨을 때처럼 온전하게 말이다.

> 내가 또 들으니 하늘 위에와 땅 위에와 땅 아래와 바다 위에와 또 그 가운데 모든 피조물이 이르되
>
> "보좌에 앉으신 이와 어린 양에게
> 찬송과 존귀와 영광과 권능을 세세토록 돌릴지어다" 하니,
>
> 네 생물이 이르되 "아멘" 하고 장로들은 엎드려 경배하더라.
>
> _요한계시록 5:13-14

구속받은 인류

그렇다면 새 창조는 얼마나 멋진 곳이 될 것인가! 그런데 거기 있는 사람들은 어떠한가? 요한계시록은 모든 족속과 나라, 언어와 민족에서 온 사람들이 있을 것이라고 우리에게 알려준다. 온갖 색깔, 모양, 결을 가진 인류가 담긴 큰 샐러드 그릇인 것이다. 인종적이고 문화적인 다양성은 새로운 인류의 표지가 될 것이다. 하지만 옛 인류에서 그들을 추하게 만들었던 불화와 혼란은 없을 것이다. 그때에는 지금처럼 다양성이 삶의 정취를 더하는 게 될 것이다. 그러나 성경의 위대한 환상에 의하면, 어떤 것들은 우리가 공통으로 향유할 것이다. 성경이 우리에게 분명하게 가르치는, 하나님의 새 창조 안에서의 삶이 가진 세 가지 측면을 살펴보자. 새 창조 안에 있는 구속받은 인간의 삶은 몸이 있는 삶, 하나님과 친밀한 관계 속에 있는 삶, 성취하는 일을 통해 풍성해지는 삶일 것이다.

부활의 몸

"몸이 다시 사는 것을 믿는다"고 사도신경은 말한다. 하지만 사도신경은 "영혼 불멸을 믿는다"고 하지 않는다. 많은 대중적인 그리스도인들은 사도신경이 그렇게 말한다고 생각하지만 말이다. 가장 초기의 그리스도인들이 영혼 불멸을 믿는다고 말하며 돌아다녔다면 거의 아무도 주목하지 않았을 것이다. 그것은 많은 인류 문화에 과거에도 있었고 지금도 있는 가장 흔한 신념들 중 하나이기 때문이다. 초기 그리스도인들이 선포했던 것은 몸의 부활이었다. 그리고 그것이야말로 정말 깜짝 놀라게 하고 문화를 거스르는 것이었으며, 심지어 그 당시에도 많은 사람에게 우스꽝스럽게 느껴질 정도로 터무니없는 것이었다. 그러나 이것은 나사렛 예수의 부활을 목격한 것이 역사적 사실이라는 것을 분명하게 암시한다.

예수님의 몸의 부활은 새 창조와 그 안에 있을 우리 자신의 삶을 이해하는 데 결정적으로 중요하다. 부활하신 예수님은 실제로 새 창조의 "첫 열매", 즉 그리스도 안에 있는 자들을 포함한 나머지 창조 세계에 앞으로 올 모든 것에 대한 보증이시다. 하나님은 예수님을 죽은 자들 가운데서 살리심으로 예수님을 **인정**하신 것이다. 재판에서 예수님을 거짓 선생과 실패한 메시아로 여기며 그분을 거절했던 자들에 반대하여, 예수님이 이 땅에서 사시며 가르치시고 주장하신 모든 것들의 정당성을 입증하신 것이다.

하나님이 예수님을 죽은 자들 가운데서 살리셨을 때, 하나님은 또한 창조 세계를 **긍정**하셨던 것이다. 자신이 창조한 육체적인 몸을 입은 삶의 선함을 확증하신 것이다. 하나님은 그저 예수님의 영을 몸이 있는 존재의 "무덤"으로부터 자유롭게 하면서 천국으로 되돌려 보내신 것이 아니다(이것은 실재에 대한 플라톤적인 이원론의 견해다. 성경은 결코 이런 것을 가르치지 않는다). 실제 무덤이 비어 있었다. "몸이 누워 있던 곳에 있는 접힌 세마포를 보라." 예수님의 이 땅에서의 몸은 썩도록 버려지지 않고 영화로운 부활의 몸으로 변화되었고, 그 몸으로 자신의 제자들에게 나타나셨다.

이것은 전례가 전혀 없던 일이어서(나사로의 예와 같이 결국 죽고 말기 위해 "다시 살아난" 것이 아니었기 때문이다), 충격 받은 제자들은 그분을 유령으로—죽으신 예수님을 닮은 심령체 같은 것으로—생각했다. 예수님은 상당히 의도적이고 극적으로 그러한 생각을 없애셨다.

> 그들이 놀라고 무서워하여 그 보는 것을 영으로 생각하는지라. 예수께서 이르시되 "어찌하여 두려워하며 어찌하여 마음에 의심이 일어나느냐? 내 손과 발을 보고 나인 줄 알라. 또 나를 만져 보라. 영은 살과 뼈가 없으되, 너희 보는 바와 같이 나는 있느니라."
>
> _누가복음 24:37-39

제자들이 여전히 확신하지 못하는 것을 보시면서(누가 먼저 유령을 만져보려고 할 것인가?), 예수님은 거기서 조용히 생선 조각을 씹고 삼키셨다. 요한은 예수님의 부활하신 몸이 불을 지피고 생선과 빵을 요리하실 수 있었음을, 또한 제자들과 함께 식사하실 수 있었음을 기록한다(요 21:4-13). 유령은 밝은 빛이 비치는 해변으로 이른 아침 소풍을 가지 않는다.

그렇게 나타나신 한 달이 넘는 기간 동안 예수님은 자신이 분명히, 진정으로, 진짜라는 것을—완전하게 몸으로, 여기 이 땅 위에서 서로 영향을 주고받을 수 있고 몸이 있는 삶을 향유할 수 있는 차원의 삶으로 부활하셨다는 것을, 그러나 또한 이 땅의 차원을 초월하고 일반적인 한계들에 제한되거나 위축되지 않으셨다는 것을—제자들이 전적으로 확신하게 하셨다. 부활하신 예수님은 이 땅에서의 몸보다 **덜** 진짜였던 것이 아니라, 오히려 **더** 진짜였던 것이다. 그분은 몸으로 살아가는 삶의 모든 특성을 가지셨을 뿐만 아니라, 그 이상의 무엇을 가지고 계셨다. 우리가 알고 있고 그 안에서 살아가는 3차원을 넘는, 그분의 새로운 실재의 차원들이 있었다.

이것이 제자들이 오순절 이후에 선포했던 것이다. 하나님이 예수님을 살리신 것을 객관적이고 육체적이고 역사적이고 공공연하게 목격된 사건으로 사도들이 사도행전에서 확언하고 있음을 아는 것은 매우 중요하다. 베드로에게 이것은 (몇 주 후에) 이전에 일평생 동안 몸이 마비되어 움직이지 못하던 사람이 예루살렘 주위를 뛰어다니게 된 사실 만큼이나 부정할 수 없는 것이었다. 당국자들이 증거를 보았기 때문에 그 사실을 부정할 수가 없었던 것처럼(행 4:16), 사도들도 증거를 보았기에 그들이 아는 사실을 부정할 수 없었다(행 4:20). "당신들은 병이 나은 사람을 보았습니다. 그러나 우리는 부활하신 분을 보았습니다!"

안타깝게도 우리는 예수님의 몸의 부활이라는 엄청난 우주적 충격을(그분이 부활하셨을 때 땅이 흔들렸다) **예수님이 내 안에 사신다**는 식의 주관적이고 사적인 경건의 문제로 바꾸어버리는 경향이 있다. 내가 하는 말을 오해하지 않기를 바란다. 물론 나는 그리스도의 내주하시는 것에 대한 개인적인 경험을 믿는다. 나는 어렸을 때 무릎을 꿇고 "내 마음에 예수님이 들어오시기를 구했던" 날을 기억한다. 그리고 그때부터 그리스도인으로의 내 삶이 시작되었다고 여긴다. 이 기억은 내가 아직도 귀하게 여기는 값진 사실이다. 그러나 그것은 신약성경이 예수님의 부활을 선포할 때 의미하는 것이 아니다. 사도들은 그저 예수님의 영이 어떤 방식으로든 그들의 마음속에 계속해서 살아 계시다거나, 그들의 영웅적인 노력을 통해 예수님에 대한 기억을 생생하게 유지하고 있다는 의미로 말하지 않았다.

나는 최근에 테네시 주의 멤피스에 있는 그레이스랜드를 방문했다. 이곳은 엘비스 프레슬리의 고향이었고, 미국에서 관광객들이 백악관 다음으로 가장 많이 방문하는 관광지다. 안내 책자는 자랑스럽게, 다소 낙천적으로, "그레이스랜드—엘비스가 살아 있는 곳"이라고 선언하고 있었다. 엘비스가 어디엔가 아직 살아 있다고 믿는 괴짜들을 제외하더라도, 그곳 전체는 엘비스를 그의 음악적 유산을 통해 어떤 의미에서 "살아 있게" 하는 데 사용됐다. 그러나 관광의 마지막에 이르면 명상의 정원에서 현실에 직면한다. 거기 엘비스가 양쪽에 있는 그의 부모들처럼 죽은 채 자신의 무덤에 묻혀 있기 때문이다. 엘비스가 어떤 사람들의 마음속에 계속 살아 있을지도 모른다. 그러나 미안하지만, 엘비스는 실제로는 죽었다.

신약성경의 메시지는 예수님이 단순히 죽음을 가까스로 면하고 생존했다는 것이 아니다. 또는 사람들의 기억 속에 살아 계시다거나, 심지어 죽으셨다가 그저 "숨이 돌아오셨다"는 것도 아니다. 그렇지 않다. 신약성경의 선포는 "하나님이 그를 죽은 자 가운데서 살리셨다"(행 2:24), "너희가 생명의 주를 죽였지만 하나님이 죽은 자 가운데서 그를 살리셨다"(3:15), "그들이 그를 무덤에 두었으나 하나님이 죽은 자 가운데서 그를 살리셨다"(13:29-30)는 것이다. 예수님은 "죽으셨다가 **돌아오신**" 것이 아니다. 예수님은 죽으시고, 존재의 완전히 새로운 차원으로 **나아가신** 것이다. 영광스러운 부활의 몸을 입을 부활 생명으로 말이다.

그래서 비록 잘 알려진 오래된 이 찬송을 청소년 시절에 뜨거운 가슴으로 매우 의미심장하게 불렀고 여전히 그 즐거운 곡조와 분위기를 좋아하지만, 그 끝에는 (성경에 대해) 귀를 닫게 하는 허무한 결말(anticlimax) 같은 것이 있다.

예수 예수 늘 살아 계셔서
주 동행하여 주시며 늘 말씀하시네
예수 예수 내 구세주 예수
내 맘에 살아 계시네 늘 살아 계시네

이것은 경탄할 만한 사실이다. 그러나 사도행전에서 사도들이 질문에 대답했던 방식은 아니다. 그들은 결정적으로 "예수님이 우리 마음속에 살아 계신다"고 선포하지 **않았다**. 만일 그랬다면 종교와 정치 권력자들이 조금도 신경 쓰지 않았을 것이다. 예수님이 여전히 실제로 무덤 속에 계시는 한, 그런 선포는 그저 연민에 찬 감정일 뿐이지 위협적이지는 않았을 테니 말이다. 사도들은 그 권력자들이 죽인 바로 그 나사렛 예수를 하나님이 몸으로 다시 살리셨고 무덤은 비었다고 선포했다. 이것은 객관적으로 목격된 사실이지, 고인이 된 그들의 지도자를 기념하는 주관적이고 종교적인 헌신이 아니었다.

내가 이것을 길게 강조하는 것은 예수님의 부활에 대해 성경이 실제로 무엇을 가르치는지를 이해하는 것이 중요하기 때문만이 아니다. 더 중요하게, (우리가 이 장에서 생각해보고 있는 것과 관련해서) 예수님의 부활하신 몸이 새 창조에서 있을 우리의 미래 삶에 대한 원형이자 모델이라고 성경이 말하기 때문이다. **우리가 그분과 같이 될 것이다!**(빌 3:20-21; 요일 3:2)

그렇다면 그토록 많은 그리스도인들이 **성경이 강조해서 아니라고 말하는 것**—유령이나 영, 또는 몸이 없는 혼—처럼 되리라는 생각을 여전히 고집하고 있는 것이 얼마나 이상한 일인가? 죽으면 영혼이 천국에 가는 것이 마치 우리가 가진 복된 소망의 전부인 것처럼 우리는 말한다. 만일 그것을 그나마 성경적인 의미에서 말한다면, 그러한 언어는 우리가 그리스도 안에서 죽을 때 전적으로 안전하다는 사실, 어떤 의미에서 우리가 그때 "그리스도와 함께" 있다는 사실, 지금은 그것이 천국이라는 것에 대해서만 말하는 것이다. 우리의 영혼—진정한 우리 자신이라는 의미에서—은 죽을 때 소멸되지 않고 하나님의 능력으로 안전하게 보호된다. 그러나 앞에서 말했듯이, 그러한 의미의 천국은 결코 우리의 "최종 목적지"가 아니다. 우리는 온 창조 세계와 더불어 "우리 몸의 구속"을 갈망한다(롬 8:23). 바로 예수님의 부활이라는 토대 위에서 그렇게 갈망하는 것이다. "예수를 죽은 자 가운데서 살리신 이의 영이 너희 안에 거하시면 그리스도 예수를 죽은 자 가운데서 살리신 이가 너희 안에 거하시는 그의 영으로 말미암아 너희 죽을 몸도 살리시리라"(8:11).

하나님이 새 창조를 실현하실 때, 우리는 그리스도의 몸과 같은 부활의 몸을 입고 그 안에서 살게 될 것이다. 바울이 분명하게 가르치는 이것이 고린도전서 15장에서는 매우 길게, 그리고 빌립보서 3장에서는 간단명료하게 나온다.

> 그러나 우리의 시민권은 하늘에 있는지라. 거기로부터 구원하는 자 곧 주 예수 그리스도를 기다리노니, 그는 만물을 자기에게 복종하게 하실 수 있는 자의 역사로 **우리의 낮은 몸을 자기 영광의 몸의 형체와 같이 변하게 하시리라.**
>
> _빌립보서 3:20-21 (라이트의 강조)

다시금 우리는 바울이 "천국에 간다"(going to heaven)고 하지 않고 오히려 그리스도가 거기에서 오신다고 말하고, 또 우리가 가진 이 땅의 몸이 하나님의 새 창조 안에서 살아갈 우리의 삶을 위해 그리스도의 영광스러운 부활의 몸과 같은 것으로 변화되리라고 한다는 사실에 주목한다.

"그분의 영광스러운 몸과 같이"라고 바울은 말한다. 부활의 이야기들은 새 창조 안에서 새롭게 구속받은 삶을 시작할 때 우리가 어떤 모습일지를 생각해보도록 하는 가장 좋은 모델이다(사실 그것들은 우리가 가진 유일한 모델이다). 그 이야기들이 무엇을 말해주는가? 우리는 (부활하셨던 바로 그날) 예수님이 살과 피를 가지셨다는 것을 (예수님 자신에게서) 배운다(눅 24:39). 예수님이 먹고 마실 수 있으셨다는 것, 다른 이들이 예수님을 만질 수 있었다는 것, 예수님이 빵을 떼고 구울 수 있으셨기 때문이다. 이 모든 이야기에서 우리는 부활하신 예수님이 제자들이 기억하는 진짜 예수님으로 인식될 수 있었다는 것을 배운다. 그런데 또한 어떤 점에서 그분은 다르셨다. 오가실 수 있었고, 나타났다가 사라지실 수 있었고, 문과 벽을 무시하실 수 있었다. 마치 물리적 세계가 더 이상 우리에게 하는 식으로(그리고 30여 년간 예수님께도 했던 식으로) 그분의 삶을 제한하지 못하는 것처럼 말이다.

그리고 우리가 그분과 같을 것이다!

부활의 삶은 지금의 삶과 연속성이 있을 것이다. (부활하신 예수님이 그러셨던 것처럼) 우리가 지금의 삶을 살았던 그 사람임이 인식될 것이다. 그러나 또한 지금 현재의 삶과 불연속성들도 있을 것이다. 그중에 어떤 것들은 지금 우리가 이해하거나 상상조차 하지 못할 것들이다. 왜냐하면 그것들은 지금 현재의 창조 세계 안에서 인간이라는 것을 의미할 때 필수적인 삶의 어떤 측면들(예를 들어, 나이와 성별 같은 것들)을 변화시킬 것이기 때문이다. 그렇지만 우리의 부활의 삶은 현재의 실재들을 초월할 때조차 그런 측면들이 우리에게 주는 최선의 의미들을 여전히 포함할 것이다(특히 우리의 관계들과 관련해서 그럴 것이다). 베드로에게 "네가 나를 사랑하느냐"고 물으신 분은 바로 부활하신 예수님이셨다. 참으로 모든 귀한 것은 증폭되고 분명해질 것이다. "우리가 지금은 거울로 보는 것 같이 희미하나 그 때에는 얼굴과 얼굴을 대하여 볼 것이요 지금은 내가 부분적으로 아나 그 때에는 주께서 나를 아신 것 같이 내가 온전히 알리라"(고전 13:12).

우리가 그때 어떻게 될지 비록 지금은 정확하게 알지 못한다 해도, 그리스도 안에 있는 자들에게 분명한 것들이 있으니 안심할 수 있다. 이 세상에서 우리에게 복이 되고 풍성하게 했던 그 어떤 것도 잃어버린 바 되지 않고 오히려 부활을 통해 무한히 향상될 것이다. 그리고 우리가 이 세상에서 (장애, 질병, 때 이른 죽음, 또는 단순히 시간과 공간이라는 자연적 한계 때문에) 향유하지 못했던 것은 무엇이든지 부활의 삶에서 넉넉히 회복되거나 보상될 것이다.

하나님의 임재

새 창조에 있을 우리의 삶은 부활하신 예수님을 모델로 하는 몸을 가진 삶에 그치지 않을 것이다. 우리는 또한 친밀하고 위협적이지 않고 위태롭지 않은 하나님의 임재 가운데 살 것이다. 혹은 좀더 성경적인 표현을 쓰자면, 하나님이 우리와 함께 거하실 것이다. 이것이 여러 방식으로 표현된 요한계시록 21-22장의 두드러진 주제다. 그러한 표현들 가운데 첫 번째 것은 하나님의 입에서 나왔다. "내가 들으니 보좌에서 큰 음성이 나서 이르되 보라 하나님의 장막이 사람들과 함께 있으매 하나님이 그들과 함께 계시리니 그들은 하나님의 백성이 되고 하나님은 친히 그들과 함께 계셔서 [그들의 하나님이 되실 것이다]"(계 21:3).

이것은 새 창조에 투영된 구약성경의 언어다. "거주지"는 문자적으로 "장막"이다. 이것은 성막을 통해서, 그리고 나중에는 성전을 통해서, 하나님이 백성 가운데 사셨던 방식을 상징적으로 상기시킨다. 하나님의 백성이 됨과 자신들과 함께 하시는 하나님을 그들의 하나님으로 소유함의 조합은 구약성경 이스라엘이 누렸던 가장 큰 언약적 특권이었다. 구약성경 시대에 한 민족에게 제한되었던 특권이 모든 민족의 백성을 위한 보편적인 현실이 될 것이라고 이제 하나님이 말씀하신다["백성"이라는 단어는 사실 그리스어에서 복수형이다. 최상의 사본은 "그들이 그의 백성들(peoples)이 될 것이다"라고 기록하고 있다].

우리는 하나님의 도시에 대한 묘사가 에덴동산을 상기시킨다는 것을 이미 언급했다. 요한계시록 22:1-2에 있는 생명수의 강에 대한 이미지가 그것이다. 그리고 우리는 타락 이전에 하나님이 에덴동산의 친밀함 속에서 아담과 하와와 함께 거니시고 말씀하셨던 것을 기억한다. 그러나 요한계시록의 환상에서는 생명을 주시는 임재가 온 창조 세계를 채우고 모든 민족에게 치유를 가져다줄 것이다.

우리는 지금 아담 안에서 우리가 죄를 범한 날 이래로 하나님께 저주받은 상태에 있는 땅 위에 살고 있다. 그래서 그 임재는 언제나 우리의 죄로 인해서, 또한 하나님의 저주 아래 있는 세상에서 살고 있다는 죄악된 현실로 인해서 흐려져 있다. 비록 성경이 매우 풍성하게 보여주듯, 사람이 이 타락한 세상에서도 하나님의 임재를 실제로 알 수 있음에도 불구하고 말이다. 요한계시록은 "다시 저주가 없으며"(계 22:3)라는 단순하면서도 세상을 변화시키는 표현으로 저주를 거두면서, 방해받지 않는 하나님의 임재를 환영한다.

가장 귀한 것은 새 창조에 성전이 더 이상 필요 없다는 사실이다. 왜냐하면 온 창조 세계 자체가 하나님이 거하시는 장소가 될 것이기 때문이다. 그래서 주님은 분리된 성소에 감추어져 있지 않으시고, 빛처럼 모두에게 드러나실 것이다. 하나님과 가졌던 친밀함에도 불구하고 모세에게조차 허락되지 않았던 한 가지, 즉 하나님의 얼굴을 보는 것(출 33:20-23; 민수기 12:8은 문자적으로 "입과 입을 대고"이다)을 하나님의 모든 종들이 즐거이 경험할 것이다. "그들이 그의 얼굴을 볼 것"이기 때문이다(계 22:4).

나는 요한계시록이 관점을 "거기 위"에서 "여기 아래"로 전환하는 방식을 아주 좋아한다. 요한은 (4-5장에서) 구약성경의 선지자들처럼 하나님의 보좌가 있는 방으로 불려 "올라가" 천상에서 벌어지는 모든 일을 목격하는 첫 환상들로부터 시작한다. 이사야처럼, 인간인 그가 하나님이 천상의 정부에서 지상의 문제를 다루시는 모든 일을 참관하도록 잠시 허락받은 셈이다. 구석에서 지켜보며 이따금 질문하는 관객처럼 말이다. 그러나 요한이 책의 마지막에서 변화되고 구속받은 새 창조를 숙고할 때는, 하나님이 하시는 것을 보기 위해 우리가 "위로" 올라가는 것이 아니라, 하나님이 우리 가운데 거하시고 자신의 임재를 우리가 하는 모든 것에 본질적인 것으로 만들기 위해 "아래로" 내려오시는 그림을 그린다. 하나님과 함께 하늘에 있는 우리에 대해서가 아니라, 우리와 함께 땅에 계신 하나님에 대해서 말이다.

왕들은 하나님의 도시로 문명의 영광을 가져온다. 민족들은 치유된다. 섬김과 통치가 이루어진다. 새 창조, 새 예루살렘, 하나님의 도시 중에서 우리가 어떤 그림을 선택하든지, 그곳은 예수님을 죽은 자들 가운데서 일으키신 그 동일하신 성령의 능력을 받아서 변화된 인류의 모든 가능성으로 가득한, 번화하고 바쁜 장소다. 창조되고 구속된 목적을 우리가 그곳에서 수행해나갈 때, 눈물이나 죽음이나 고통이나 저주 없이, 그러나 우리 가운데 계시는 하나님의 직접적인 임재를 누리며, 하나님의 얼굴 빛 아래 살 것이다.

일하는 복

그렇다. 우리는 바쁠 것이다! 하지만 천국을 "안식"으로 묘사하는 성경의 그림은 어떻게 된 것인지 궁금할 수 있다. 어떤 성경 인물들이 죽었을 때 그들이 "조상과 함께 안식한다"고 말하지 않는가? 어느 비석에서나 볼 수 있는 "평안히 안식하다"라는 표현은 차치하더라도, "영원한 안식"에 들어감에 대한 장례식의 온갖 표현들은 어떤가?

안식에 대한 성경적 개념이 단지 모든 활동을 중지함을 의미하지 않음을 기억할 필요가 있다. 원래 창조의 안식일은 창조 세계를 통치하고 보살피라는 위임명령을 행사하면서 우리의 창조자와 더불어 창조 세계를 향유해야 할 인간 역사의 시작이었다. 하나님이 이스라엘 사람들에게 약속의 땅에서 "안식"을 주셨을 때, 그것은 그 땅을 경작하는 일을 해나가기 위해 그들의 대적들로부터의 자유로워지는 것을 의미했다. "안식"은 평화 가운데 일하며 자신의 노동이 주는 성취를 누리는 것을 의미했다.

따라서 우리가 언급했듯이, 심지어 요한계시록 21장과 22장에도 하나님의 도시에서 구속받은 이들이 해야 할 일이 있으리라는 암시들이 있다. 하지만 요한계시록이 새 창조의 그림을 그리기 위해 토대로 하고 있는 구약성경은 이에 대해 훨씬 더 분명하며, 유쾌한 이 세상의 방식으로 이것을 보여준다.

이 책을 읽는 것을 잠시 멈추고, 이사야 65:17-25을 지금 바로 읽어보라. 천천히 상상력을 발휘하면서 말이다. 물론 이 본문은 하나님의 "새 하늘과 새 땅"이 어떨지 숙고하기 위해 고대 이스라엘의 가정생활이라는 현실과 농경민족의 일상 경험을 사용한다. 그러면서 비유적 묘사의 너머에 있는 중요한 사실들을 가르치고 풍요롭게 다듬어진 이상을 공유한다.

그리고 그 중간에 새 창조에 우리가 할 일이 있으리라는 분명한 가정이 있다. 어떤 문화와 종교들에서 찾아볼 수 있는 낙원에 대한 신화들과는 대조적으로, 우리는 그늘진 숲에서 한가롭게 거닐지 않을 것이다. 신비하게 우리 입으로 흘러들어오는 과일과 포도주를 먹으며, 우리의 취향과 성별에 어울리는 사치와 감각적인 기쁨들에 둘러싸여서 말이다. 영원한 안락의 신화는 우리의 욕망을 돋우지만 성경적이지는 않다. 그래서 "스티브 메저스 스트레인지 컨트리"(Steve Messer's Strange Country)라는 유쾌한 호주 복음성가 그룹이 "내가 천국에서 휴가를 보낼 때"(When I Take My Vacation in Heaven)[5)]라는 제목의 노래를 부르는 것을 들을 때, 나는 그 노래의 낙천적인 리듬을 즐기면서도 그 개념은 거부한다. 나는 휴가를 아주 좋아한다. 그러나 결코 끝나지 않고 빈둥거리는 휴가로 영원에 대해 생각하는 것은 나를 지루하게 만든다.

그렇지 않다. 이사야가 말하는 핵심은 우리가 모든 일에서 해방되리라는 것이 아니다. 그저 우리가 하는 일이 어떤 좌절과 낙담에서도 자유롭게 되리라는 것이 이사야의 말이다. 피로, 상실, 패배, 불의, 허무, 불운의 저주는 사라질 것이다. 새 창조에서 우리가 하는 일은 생산적이고, 즐겁고, 만족스럽고, 지속되는 가치가 있고, 하나님께 받는 복이 될 것이다. 그리고 환경적으로도 안전할 것이다!(사 65:25을 보라) 우리는 일꾼이신 하나님의 형상으로 창조되었다. 새 창조에서 우리는 그 형상의 모든 능력과 잠재력을 제한 없이 발휘할 것이다. 하나님의 영광과 우리 자신의 만족을 위해 영원히 말이다!

> 그들이 가옥을 건축하고 그 안에 살겠고
> 포도나무를 심고 열매를 먹을 것이며,
> 그들이 건축한 데에 타인이 살지 아니할 것이며
> 그들이 심은 것을 타인이 먹지 아니하리니,
> 이는 내 백성의 수한이
> 나무의 수한과 같겠고,
> 내가 택한 자가
> 그 손으로 일한 것을 길이 누릴 것이며,
> 그들의 수고가 헛되지 않겠고
> 그들이 생산한 것이 재난을 당하지 아니하리니,
> 그들은 여호와의 복된 자의 자손이요

그들의 후손도 그들과 같을 것임이라.

_이사야 65:21-23

결론

방금 이 장을 다시 읽어보았다. 그리고 새 창조에 관한 이 위대한 성경의 진리들에 관해 생각할 때 (또는 노래할 때) 항상 느끼는 흥분과 기대의 정서가 물결처럼 차오르는 것을 억누를 수 없다. 누가 그 진리들을 이해할 수 있겠는가? 물론 우리 중 누구도 어떤 식으로든 완전히 파악할 수는 없다. 내가 이해하지 못하는 하나님은 우리가 감히 꿈꿀 수 있는 것보다 더 많은 것들을 그분의 새 하늘과 새 땅에 가지고 계시다. 우리는 그것들을 우리의 보잘것없는 신학들에 구축해 넣을 수도 없다. 그러나 우리가 어느 정도 **이해할 수 있는** 것들을—성경이 그것들을 매우 강조하며 가르치고 있다는 사실에 근거해서—설명하는 것만으로도, 맥박을 뛰게 하고 기대로 가득한 상상을 솟구치게 하기에 충분하다.

그리고 솔직히 다른 대안들과 견주어 보면, 나는 성경에 있는 이 엄청난 확실성들과 측량할 수 없는 깊이, 그리고 생각을 확장시키는 전망에 대해 더욱더 감사를 드리도록 고무된다. 물론 죽음과 그 너머에 관해 말하는 다른 대안적인 세계관들도 많지만 말이다.

이 부분을 쓰면서 필립 풀먼(Philip Pullman)의 3부작 『황금나침반』(*His Dark Materials*)[6] 세 권 모두를 다 읽었다. 풀먼의 탁월한 상상력과 빼어난 이야기 솜씨 덕에 매우 즐거운 독서였다. 그러나 당연히 풀먼의 세계관은 적극적인 무신론이다. 그의 이야기에서 악의 일차적 근원은 교회와 교회를 대표하는 모든 것들이다. 세상의 (또는 풀먼이 상상의 존재로 불러낸 모든 세상들의) 문제들에 대한 주된 원인은 모든 우주들의 창조자이자 궁극의 능력이라고 주장된

"그 권위자"(the Authority)다. 이야기의 마지막에 가면 "그 권위자"는 유리상자에서 꺼내지는 순간 분해되는 지친 늙은 사기꾼으로 드러나고, 교회는 활동이 축소되고 능력을 박탈당한다.

내가 보기에 역설적인 것은, 풀먼이 공격하는 종류의 교회는 진정 공격을 당해 마땅하다는 사실이다. 한때 기독교 세계가 보여준 것처럼 자신만을 위하고, 교조적으로 권위주의적이고, 폭력적이고, 고문하고, 부패한 기관으로서의 교회 말이다. 어떤 그리스도인도 풀먼이 정당하게 조롱거리로 만드는 것을 변호할 수 없을 것이다. 그러나 계속되는 역설은, 풀먼이 기독교에 속한 것이라고 제시하고 있는 종류의 세계관은 아주 이원론적인 형태인데, 우리가 여기서 지금까지 결코 성경적이지 않다고 주장해온, 영혼과 천국에 대해 내세적으로 집착하는 것이다. 대신에 풀먼이 즐기는 것은 물질세계의 선함, 자연의 경이, 감각 있는 존재로서 색감·청각·미각·후각·촉각·질감이 있는 세계에서 살아가는 즐거움과 그 모든 것을 탐구하는 흥미진진함에 대한 묘사다. 그러나 이것은 전적으로 성경적이다! 게다가 성경은 우리가 지금 알고 있는 대로의 창조 세계에 있는 모든 경이로움을 격찬할 뿐만 아니라, 우리가 새 창조에서 그것들을 상상할 수 있는 것보다 훨씬 더 풍성하게 향유할 것이라고 말한다.

새롭게 된 창조 세계에서 부활한 몸이 누리는 영광스럽게 풍성한 삶에 대한 성경의 전망에 반해, 풀먼은 무엇을 제공할 수 있는가? 베르길리우스, 단테, 밀턴에 영감을 받은 것이 확실한 이야기의 한 지점에서 풀먼의 두 영웅 윌과 리라는 자신들이 죽은 자들의 세계에 있음을 발견한다. 그곳은 그들의 친구와 가족들을 포함한, 슬픔에 찬 우울한 유령들의 세계였다. 윌과 리라는 3부작 전체에서 구원하는 인물들로서, 그 이야기가 마침내 도달하는 "구원"의 기준을 끔찍한 값을 치르고 성취한다.

그러나 그들이 죽은 자들의 영혼을 위해 무엇을 할 수 있는가? 윌은 한 세계와 다른 세계 사이에 있는 통로를 포함해 우주에 있는 어떤 것이든 자를 수 있는 "신묘한 칼"을 가지고 있다. 그 칼을 가지고 그는 죽은 자들의 세상에서 나오는 통로를 잘라서, 셀 수 없이 많은 세대의 모든 죽은 자로 이루어진 수없이 많은 무리가 자유를 향해 분출해나가게 한다. 고마워하는 유령들이 그 구멍을 통해 밀려든다. 어디로 향하는가? 이 땅에서의 진짜 삶으로 돌아가는가? 진정한 인격적 존재가 되는가? 전혀 아니다. 그들 모두가 갈망하는 가장 대단한 것, 그들이 기뻐하고 감사하며 (아마도 권위자와 교회가 그들을 저주한 결과인) 유령 같은 삶에서 탈출하면서 일어나는 것은 소멸이다! 그들은 그저 우주의 원소로 분해되어 돌아가는 것뿐이다.

> 윌은 그 창문을 할 수 있는 한 가장 넓게 확대했다.…여섯, 일곱, 여덟 명이 나란히 함께 죽은 자들의 땅에서 걸어나가기에 충분히 크게 만들었다.
>
> 첫째 유령들은 희망으로 전율했다. 그리고 그들의 흥분은 그들 뒤에 길게 줄을 선 어린아이들과 나이 든 부모들에게 잔물결처럼 전해졌다. 아이와 부모들은 수세기 동안 보아왔던 첫째 별들이 자신들의 가련하고 굶주린 눈동자 안으로 비추어 들어올 때, 하나같이 기쁨과 경이로 위와 앞을 바라보았다.
>
> 죽은 자들의 세계를 떠나는 첫 번째 유령은 로저였다. 그는 한 걸음 앞으로 나아갔다. 그리고 뒤돌아서 리라를 보았다. 그리고 자신이 밤으로, 별빛으로, 공기로 변하는 것을 깨닫자 놀라움 속에서 웃었다.…그 후 윌이 샴페인 잔에 있는 거품들을 떠올릴 정도로 선명하고 자그마한 행복의 분출을 뒤에 남긴 채 로저는 사라졌다.[7)]

나는 이것을 읽고 생각한다. **이게 다인가? 이것이 무신론자들의 상상력이 제공할 수 있는 최선의 것인가? 샴페인 병의 코르크 마개를 뽑는 것 같은 죽음, 행복이라는 거품이 약간 흘러나오는 것, 그러고는…아무것도 없**

다. 아무것도 인격적이지 않다. 찬란하게 인간적인 것도 없다. 그저 나머지 우주의 "모든 것"으로 분해되는 것 뿐. 그 후에 고린도전서 15장을, 그리고 나사렛 예수의 부활에 대해 역사적인 증거를 제공하는 복음서의 내러티브들을 읽는다. 그리고 나의 심장은 고동치며 말한다. "주님, 제게 '예수 그리스도를 죽은 자 가운데서 부활하게 하심으로 말미암아 우리를 거듭나게 하사 산 소망이 있게 하심'(벧전 1:3)을 감사드립니다."

사도들이 살던 세상에는 풀먼이 묘사하는 것처럼 죽음 너머의 미래를 믿는 사람들이 있었다. 저승에서 비참하게 생기 없는 영혼으로 속절없이 계속 살아가거나, 끝이 없는 생명의 반복 속에서 자신의 근원인 원자들로 분해되어 돌아간다는 것이었다. 이런 세상에서 새 창조 안에 있을 몸의 부활과 진정한 인격적 삶이 있다는 메시지가 형언할 수 없을 만큼 좋은 소식이었음은 전혀 놀랍지 않다. 예수님을 통해 목격된 사실이자 그분을 믿는 모든 사람을 위한 놀라운 소망으로서 말이다.

그것은 지금도 여전히 그렇다.

1) 이 주제에 관한 탁월한 연구로 Michael E. Wittmer, *Heaven Is a Place on Earth: Why Everything You Do Matters to God* (Grand Rapids: Zondervan, 2004), 특히 205-6쪽을 보라.

2) 도시라는 성경적 주제, 즉 도시의 인간적인 기원, 구속적인 미래, 풍성한 성경적인 상징에 대한 가장 철저하고 흥미를 불러일으키는 연구로 Jacques Ellul, *The Meaning of the City* (Grand Rapids: Eerdmans, 1970)가 있다(『도시의 의미』, 한국로고스연구원 역간).

3) Wittmer, *Heaven is a Place on Earth*는 이원론적인 사고방식에 대해 적절한 비판을 제공한다. 또한 Darrell Cosden, *The Heavenly Good of Earthly Work* (Peabody, MA: Hendrikson; Milton Keynes: Paternoster, 2006)을 보라.

4) Jonathan Bonk, "Following Jesus in Contexts of Power and Violence", *Evangelical Review of Theology* 31 (2007): 342-57.

5) Steve Messer's Strange Country의 앨범 *It's Real!*에 수록되어 있다.

6) Philip Pullman, *The Golden Compass* (New York: Knopf, 1995); *The Subtle Knife* (New York: Knopf, 1997); *The Amber Spyglass* (New York: Knopf, 2000). 『황금나침반』 1-3부, 김영사 역간.

7) Pullman, *The Amber Spyglass*, 382.

결론

신앙에 관련된 몇몇 어려운 질문들에 대해 다소 복잡한 성찰들을 마치면서, 나는 내가 서술한 부분과 이 과정에서 내 대화 상대가 된 독자의 생각 속에 답보다 질문이 더 많다는 것을 알고 있다. 이 책을 시작하게 한 질문을 대화 중에 했던 고든이, 이제 막 태어난 아기 같은 이 책에서 다루는 것들이 그를 만족시키는 대답에 가깝다고 생각하는지 몹시 알고 싶다.

그러나 좀더 실제적인 질문이 있다. 우리가 함께 살펴본 것들을 고려할 때 우리는 어떻게 반응해야 하는가? 이 책의 각 부분들은 그 나름의 반응을 말하는 것 같다.

제1부에서 우리는 "악과 고통에 대해 어떻게 생각해야 하는가?"라는 근원적인 질문과 씨름했다. 나는 성경이 요구하는 것에 대해 말했다. 우리가 이성적으로 이해할 수도 없을 뿐만 아니라 이해하지 않아도 되는, 악에 관한 불가사의가 있다는 사실을 우리가 받아들여야 한다는 것이다. 그러나 성경은 또한 우리가 하나님 임재 앞으로 우리의 애통과 항의를 가져와서, 고난당하는 신앙에서 나오는 "왜?" 그리고 "언제까지?"의 문제를 가지고 하나님께 부르짖었던 성경 인물들의 합창에 참여하도록 한다. 무엇보다도 성경

은 우리의 눈과 마음을 고양시켜서, 고통과 악이 창조에 관한 첫마디가 아니었기 때문에 또한 마지막 말도 아닐 것이라는 기대로 기뻐하도록 한다. 하나님은 결국 그리스도의 사역을 통해 고난과 악을 모두 무찌르시고 하나님의 새 창조에서 사라지게 하실 것이다.

우리의 반응은 단연코 시편 17편의 기자와 함께해야 할 것이다. 그는 현재 악인의 눈에 띄는 성공으로 인해 고통을 느끼며 당혹스러워했다. 그러나 그가 예배하는 하나님의 백성 무리들과 함께 그 고통과 당혹감을 하나님의 임재 앞으로 가져왔을 때, 그는 그곳에서 신앙의 닻과 소망을 가져오는 새롭고 영원한 관점을 찾았다.

제2부는 많은 사람이 "구약성경의 하나님"에 대해 느끼는 곤혹스러움, 특히 하나님의 이름으로 승인된 폭력을 직면했다. 먼저 우리는 이것이 단지 구약성경의 문제라고 받아들이기를 거절했다. 따라서 성경을 전체로서 읽으면서, 구약성경과 신약성경을 희화화한 것에 불과한, 성경적인 이해를 크게 훼손하는 피상적이고 상투적인 생각을 우리의 머리에서 지우겠다는 더 큰 결심이 우리의 반응이어야 한다. 그러나 "성경을 전체로서 읽는다"는 것은 그리스도의 중심성에 비추어서, 그리고 성경 전체가 하나님의 구원 이야기라는 것을 인식하며 읽는다는 것을 의미한다.

그러한 관점에서 우리는 한편으로 정복 내러티브가 하나님이 역사 가운데 행하신 심판의 한 에피소드로 하나님의 궁극적인 구원에 관한 긴 이야기 내에서 제시되는 것을 볼 수 있다. 그렇기 때문에 예수님은 이것을 비난하거나 의문시하지 않으셨다. 그러나 다른 한편, 우리는 또한 정복 내러티브가 하나님의 제한적인 역사적 행위였음을 안다. 예수님은 결코 이것을 그분을 따르는 자들이 그분을 거부하는 사람들이나 우리의 미래 적들을 향해 취할 수 있는 모델로 받아들이지 않으셨다. 따라서 하나님이 그 성경 내러티브에서 정당하게 행동하셨다는 것을 (비록 고뇌와 정서적인 거부가 있음에도) 우리가 받아들인다고 해서, 그리스도인들이 폭력이나 학살을 합리화하는 구실로 그것을 이용하는 것이 정당했던 경우가 **한 번이라도** 있었다고 받아들이는 것은 **아니다**. 우리는 교회 역사를 흉하게 만드는 그러한 모든 비극을 거부한다. 그러나 그렇다고 해서 그러한 거부가 성경이 정복 내러티브를 위해 제공하는 명시적으로 도덕적이고 신학적인 틀 안에 있는 성경 이야기를 거부하는 것으로 이어져서는 안 된다.

제3부는 아마도 이 책의 심장이 뛰는 곳이라고 할 수 있을 것이다. 우리가 살펴본 다른 모든 문제가 결국 십자가로 돌아오기 때문이다. 아니, 오히려 그것들을 십자가의 빛 아래에서 살펴봐야 한다. 우리가 십자가의 신비를 온전히 이해할 수만 있다면, 우리가 지금 이해하지 못하는 다른 것들은 사소한 문제가 될 수도 있었을 것이다. 그러나 물론 십자가는 우주의 구속을 위해 그리스도 안에서 행하신 하나님의 가장 위대한 행위로서, 우리의 이해를 넘어서고 깊이를 알 수 없는 신비를 보여준다. 그럼에도 우리의 겸손한 감사와 예배를 불가능하게 하지는 않지만 말이다.

제3부의 각 장을 통해 나는 우리가 십자가를 이해하는 데 방해가 되고 혼란을 가져오는 잘못된 반대 개념들을 풀려고 노력했다. 그렇게 성경의 계시가 우리에게 열어서 보여주는 정도까지는 최대한 명확히 이해하면서, 적어도 그리스도 안의 하나님이 우리를 위해 십자가에서 성취하신 것은 기뻐할 수 있도록 하기 위해서였다. 그리고 우리의 면밀히 살피는 이성보다 더 깊은 곳에 있는 것들에 대해서는 찰스 웨슬리와 더불어 기꺼이 "경이·사랑·찬양 속에 우리 자신을 잃어버릴" 수 있다.

내가 보기에 제4부는 가장 실제적인 반응을 요구한다. 이 말은 역설적으로 보일 수 있다. 왜냐하면 제4부는 아직 일어나지 않을 일들, 소위 세상의 마지막(말세)에 관한 것이기 때문이다. 그러나 우리가 보았듯이, 사실 그런 표현은 적절하지 못하다. (책으로서) 성경은 "마지막"으로 끝나지 않기 때문이다. 오히려 성경은 새로운 시작과 창조 세계 전체에 대한 영광스런 약속으로 끝난다. 그러한 미래에 비추어 지금 우리의 삶을 산다는 것은 무엇을 의미하는가? 이것이 신약성경의 실제적인 가르침들 대부분이 관심을 가지고 있는 것이며, 그렇기에 나는 이 주제에 대해서만 다루는 장을 따로 쓰고 싶은 마음이 간절하다! 그러나 요약해서 말하면, 우리 믿음과 삶에 영향을 미치는 것들이 있어야만 한다는 것이다.

성경이 위대한 절정(10장)과 새로운 시작(11장)에 관해 엄청난 확실성들을 가르치는 것은, 단지 우리의 호기심을 자극하기 위해서가 아니라, 우리의 믿음을 견고하게 하기 위해서다. 우리는 이 위대한 소망 속에 살아가도록 부름을 받았다. 우리는 세상의 현재 이야기가 어떻게 끝날지, 그리고 그 마지막 너머에 무엇이 놓여 있는지 이미 아는 사람들이다. 그렇다고 우리가 완전히 짜인 미래의 시간표를 가지고 있어서, 성경의 어떤 세세한 상징들이 현대 사건들과 믿기 어려울 정도로 맞아 떨어지는지에 대해 집착하면서 시간을 보내야 한다고 말하는 것은 아니다. 대신에 우리는 신약성경의 모호하지 않은 다음과 같은 위대한 확언들을 굳게 붙잡는다. 그것은 그리스도가 다시 오실 것이며, 죽은 자들이 일으켜질 것이며, 최후의 심판이 있을 것이며, 하나님의 정의와 자비가 완전히 드러나고 그 정당성이 입증될 것이며, 하나님이 악에 대해 승리하시고, 자신의 백성을 구원하시고, 창조 세계의 회복이 완결되리라는 것이다. 이것이 우리가 그 일부를 이루는 위대한 이야기의 절정이다. 우리에게 소망이 있다. 미래가 있다. 복음이 있다. 그래서 우리는 이 위대한 사실들을 증거하며 용기와 믿음을 가지고 살아간다.

그리고 우리의 삶에 영향을 끼치는 것들이 있다. 이 가슴 설레게 하는 위대한 성경적 소망은 우리가 내일 매일의 삶과 일터로 돌아갈 때 어떤 의미가 있는가? 내 생각에 적어도 두 가지가 있다.

(1) 우리가 **지금** 하는 모든 일은 새 창조의 내용물에 이바지할 것이다.

이것이 내가 11장에서 전개한 논증, 즉 인류가 하나님의 형상으로서 역사 속에서 이룰 모든 것들이 소멸되는 것이 아니라 정화되고 구속되리라고 한 것이 함의하는 것이다. 지구 위에서 우리의 삶이 차지하는 시간과 공간의 작은 조각을 우리가 얼마나 미미하게 생각하든지 간에, 우리의 삶은 진정으로 의미가 있다. 하나님은 (인간의 삶이라는) 그토록 작은 벽돌들을 가지고 건축하시면서도 궁극적으로 광대한 규모로 지으신다. 그리고 그분의 구속하시는 능력은 무한하고 우주적이고 영원하다.

그래서 일이 중요하다. 사회가 중요하다. 인간의 삶과 복지에 대한 우리의 공헌이 의미가 있다. 창조된 자원들을 우리가 사용하는 것이 중요하다. 우리가 지구를 돌보는 것도 상관이 있다. 우리가 서로—사회적으로, 정치적으로, 경제적으로, 국제적으로—관계를 맺는 것 모두가 중요하다. 그리고 그것들은 단지 지금 여기를 위해서만 의미 있는 것이 아니다. 영원을 위해, 새 창조를 위해서도 의미가 있다. 다른 말로 하면, 우리가 이 땅에서 우리의 삶으로 이루는 것은 단지 우주의 소각장에서 사라질 운명에 처한, 의미 없는 몸짓이 아니다. 새 창조는 어떤 방식으로든—오직 하나님만이 상상하시고 계획하실 수 있는 방식으로—우리가 지금 이 창조 세계에서 우리의 일을 통해 이루는 모든 것을 포함할 것이다. 물론 정화되고 구속받아서 말이다. 그렇다. 모든 덧붙여진 것들, 즉 탐욕과 범죄, 폭력과 탐심, 기만과 교만으로부터 자유로워져서 말이다. 그러나 영원히 없어지거나 잊히지는 않을 것이다.

내 생각에 이 사실은 매일의 삶과 일이 있는 평범한 세계에 큰 가치와 의미를 부여한다. 그것은 단지 영혼들에게 복음을 전하기 위해 존재하는 일시적이고 폐기 가능한 영역이 아니다. 오해는 하지 않았으면 좋겠다. 일터는 모든 그리스도인의 선교지이고, 그리스도의 주되심과 복음의 참됨과 윤리에 대한 우리의 증언이 우리가 거기서 기능하는 방식을 반드시 규정해야 한다. 그러나 몇몇 기독교 설교자들이 말하면서 그리스도인이 주중에 일하러가는 유일한 이유가 전도하는 것이고 그 외의 어떤 다른 일도 가치가 없다고 할 때, 나는 그들이 보여주는 비성경적인 이원론과 한심할 정도로 부적절한 창조·인간·종말에 대한 교리들에 도전하고 싶은 마음이 간절하다!

(2) 우리가 **지금** 행하는 모든 행위는 새 창조의 기준들에 의해 다스려져야 한다. 신약성경 윤리의 동력은 우리가 지금 미래의 빛 속에서, 하나님 나라의 기준으로 살아가도록 부름 받았다는 것이다. 하나님의 나라는 그리스도의 삶·죽음·부활을 통해 이 세상에 이미 침투했지만, 결국 앞으로 도래할 시대에 온전하게 세워질 것이다. 이것은 하나님 나라의 기준과 현 세대의 현실 사이에서 모든 그리스도인이 경험하는 익숙한 긴장을 야기한다. 그러나 이 긴장은 우리가 벗어날 수도 없고, 벗어나려고 노력해서도 안 되는 것이다.

미래에 관한 계시가 현재에—행동이나 태도, 혹은 그 두 가지 모두에—변화를 가져오도록 의도되었다는 것은 성경적인 예언의 본질에 속한다. 그러므로 성경이 우리에게 새 창조에 대해 분명하게 계시하는 것이 지금 우리가 살기 위해 어떻게 애쓰는지를 결정해야 한다.

부정적으로 말하면 새 창조는 죄, 속임, 잔혹, 증오, 탐욕, 욕정, 교만, 착취, 억압과 같은 것들이 없는 세상이다. 만일 하나님의 새 창조가 그렇다면, 그러한 것들은 지금 우리가 살아가는 방식에도 자리해서는 안 된다. 직설적으로 말해서, 우리가 어떤 행동이나 태도, 자세나 기분을 취할까 생각할 때, 만일 그것들이 **그때** (새 창조에서) 통할 수 없는 것이라면 **지금도** 통해서는 안 된다.

긍정적으로 말하면 새 창조는 평화, 정의, 사랑, 온전한 관계, 순수한 선함, 인간 삶의 성취, 그리고 모든 창조물과 이루는 조화가 있는 장소다. 만일 이것이 우리가 기대하는 것이라면, 우리는 그러한 것들을 지금 여기서 계속 추구해야만 한다.

그렇다면 우리는 미래가 있는 백성일 뿐 아니라 미래를 알고 또 그 미래에 비추어 행동하고 살아가는 백성으로서, 그 미래를 준비하고 그 미래의 가치에 의해 형성되어 살아가야 할 것이다.

예수님이 "내가 속히 올 것이다"라고 하신 약속이 분명한 것처럼, 주님의 날은 확실히 오고 있다. 당신은 심판자이신 예수님 앞에 서기 전에 그분을 구원자로 신뢰하며 그날을 대비하고 있는가?

새 창조는 지금 이 옛 창조 세계의 태에서 이미 나오고 있다. 당신은 지금 당신의 삶과 일을 새 창조에 투자하고, 하나님의 도시에 속한 시민으로서 새 창조의 기준에 따라 살아가고 있는가?

더 읽을 만한 책들

이 목록은 우리가 씨름해온 네 가지 큰 문제들에 관한 매우 많은 책들 중에서, 내게 도움이 되었던 몇몇 책들을 아주 간략히 간추린 것에 불과하다.

악과 고통을 어떻게 이해할 것인가?

Blocher, Henri. *Evil and the Cross: Christian Thought and the Problem of Evil*. Leicester: Apollos, 1994.

Carson, D. A. *How Long, O Lord? Reflections on Suffering and Evil*. Grand Rapids: Baker; Leicester: InterVarsity Press, 1990.

Wenham, John. *The Goodness of God*. London: InterVarsity Press, 1974. Republished as, *The Enigma of Evil: Can We Believe in the Goodness of God?* Grand Rapids: Zondervan, 1985.

Wright, Nigel G. *A Theology of the Dark Side: Putting the Power of Evil in Its Place*. Carlisle: Paternoster, 2003.

Wright, N. T. *Evil and the Justice of God*. Downers Grove, IL: InterVarsity Press, 2006. 『악의 문제와 하나님의 정의』, IVP 역간.

가나안 정복을 어떻게 이해할 것인가?

Gundry, Stanley N. ed. *Show Them No Mercy: 4 Views on God and Canaanite Genocide*. Grand Rapids: Zondervan, 2003.

Peels, Eric. *Shadow Sides: God in the Old Testament*. Carlisle: Paternoster, 2003.

Thompson, Alden. *Who's Afraid of the Old Testament God?* Grand Rapids: Zondervan, 1988.

Wright, Christopher J. H. *Old Testament Ethics for the People of God*. Leicester: InterVarsity Press; Downers Grove, IL: InterVarsity Press, 2004. 『현대를 위한 구약윤리』, IVP 역간.

십자가를 어떻게 이해할 것인가?

Holmes, Stephen R. *The Wondrous Cross: Atonement and Penal Substitution in the Bible and History*. London; Hyderabad, India; Colorado Springs: Paternoster, 2007.

Jeffery, Steve et.al., ed. *Pierced for Our Transgressions: Rediscovering the Glory of Penal Substitution*. Wheaton: Crossway, 2007.

Marshall, I. Howard. *Aspects of the Atonement: Cross and Resurrection in the Reconciling of God and Humanity*. London; Hyderabad, India; Colorado Springs: Paternoster, 2007.

Meynell, Mark. *Cross-Examined: The Life-Changing Power of the Death of Jesus*. Leicester: InterVarsity Press, 2001.

Stott, John R. W. The *Cross of Christ*. Leicester: InterVarsity Press; Downers Grove, IL: InterVarsity Press, 1986. 『그리스도의 십자가』, IVP 역간.

Tidball, Derek. *The Message of the Cross*. Leicester: InterVarsity Press; Downers Grove, IL: InterVarsity Press, 2001. 『십자가』, IVP 역간.

Tidball, Derek, et. al., ed. *The Atonement Debate: Papers from the London Symposium on the Theology of Atonement*. Grand Rapids: Zondervan, 2008.

종말을 어떻게 이해할 것인가?

Bock, Darrel L. *Three Views on the Millennium and Beyond*. Grand Rapids: Zondervan, 1999.

Cosden, Darrell. *The Heavenly Good of Earthly Work*. Peabody, MA: Hendrikson; Milton Keynes: Paternoster, 2006.

Holwerda, David E. *Jesus and Israel: One Covenant or Two?* Grand Rapids: Eerdmans; Leicester: Apollos, 1995. 『예수와 이스라엘』, 기독교문서선교회 역간.

Johnston, Philip, and Peter Walker. *The Land of Promise: Biblical Theological and Contemporary Perspectives*. Leicester: Apollos; Downers Grove, IL: InterVarsity Press, 2000.

Milne, Bruce. *The End of the World: The Doctrine of the Last Things*. Eastbourne: Kingsway, 1979.

Riddlesbarger, Kim. *A Case for Amillennialism: Understanding the End Times*. Grand Rapids: Baker; Leicester: InterVarsity Press, 2003.

Walker, P. W. L., ed. *Jerusalem, Past and Present in the Purposes of God*. Second ed. Grand Rapids: Baker; Carlisle: Paternoster, 1994.

Wittmer, Michael E. *Heaven Is a Place on Earth: Why Everything You Do Matters to God*. Grand Rapids: Zondervan, 2004.

Wright, N. T. *Surprised by Hope: Rethinking Heaven, the Resurrection, and the Mission of the Church*. London: SPCK, 2005; San Francisco: HarperOne, 2008. 『마침내 드러난 하나님 나라』, IVP 역간.

옮긴이의 말

성경을 공부하면서 솔직한 신앙이 중요하다는 것을 점점 더 크게 느끼게 된다. 성경에는 하나님께 솔직했던 사람들의 이야기가 많다. 하나님께 자신의 어려움을 토로했던 시편 기자가 그랬고, 하나님께 자신의 정당함을 호소하고 고통에 대해 불평했던 욥이 그랬다. 그 외에도 성경에 나오는 여러 이야기나 삶의 모든 조각들을 우리가 완전히 이해하지 못하는 것이 사실이다. 그러니 모르는 것은 모른다고, 이해할 수 없는 것은 이해할 수 없다고 말하는 것이 필요하다. 그리고 솔직한 신앙이야말로 하나님에 대한 깊은 신뢰가 있어야 가능한 것 아니겠는가?

하지만 그럼에도 우리는 조금이나마 더 하나님을 이해하고 알기를 원한다. 이해할 수 없는 것을 이해할 수 없다고 말할 때 더 배우고 알게 될 기회가 생길 수도 있을 것이다. 그래서 우리의 한계를 인정하면서, 또한 성경이 말하는 데까지는 치열하게 생각해보는 것도 필요하다. 그것이 우리의 마음—지성—을 다해 하나님을 사랑하는 길일 것이다. 이 책은 이러한 솔직함과 치열함이 함께할 때 어떤 유익을 주는지 잘 보여주고 있다.

크리스토퍼 라이트는 이 책에서 인간의 역사만큼이나 오래된 악과 고통의 불가사의에 대해, 그래서 가나안 민족의 "멸절"이 요구됐던—종교의 이름으로 행해지는 폭력을 연상시키는—구약성경의 "불편한" 기록에 대해, 평생을 묵상하고 연구해도 결국 찬송만이 가장 적절한 반응일 십자가에서 드러난 삼위일체 하나님의 사랑과 정의에 대해, 그리고 그 오해되는 만큼이나 그리스도인의 삶에 많은 영향을 끼치는 세상의 마지막과 그 이후에 있을 새 창조에 대해, 읽는 이들이 꼭 필요한 확신을 가질 수 있도록 솔직하면서도 겸손한 태도로 치밀하게 논의한다. 이 책을 읽는 이들은 겸손과 확신이라는 보기 드문 건강한 조합을 이 책에서 반갑게 만나게 될 것이다.

각 장의 내용에 대해서는 지은이가 결론을 통해 잘 정리했기에 여기서 굳이 요약할 필요는 없을 것 같다. 독자들은 결론을 먼저 살펴보고 관심이 있는 주제부터 읽기 시작하는 것도 도움이 될 것이다. 하지만 각 장들이 배열된 순서도 의미가 있기에, 각 장별로 따로 읽었더라도 다시 처음부터 마지막까지 순서대로 읽는 기회를 가지는 것이 좋을 듯하다.

아무쪼록 우리가 이해하지 못하는 하나님에 대한 고백을 통해 하나님을 더 알게 되는 역설적인 은혜가 이 책을 읽는 독자들에게 넘치기를 바란다.

2013년 여름을 지나며

옮긴이 전성민

크리스토퍼 라이트, 성경의 핵심 난제들에 답하다

하나님을 더 깊이 알게 하는 성경 속 네 가지 수수께끼

1쇄 발행 2013년 8월 30일
6쇄 발행 2023년 2월 10일

지은이 크리스토퍼 라이트
옮긴이 전성민
펴낸이 김요한
펴낸곳 새물결플러스

편　집 왕희광 정인철 노재현 이형일 나유영 노동래
디자인 박인미 황진주
마케팅 박성민 이원혁
총　무 김명화 이성순
영　상 최정호 곽상원
아카데미 차상희

홈페이지 www.holywaveplus.com
이메일 hwpbooks@hwpbooks.com
출판등록 2008년 8월 21일 제2008-24호
주　소 (우) 04118 서울시 마포구 마포대로19길 33
전　화 02) 2652-3161
팩　스 02) 2652-3191

ISBN 978-89-94752-50-1 03230

책값은 뒤표지에 있습니다.